量价精研之
机构面操盘法

邢孝寒◎著

中国宇航出版社
·北京·

版权所有　侵权必究

图书在版编目（CIP）数据

量价精研之机构面操盘法 / 邢孝寒著. -- 北京：中国宇航出版社, 2025. 1. -- ISBN 978-7-5159-2445-8

Ⅰ．F830.91

中国国家版本馆CIP数据核字第2024F3E280号

策划编辑	卢　册	封面设计	王晓武
责任编辑	吴媛媛	责任校对	谭　颖

出版发行	**中国宇航出版社**
社　址	北京市阜成路8号 　邮　编　100830
	（010）68768548
网　址	www.caphbook.com
经　销	新华书店
发行部	（010）68767386　　（010）68371900
	（010）68767382　　（010）88100613（传真）
零售店	读者服务部
	（010）68371105
承　印	三河市君旺印务有限公司
版　次	2025年1月第1版　　2025年1月第1次印刷
规　格	710×1000　　开　本　1/16
印　张	13.75　　字　数　211千字
书　号	ISBN 978-7-5159-2445-8
定　价	59.00元

本书如有印装质量问题，可与发行部联系调换

前 言

时光荏苒，不知不觉间，距离《量价精研》出版问世已经十年，这本书历经多次加印，目前市面上已销售一空。我曾经在网上买过一本《量价精研》的二手书，上面用各种颜色的笔画出了重点，还有密密麻麻的标注。读者对于这本书的认可和学习热情，让我感到非常欣慰。

为什么《量价精研》这本书会受到众多投资者的追捧呢？因为A股市场的整体投资水平在提高，随着投资者的年轻化，整体的投资能力也在发展进步。越来越多的投资者发现，其实在股票市场众多的技术指标中，成交量是最为真实的，也更能反映市场的交易人气以及主力庄家的真实意图。人们常说"学好数理化，走遍天下都不怕"，那么在股市中，我认为是"学好成交量，走遍天下都不怕"。只要能够有效地判断一个投资市场或者投资标的的交易人气、多空情绪、机构行为，必然就能在投资中获得最终的成功。

兵法云：知己知彼百战百胜，知己不知彼一胜一负，不知己不知彼每战必败。在股市中，如何判断真假，做到既知己又知彼？我可以很肯定地说，只有成交量这个指标可以。我在A股市场征战了十七载，从短线投机到中长线价值投资，从右侧交易到左侧交易，从散兵游勇到大资金运作，对于 A 股市场的投资分析方法，我总结出：你可以没有内幕消息，也可以不看财报分析数据，也可以不去企业进行调研，只要你把这个"量"学得明白，看得透彻，也可以在股市立足，获得稳定的收益。

　　本书以量价为核心，通过对成交量的分析，重点探讨机构面的操盘方法。随着 A 股市场整体市值的不断增长，以及机构操作模式的变化，本书结合当前市场的量价特点，对机构面的操盘手法进行全面解读，解析机构在市场不同阶段的运作特点，从而指导投资者制订具体的交易策略。

　　本书以大量的个人真实交易案例进行讲解，一方面是让读者在阅读时更有兴趣，学习时更有信心；另一方面也是展示我对投资从不纸上谈兵的一种态度。

引 子

量价关系与机构面操盘法

技术分析和基本面分析一直以来都是股票的两种主要分析方法，在经历了十七年的 A 股市场投资生涯后，我认为：普通投资者判断控盘主力的行为意图，远比分析各种指标形态以及看财报更有意义。

在其他金融市场的投资中，我对技术分析的应用会更多一些，但是在 A 股市场，我对技术分析的应用很少。任何指标都可以利用大资金的交易绘制成主力想要的图形，从而引导散户按照其意图进行交易，这也是我在机构操盘时应用较多的操盘方式之一。

对企业基本面的研究，对于大多数投资者来说并不适合。A 股市场自古以来熊长牛短，IPO 造假、企业财务报告造假也时有发生，而且具有经营稳定性和成长性的企业其实仅占一小部分，投资者不能采用价值投资那种持股几年甚至十几年的投资策略。况且在 A 股市场，业绩好的企业，股价也不一定会涨；业绩差的企业，股价也不一定会跌，有时候一个题材被机构炒作，就能乌鸦变凤凰。比如，彩虹股份（600707）2022 年净利润亏损 22 亿元，但是股价从 4 元涨到了 13 元，就是因为欧洲的极寒天气让国内出口电热毯的企业火了，彩虹股份被爆炒。

A 股市场类似彩虹股份这种巨亏大涨或者赚钱大跌的情况有

很多，归根结底的原因只有一个，就是有"庄家"！我经常说，股价上涨必须具备两个条件：有庄家，有题材。"有题材"可以理解成企业经营具有极高的成长性，或者具备当下或未来短期内可能被炒作的题材。但不论这家企业的业绩有多好，利润增长有多高，具备什么热门概念，如果没有庄家对其进行炒作，交投依然不会活跃。所以在 A 股市场，分析庄家或者各类机构投资者的交易风格、偏好以及交易中释放出的具有指引性的信号，远比分析其他内容更加实用。

1. 市场的主力是谁？

这里的"主力"可以理解成两个概念，一个是资金主力，一个是导向主力。

资金主力，其实并不是各大投资机构，而是数以亿计的普通投资者。那为什么投资者在 A 股市场会处于绝对的劣势，成为羔羊、鱼肉呢？根本原因还是资金过于分散，投资方向分散，意见不统一，说白了就是散兵游勇，人多力量大，但是缺少一个牵头的。

导向主力，宏观来看可以是资金实力庞大的投资团体，微观来看则是各类增量资金，以及资金规模较大的机构投资者。股市是经济的晴雨表，这一点对于任何国家的股市都适用，包括 A 股市场，这也是为何自疫情以来股市始终不温不火的原因。没有强劲的经济增速作为背景，没有刺激性的政策作为引导，大型机构不敢大量建仓做多股市。而没有了机构的引导，投资者不敢重仓、不敢进场，非投资者也不敢轻易入市，大到沪深指数，小到各企业的股票价格，自然显得冷清乏味。

所以如果各大机构积极大胆地做多股市，而机构利用资金的优势引导无数投资者将资金投入到股票这个直接融资市场当中，最终股指也好股价也好，还是要看有多少人积极入市，投资者拿出多少仓位钱来买股票。归根结底，投资者的情绪还是可以起到决定性作用的。而机构分析法，就是要分析这些有能力引导股价甚至整个市场的投资机构，他们准备让散户做些什么，准备让未来的股价如何演绎。

2. 通过成交量可以看到什么？

机构为什么炒作这家企业的股票？机构有没有建仓？建仓几次？是否已经充分吸筹变成了庄家？这次股价的上涨是主升还是试盘？出货还是洗盘？这些

问题散户都无从知晓。机构的基本操作意图都不清楚，仅凭几个大众化的简单指标和所有人都能看到的财务数据，如何做到与庄共舞？怎么做到擒牛捉庄？散户对"对手"一无所知，又何谈获得最终的投资胜利？

投资者可能会从技术指标中看到当前价格的趋势和未来的关键价位，但通过这些并不能判断机构的所作所为。投资者通过企业财报可以判断出企业是否具有成长性和投资价值，但是不能看出机构会不会炒作它，什么时候炒，最终的目标价位是多少。

所以投资者想要判断机构的行为意图只有一个方法，就是通过量价关系的不断变化进行分析推演。可能它不会告诉你具体的时间和价位，但是只要你能够通过成交量与价格的变化，判断出机构正在做什么，以及接下来想要做什么这一线索，就可以极大地提高投资的成功概率。

本书通过不同的量价关系与量能形态，结合机构的操盘方法进行讲解和说明，从而解读机构在不同市况下的操盘手法，帮助投资者制订具体的交易策略。可以说成交量这个指标，虽然不是分析股市的唯一指标图形，也不是所有分析指标中最有效的，但至少在 A 市场比其他指标都有效。因为 A 股市场是一个很特殊的市场，目前依旧算是弱势有效市场，政策和机构主导着整个市场的方向，所以机构面操盘法也仅适合于 A 股市场。

目 录

第一章 量价关系基本应用

第一节 量的概念 / 2

第二节 放量与缩量 / 4

第三节 机构的操盘逻辑 / 7
    一、牛市下的机构操盘 / 10
    二、熊市和振荡市下的机构操盘 / 11

第四节 牛熊转换的市场量价 / 13
    一、熊市的量价特点 / 13
    二、振荡市的量价特点 / 17
    三、牛市的量价特点 / 21

第五节 量价基础应用 / 25
    一、价涨量增 / 25
    二、价涨量缩 / 27
    三、价跌量增 / 28
    四、价跌量缩 / 29
    五、天量与地量 / 30

第二章　量价关系综合实战

第一节　价涨量增在不同阶段的应用 / 36
　　一、上涨初期的价涨量增 / 36
　　二、上涨中期的价涨量增 / 39
　　三、上涨末期的价涨量增 / 40
　　四、下跌初期的价涨量增 / 41
　　五、下跌中期的价涨量增 / 42
　　六、下跌末期的价涨量增 / 42

第二节　价涨量缩在不同趋势的用法 / 45
　　一、上涨初期的价涨量缩 / 45
　　二、上涨中、末期的价涨量缩 / 47
　　三、下跌初期的价涨量缩 / 49
　　四、下跌中期的价涨量缩 / 50
　　五、下跌末期的价涨量缩 / 50

第三节　价跌量增并非绝对下跌 / 52
　　一、上涨初期的价跌量增 / 52
　　二、上涨中期的价跌量增 / 54
　　三、上涨末期的价跌量增 / 54
　　四、下跌初期的价跌量增 / 56
　　五、下跌中期的价跌量增 / 57
　　六、下跌末期的价跌量增 / 58

第四节　价跌量缩的两极分化 / 59
　　一、上涨趋势中的价跌量缩 / 60
　　二、下跌初、中期的价跌量缩 / 62
　　三、下跌末期的价跌量缩 / 62

第五节　标准的量价突破 / 64
　　一、量价突破——启动信号 / 65

二、量价突破——下跌信号 / 68

第六节　危险的"空中加油" / 71
一、出现"空中加油"的情形 / 71
二、适合使用"空中加油"的情形 / 72

第七节　改头换面的黄金坑 / 76
一、黄金坑的机构交易行为逻辑 / 77
二、黄金坑的主要形态 / 78

第三章　机构面的量

第一节　机构在牛市的交易策略 / 85
一、各类机构对市场的影响 / 85
二、各类机构的操盘策略 / 87
三、牛市中的风向标 / 89

第二节　机构在熊市的交易策略 / 92
一、散户和机构之间的关系 / 92
二、A股市场牛短熊长 / 94
三、熊市中的机构低吸策略 / 96

第三节　机构在振荡市的交易策略 / 101
一、机构的特点 / 101
二、机构的操作策略 / 107
三、下跌趋势中的平台整理 / 110

第四节　机构的吸筹量 / 111
一、机构建仓时机 / 111
二、机构建仓环境及方式 / 112
三、机构建仓周期及数量 / 116
四、建仓结束信号与交易要点 / 117

第五节　机构洗盘与震仓 / 120
　　一、洗盘方式及量价特征 / 121
　　二、主升行情震仓 / 128

第六节　机构试盘 / 130
　　一、试盘方式及量价特征 / 131
　　二、其他试盘信号 / 133

第七节　主升阶段的量价表现 / 133
　　一、不同市场环境下的主升策略 / 134
　　二、不同的主升方式 / 134

第八节　出货阶段的量价表现 / 140
　　一、出货时机及市场环境 / 141
　　二、常用的出货方式 / 142

第四章　分时量价分析

第一节　高开低走真假阴线 / 154

第二节　逐波放量上涨与下跌 / 156

第三节　逐波缩量上涨与下跌 / 159

第四节　突击式放量上涨与下跌 / 162

第五章　涨跌停板量价分析

第一节　涨跌停板一般理论 / 168
　　一、涨跌停板量越小，持续性越强 / 168
　　二、涨跌停时间越早，持续性越强 / 170
　　三、封板量不是越大越好 / 172

目 录

第二节　涨跌停的量价关系 / 174

　　一、无量涨跌停 / 174

　　二、温和放量涨跌停 / 176

　　三、巨量与天量涨跌停 / 178

第三节　涨跌停的背离关系 / 183

第六章　量价交易配套工具

第一节　筹码分布 / 186

　　一、建仓阶段的筹码分布 / 186

　　二、洗盘阶段的筹码分布 / 188

　　三、试盘阶段的筹码分布 / 189

　　四、主升阶段的筹码分布 / 191

　　五、出货阶段的筹码分布 / 193

　　六、筹码峰形成抛盘压力 / 195

第二节　点位指标 / 196

　　一、点位指标概述 / 197

　　二、黄金分割线的应用 / 198

　　三、点位指标的共振 / 200

　　四、制订点位交易策略 / 202

第三节　其他配套工具 / 203

　　一、个股数据参考 / 204

　　二、信用交易工具 / 205

第一章
量价关系基本应用

本章从成交量以及量价关系的基础应用开始讲起，主要讲解量价基本关系和常规用法，并结合个人的经验心得，用市场案例进行说明。

第一节　量的概念

在股市指数中，成交量一般主要看金额，而非数量，因为成交金额能够更加直观地体现市场交易人气和情绪变化，以便投资者做出入市或离场的决策。股市中一直有这样的说法：行情总是在绝望中诞生，在疯狂中结束。其实这就是股市的量价关系。世间万事万物"盛极而衰，衰极入盛"，通过市场成交人气的极端行为可以辨别出风险与机会。虽然近几年A股市场的表现不温不火，但是每当上证指数到达3000点附近，成交金额跌至3000亿元左右，大盘就会在短期内触底反弹，而这3000亿元的成交金额就是市场"衰"的极致。

美国投资家彼得·林奇（Peter Lynch）提出的"一月效应"，其核心同样是成交金额"衰"到极致的表现。根据盛衰理论，他认为每年的11月、12月是市场股价最便宜的阶段。美国投资大师威廉·江恩（William D.Gann）也提出了四季理论，认为第四季度是股市交易最清淡的阶段。在A股市场，12月或1月市场交易往往处于较低水平。之所以有这样的理论盛行，是因为这个阶段A股市场处于全年经济发展计划的收尾阶段。加之临近春节，市场整体交易情绪减弱，抛压增强，导致股价或展开较大下跌幅度出现低价，或保持低位盘整振荡。

通过整个股票市场成交量的持续性变化，可以判断指数涨跌的持续性，这是很关键的。想要保持一段持续强势上涨的行情，就必须保持市场成交情绪始终处于活跃状态，想要涨得越多，就需要越活跃。最近几年，虽然也有一些比较有刺激性的政策刺激股市，比如降印花税、降息、降准、房地产行业的刺激政策等，很多政策都是组合拳出击。但为什么即便如此，市场无非也就是一两天的大涨或者持续一两周的小涨，上涨结束还是会跌回原点，依旧没有走出一波牛市行情呢？这是因为市场整体处于一个谨慎甚至略有恐惧的状态中，而很多投资者也早已处变不惊，对一些小的政策调整不会做出太大反应。市场的多头情绪没有保持住，上涨行情自然难以延续。

所以支撑股市持续上涨的核心是什么？就是持续增长活跃的成交量。这一点如何来保证？这就要从A股市场的特点说起了。A股市场是政策性股市，有效的政策可以让国内外各类机构发现值得投资的行业和题材，然后形成羊群效应，最终带动全体投资者或准投资者的交易情绪，也就是国家带动机构，机构带动散户。比如，因地产政策引发的A股市场历史上最大的牛市，即4万亿元投资让A股市场由熊转牛。杠杆政策、"一带一路"政策等，都给股市带来了可持续上涨甚至形成牛市的理由。另外，国家良好的经济增长形势，也是坚定机构建仓、散户持仓的主要因素。

个股的成交量，往往看的是成交股数而非成交金额。成交量是投资者能够看到的所有指标中相对"真实"的指标，机构每一次的大笔买入或者卖出，都必然体现在成交量上，投资者便可以从中判断该不该跟随机构的步伐同步操作，以及在什么价位或时段去跟。

"量"其实很好理解，就是买卖双方交易所产生的具体数量。产生交易的主体无非来自三个方面：政府、金融机构和个人投资者。投资者所关注的其实就是金融机构的交易行为所带来的量能变化，他们是能够带动市场，影响股价的决定性因素。没有机构的带动，光靠分散在市场各处的散户，是无法对股价造成明显影响的。而机构操盘不是简单的用钱去拉，用钱去砸，而是利用资金集中的优势，用各种交易手法巧妙地营造各种形态以及控制消息面，来引导散户按照他们的规划进行交易。所以分析个股的成交量，就是去判断机构想让散户怎么做，为什么让散户这么做。

华尔街著名金融分析师安迪·凯斯勒（Andy Kessler）提出的迷雾理论，其核心就是抛弃那些已经为大多数人所知的利好或各类消息，想要获得超额收益，就要去寻找那些只有少数人知道甚至只有你自己一个人发现的投资机会。对于普通投资者来说，不论是专业能力还是信息来源渠道，都不足以发掘到只属于自己的投资机遇。即便真的发现了，其资金实力也不足以对股价进行炒作，去引导更多的人进行交易。所以最佳的投资方式，就是去寻找那些只有少数人发现的投资机会，并且他们已经进行了前期的布局，我们通过他们交易过程中所产生的"量"，来寻找最佳的跟进机会。

用于判断成交量的指标主要有成交数量（VOL）、能量潮（OBV）、正成交量指标（PVI）、负成交量指标（NVI）等。本书主要讲解的成交量指标为成交数量（VOL）指标，这是常用也是准确性和参考价值较高的成交量指标。

第二节　放量与缩量

大多数人认为的放量和缩量，只是成交量的增长与减少，其实通过成交量的增减情况，不仅可以判断出交易人气，更重要的是可以判断出主力意图，从而把握最佳交易时机。

先说放量。成交量放量的参照物是什么？在任何K线周期中，不仅可以用当前成交量与上一根量能柱进行对比，也可以与前一波行情所产生的一段时间的成交量进行对比。如果只是和上一根量能柱相比，只能得到当前时段成交量的增减情况。但是如果与之前同价位的一段时间或某一个波动区间的成交量进行对比，就可以基本判断出本次股价的涨跌是更加强势还是弱势。

成交量不能单纯的用放量或缩量来判断股价未来的走势，必须配合价格去分析。比如，按照大多数人的理解，股价放量上涨，后市就是看涨的，这是常规用法，但往往股价的放量上涨反而可能是一种风险信号，所以还需要结合当前股价的位置。通过放量或缩量的力度，还可以说明一些问题。比如，一只股票突然某一个交易日成交开始活跃，出现了比前一个或几个交易日甚至一个波段区间高出几倍的成交量能，这其中的动能谁是最大的交易方？

前面说过，A股市场中资金最大的群体是散户，但是散户的资金分散，行为不统一，所以几乎不会突然意见一致地去交易某只股票。所以一般个股突然放量的行为，基本上是机构所为，当然也有少数个人带领他的投资者群体集中购买某只股票的情况。机构通过资金实力强大且集中的优势去交易某一只股票，使得股价快速放量波动，从而引导更多的散户进行交易，就出现了个股突然放量的情况，所以不论指数还是个股的放量，几乎都是机构的交易行为导致的。

成交量的增长不能说明股价一定会看涨或看空，只能说明当日机构与散户的交易更加活跃。比如同样是放量上涨，出现在股价下跌的底部，可能说明有机构在此处抢筹建仓。但是出现在股价上涨的高位，就可能是投资机构正在高位派发。这也是许多投资者在成交量使用中出现失误的原因，成交量需要灵活应用，也需要知道投资机构在进行交易时不同的意图会产生怎样的成交量，照本宣科的模式化应用，肯定是要吃亏的。

再说缩量。成交量的下降对于很多人来说代表着"不好"，意味着交易比较乏味，人气低迷。这只是一个方面，导致缩量的原因有很多，如果投资机构对一家企业的流通市值有较高控盘度的话，控盘机构没有进行大规模交易，仅凭散户的买入卖出，自然不会产生太多的成交量，所以有时候股票持续的缩量，也是主力控盘度比较高的一种体现，而具体如何辨别，后面的内容中会有详细介绍。

其实股市是一个最讲"因果"的地方，价格的涨跌，成交的增减，一定都是有原因的。可能看到的是机构是否在买入或卖出这只股票，但要考虑的是他们为什么要这么做。所以我们可以通过主力交易的频率与力度，去判断"因果"。如果只是根据形态去交易，准确率自然不会很高。只有能正确地站在机构的角度，去思考出现异常交易的原因，才能更好地去"跟"。

以前有人说，这只股票看不懂，这个形态不确定，机构在想什么做什么怎么能知道呢？如果投资者辨别不出主力的大概意图，做不到知己知彼，在股市中很难存活，这也是为什么A股市场超七成以上的投资者亏钱。但是主力对于普通投资者的投资心态、交易风格都了如指掌，对于普通投资者来说，这个仗根本没法打。

不论看过多少书，学习了多少技术，也不可能把所有股票都看得明白，对所有机构的意图都洞若观火。就拿我来说，做过散户也做过机构，十几年的交易经验，也做不到清楚所有机构的操盘手法，明白所有股票的走势。所以我只选自己看得懂的股票去做，包括在自媒体也是选自己看得懂的股票去讲，规避知识盲区，减少失败概率。

但很多投资者不是这样，只要这个股票的形态好，就会去买。这个题材爆发了，出现了好多大牛股，不去思考其中缘由，生怕追的晚了赚得少，最后全都成了机构的"高山卫士"。所以看不懂的股票不去买，不熟悉的题材不要追，不了解的主力不要跟。

2022年11月的时候，供销社题材火了起来，天禾股份、浙农股份等相关企业股价突然暴涨，尤其是供销大集，当时是绝对的龙头，基本天天一字板，一个交易月股价涨了150%。这些概念股刚开始涨的时候，其实敢追的投资者很少，那是对未知的恐惧。当市场上供销社题材集体走强的新闻铺天盖地的时候，这些企业的股价已经涨了很多，当时我给读者的建议只有一句话"不追，不看，不关注"。A股市场每年会有许多题材被炒作，不需要每一次都去参与。尤其是当股价已经开始启动，各种利好和看涨言论如倾盆大雨般洒下的时候，其实散户已经失了先机，机构就等着散户往里跳呢！

如果一个题材的爆发，不能提前挖掘并布局，一旦启动，就要去判断其可持续性，比如对国家经济持续增长能否起到重要作用，是否有大力度的政策倾斜，对企业的未来是否有复合成长与展望的空间。

供销社这个题材只有这一轮上涨，自此一路下跌，当时的龙头供销大集如今沦落到即将退市的地步。其实很多投资者在追热点或者追庄时，都存了博一博的心思，"我赌这个热点还能再涨一波""我赌这只股票主力还能再拉一个板"。这就和冲动消费是一个道理，心态完全被主力利用，问他"赌"的理由是什么，却什么也说不出来，或者说一些自我洗脑的观点，只看到好的一面，风险被自动屏蔽。所以再遇到突然"放量"或"缩量"的情况，先冷静下来，想一想为什么，寻找因果，想明白了再去交易。

再说回"放量"与"缩量"。要记住，所有突然的放量、缩量一定都是有原因的，而且一定不能只对照前一个参考量来看，或者只根据一个交易日、一个交易周的放量就判定未来的发展。很多投资者根据大盘一天的放量上涨，就认为牛市来了，这是不严谨的，一只正处于上涨阶段的股票，突然开始缩量滞涨或小幅调整就认为涨势结束了，甚至认为是出货了，也是比较盲目的，这些都透露出投资者对成交量的诸多误解。

第三节 机构的操盘逻辑

机构并不等同于主力，每一家上市企业都有很多机构投资者，只有绝对控盘的机构才能称为"庄家"，在庄家开始持续操控股价的波动时才算是"主力"。在A股市场，股票的上涨离不开两大必要因素：有题材、有主力。如果一只股票里面各种基金持仓，但业绩平平或缺乏亮点，那么投资机构或按兵不动，或减持股份，股价不仅不会上涨反而会下跌。同理，一家企业财报优秀利润大涨，或者和某些知名企业合作拿下了某些项目，看似有利好，但是没有机构大量增持，同样不会上涨。所以对A股市场进行的各种各样的分析，最终都是在判断机构的投资行为。

普通投资者对于机构的操盘流程以及基本方式，只是通过网络、书籍获取到一些碎片化的知识，而且市场上的机构投资者群体庞大，风格迥异，大多数人都不能一窥全貌。现在很多年轻的操盘团队手法凶狠，任何人都跟不上，赚不到。

庄家的种类有很多，长庄、短庄、强庄、弱庄、善庄、毒庄，细分起来有几十种，每一种风格都代表不同的操盘方法。投资者想要了解每一种手法，或者看一只股票就能判断出这是一个什么类型的庄家在操盘，基本上是不可能的。普通投资者最终需要知道的，只是判断一只股票当前主力的操盘阶段和大致风格就可以了。

因为不论是什么类型的机构庄家，操盘的核心都是低买高卖，万变不离其宗。亏钱被套的散户，绝大多数是在高位追涨时赶上庄家在出货，所以对于普通投资者来说，克制住自己"低位恐慌，高位激进"的坏毛病，就可以避免大多数亏损交易，逐渐提高自己的投资水平。

下面讲一下2023年12月4日购买凯龙股份（002783）的案例（见图1-1），通过这只股票的交易，简单阐述一下机构和庄家的操盘逻辑和原理。倘若对一些技术或理念不太理解也没有关系，后面的内容还会涉及。

凯龙股份 002783	证券买入
成交日期	2023-12-04
成交时间	10:15:38
成交均价	9.580

图 1-1

我在进行交易的时候原则性很强，只要是非牛市行情，从来不会买正在拔高的个股，哪怕很看好也不会去追高，非常享受那种潜伏个股许久，某日股价突然开始启动的感觉。所以大势不佳时，一定要买在股价下跌的阶段，尽量做到买在阴末，卖在阳极。在《股市投资 100 问》（中国宇航出版社 2022 年 6 月出版）一书中，也引用大量个人实盘案例进行讲解，其中有成功也有失败，有刚好买在最低点的案例，也有一定偏差的案例。不要认为刚好买在最低点或是卖在最高点是因为自己投资能力出众，更多的是运气成分，所以不要追求最佳位置，只要相对较好即可。

我在 2023 年 12 月 4 日买入凯龙股份，当时股价正处于首轮拉升后的调整阶段，上证指数位于 3025 的位置。当凯龙股份的股价首次回调至 0.618 的黄金分割线 9.56 元的位置时，进行了首次布局。当时股价受到支撑且距离下一个技术支撑位空间不大，而且处于分割线与决策线的共振状态，效果更佳。可以分两批进场参与交易，只要其中任意支撑有效，至少可以做到不亏钱。而股价的调整我也并不认为是主力出货所致，持续的地量阴跌说明主力抛盘量并不大，而且从筹码来看，低价区域还有部分庄家底仓，若要出货必先拉升，如果庄家想要不计成本地出货完成这一次操盘，就不会一直缩量阴跌了，如图 1-2 所示。

接下来 0.618 这个分割线并没有有效支撑住股价，而是继续以阴跌的方式破位，只要下跌没有量，庄家底部筹码未见松动，就不需要特别紧张，最终股价跌到 9.23 元这个支撑共振的最佳支撑位置。接下来几个交易日，上证指数跌破 3000 点、2900 点，但凯龙股份始终保持在支撑位上方，走势明显强于大盘，庄家护盘行为明显，所以此处增持是可以尝试的，而我也将止损设置在了 9.00 元的位置，8% 以内的止损幅度也是我做中短线一直以来的标准。最终大盘开始企稳反弹，凯龙股份持续收阳，12 月 28 日开盘一分钟封死涨停板，报收 10.54 元。

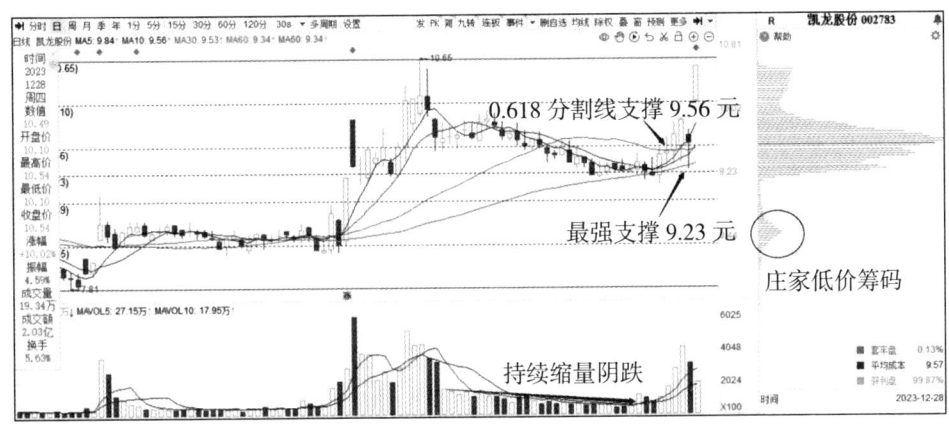

图 1-2

在这笔交易中，机构有几个基本操盘逻辑。

（1）股价冲高之后，即便是庄家出货，但只要还有低价筹码，就必然要进行高位套现。要么拉高后在某个相对高位离场，要么就是不计成本地出掉。对于一些长庄股来说，最后一小部分底仓可能会一直拿着，等待下一轮操盘。但是对于市值较小的小微盘股来说，控盘主力往往以短庄居多，想要全身而退，要么拉要么砸，如果股价缩量阴跌，底部筹码未见松动，大概率庄家还是要拉升一波的。

（2）机构更愿意操盘小市值股票。我在购买凯龙股份的同时还看好深科技、中科曙光等市值较大的企业，但是在市场不佳的时候，偏大盘股的操盘成本过高，机构很难拉升也不愿意去拉升，利润小、风险大，操作难度高。所以每当市场比较清淡的时候，机构更愿意操盘小市值股票，散户也更容易接受。

这几年大盘的振幅都不大，比较清淡。但即便如此，大盘只要破 3000 点都是比较好的低吸阶段。道理很简单，上证指数不可能永远停留在 3000 点，即便市场环境糟糕，待到来年的二三季度也会有几百点的涨幅。总之，只要企业没有经营风险，财务稳定，在3000点以下买股票是一定套不死的，只要有耐心，不想着买了股票马上就见收益，就一定可以赚钱。

其实类似3000点这种整数关卡或者年线之类的指标，是大众心理的关键位置，它并不代表什么，国家经济或企业经营，不会因为技术指标的见底或封顶而发生反转。一些投资者的心理位置或指标形态，都是机构和庄家用来操盘的工具。我经常说，普通投资者一定要抛弃大众心理，多用逆向思维，从机构的角度去看待市场行为。

这一节讲的是机构的操盘逻辑，从根本上来说是高抛低吸，但是针对市场环境的不同，企业市值的不同等因素，具体执行方式上会有许多变化。

一、牛市下的机构操盘

牛市阶段就是撑死胆大的饿死胆小的,散户交易主打的就是一个"追"字，但是怎么追是有讲究的。牛市行情分为前期、中期、后期三个阶段，类似彼得·林奇的鸡尾酒会理论。在初中期阶段，往往散户都还没有适应牛市的到来，比较拘谨和担忧，这个阶段更多的是二八分化行情，中大盘蓝筹优质股表现更加强劲，往往一线投资机构会盯着一家或几家优质企业的股价一路做上去，而中小机构则"你方唱罢我登场"的去和强庄抢筹轮番抬轿子。所以这个时候就要买好企业、买强势股，别想着图便宜买落后大盘的股票，这些股票走势落后一定是有原因的。牛市初期一般是好股先飞，最开始启动的那一批企业大概率就是这一轮上涨行情的龙头。这时候机构的投资策略也会出奇的默契，通常是整个行业的集体爆发性上涨，要买就要买最好的。

到了牛市后期，风格会发生变化，此时中大盘蓝筹优质股的价格都已经到达了一定的高度，大盘也逼近瓶颈，也会有相关的抑制调控政策出台。一线投资机构开始逐渐收敛，考虑将账面盈利变现，但是中小型的投资机构或者大户此时还意犹未尽，因为这些机构资金相对更加灵活，可以利用的手段很多，所以追求的就是一个利润最大化。一线机构因为受限于不能持有超过企业10%股份的限制，很难去操盘小盘股。所以牛市的后期就是中小型投资机构或者大户的舞台，他们会从一个曾经"跟庄"的角色，转变成真正的庄家。这个阶段曾经滞涨的一些有题材或者业绩还算不错的小盘、中小盘股会突然发力，成为每日主要的领涨群体，反而大盘指数涨幅不大，哪怕大盘下跌，涨停个股数量也是非常庞大的。

这个阶段散户就不能再去追强势股了，因为这类机构都是来去匆匆，多则五六日，少则一两日，普通散户根本把握不好，进去基本上就是接盘，不仅个股随时面临主力出货，大盘也随时可能会见顶突然杀跌，这个时候各机构都已经赚得盆满钵满，重心都开始放在了变现上，甚至会争先恐后，因为谁先出货，谁的利润就会最大化，出货越晚就越困难。很简单的道理，散户都是买涨不买跌，大盘和股价还未开始下跌时，就是最佳的出货时机。如果大盘跌了，其他机构都开始出货，肯定会引发散户的恐慌。

所以在牛市后期，散户要做的就是多看少动，对于冲击性较强的小盘股"只可远观，不可亵玩"，业绩较好或题材丰富处于明显滞涨状态的小盘股可以适当埋伏，仓位不要过重，能补涨最好，即便没有上涨或者是牛市突然反转，也有逃出生天的机会，不至于连续快速跌停被闷杀在里面。其实散户熊市或者振荡市（猴市）亏不了什么钱，真正亏钱都是在大盘强势上涨或牛市阶段。因为散户在牛市上涨初期一直抱着怀疑的态度，认为此时的上涨只是反弹，越高越恐慌越不敢进场，市场最热的时候才忍不住追高。新入市的投资者也基本都是牛市最火热的时候才通过各种渠道萌生炒股的想法，基本上都是买在了牛市末期，前期赚了一点小钱，突如其来的反转导致不知所措或不承认涨势结束，结果被套百分之几十，最终受不了只能割肉。

所以牛市是诱惑最大、利润最高，也是风险最大的阶段，越是强势行情，散户越应该清醒谨慎。

二、熊市和振荡市下的机构操盘

下面一起介绍熊市和振荡市（猴市）阶段的机构操盘逻辑。当市场环境不佳的时候，有些个股或者题材突然发力上涨，但这个阶段的股市最忌讳的就是追涨。可能有些朋友会说，行情不好的时候也有一直大涨的股票啊！没错，但毕竟凤毛麟角，可遇而不可求，更不能认为自己买的股票就一定属于这一类。市场环境不佳的时候，大多数逆势大涨的个股或者板块、题材都是短期行情，持续性不佳，涨幅有限。

每年第四季度都是股票市场交易最冷清的时候，也是股价最低的时候。这个阶段大家可以发现，逆势走强的个股几乎都是市值在10到50亿元的小盘股。有些优质企业哪怕有利好，业绩大幅增长，但股价也不涨，因为能控盘中大盘股的机构一般都是一线投资机构，不仅需要庞大的资金，还需要联合坐庄。

市场环境不好时，坐庄操盘绝对是事倍功半，拉升目标过低、成本高，而且出货周期长、风险大。这种环境只适合吸筹，所以这时候庄家不仅不会拉升股价，反而还会在大盘反弹的时候去压盘抑制股价上涨，防止散户集中跟风打乱自己的低吸计划。大盘下跌时则顺势洗盘，低价拿筹码，等待来年二三季度再大刀阔斧地展开最终的拉升行情。所以市场表现不佳或比较平淡的时候，如果不做中长线，一定不要买中大盘股，因为会非常磨人。

中小型机构会非常活跃，走薄利多销的路线，但对于操盘手法要求还是比较高的。大多数机构操盘小盘股都不会去调研，就是用资金生拉硬拽，有题材就炒作的幅度高一点，无题材的绩差股就拉的少一点。拉升幅度太高时，追高的散户也很警觉，因此出货难度大，风险也大；拉升幅度太小时，除去出货时的资本利得损失以及融资利息和分红，也赚不到什么钱，所以难度也不小，对操盘实力和资金要求都比较高。所以行情不好的时候，强势股即使有，也很少。

有些机构暴力拉升后就是不计成本地砸盘出货，最后赚的差价少得可怜，亏钱的机构也不在少数。所以这几年每到第四季度，我就会写写新书或者出去追求一下诗和远方，毕竟还算年轻，赚钱的时间很富裕，没有必要为了那一点点利润付出更多的精力，性价比不高。以前我给读者讲课的时候经常倡导，每年只在前三个季度做一两波行情三五只股票就可以，明知行情不好，就要远离股市或选择一些"应景"的投资市场，不要明知不可为而为之，把本金都损失了，好行情到来的时候就没办法参与了。

作为短线投资者，只要不是熊市的前中期，而是熊市的后期或者振荡市，想要用少部分资金做小盘股的短线也是可以的，但千万不能去追高，要根据主力的操盘行为提前埋伏。对于前期没有经历充分做盘便暴涨的突发题材个股，要做到不跟、不追、不关注。有明显底部主力吸筹的小盘股，在盘整平台或回撤关键支撑时可适当潜伏。对于首轮拉升后调整，机构出货不充分仍留有大量低价筹码的个股，可在调整至关键支撑时博二次拉高，目标不要高于前期最高点。

机构投资者虽然有诸多优势，但也并不是只赚不亏，他们要考虑的因素比较多，比如运作周期、融资成本等，最重要的还是能否顺利出货。普通投资者如果能够更多地从这些角度去思考交易，会受益匪浅。

第四节　牛熊转换的市场量价

我很庆幸自己在职业生涯中经历了A股市场两次大牛市行情，而且我也相信有生之年一定会有更大的牛市出现，因为我一直坚信巴菲特的那句话"永远不要做空自己的国家"。股票市场就像是一辆没有终点的列车，有人上车也有人下车，淡季旅客零散，旺季人挤人。

在任何牛市行情中，普通投资者进场往往最晚，赚的钱最少，而熊市行情又跑得最慢，亏钱最多，一方面是心理因素，另一方面是经验不足。所以我希望所有没有经历过牛熊转换的投资者要做足功课，准备迎接新的挑战。

股票市场的牛市与熊市都有很多特征，本书我只针对成交量这一项指标的各种表现进行说明。

一、熊市的量价特点

1. 熊市初期阶段

熊市初期阶段非常不好判断，因为这个阶段沪深股指还会经常出现放量大涨的情况，会让人误以为牛市仍在继续。而且熊市初期也有不少补涨的中小盘股涨势强劲，市场交易依旧是一片热闹的景象，投资者会从心理上屏蔽熊市信号。

牛市为什么会突然转熊？牛市行情下市场泡沫持续增长，经济必然呈高速增长状态，但即便是泡沫过大，A股市场也不会马上反转杀跌，所以牛转熊主要有两大因素。

（1）政策刻意打压。巨大的泡沫一旦戳破必然会产生严重的反噬，股市一味大幅失真性地暴涨也并非好事，所以一旦市场情绪失控，政策会进行干预。2007 年 5 月 30 日凌晨，财政部突然宣布印花税从千分之一提升至千分之三，再加上监管部门加大防范两融风险力度、部分券商提高保证金比例等利空举措，导致当日沪深两市暴跌。这是政策抑制牛市的方式。

（2）突然爆发地缘性政治事件。其中最典型的就是 2008 年美国次贷危机到欧债危机最终形成了全球性的金融危机。这种情况通常不多见，但不得不防。

由牛转熊一定是伴随着巨大的地缘因素或政策利空，为什么一定是巨大的？因为牛市阶段机构是疯狂的，散户是疯狂的，这时上调存款准备金或利率，市场根本不会当一回事，甚至会认为"利空出尽是利好"。即便是重大的利空因素，因为狂热的做多情绪，股指也不会马上下跌，而是会继续向上一段时间，然后利空的效果才会被充分反映。因为庄家要拉高出货，就必然还要维持牛市氛围，让"散户别跑"。

如何防范牛转熊？一般在牛市后期，成交量会维持大量状态或维持较为活跃的动能状态，因为此时不论机构还是散户都处于捂股的状态，只有少量散户或机构调仓换股，所以并不会出现持续放量，但是大盘指数会持续保持上涨。而且整个牛市行情都是疯狂的看涨氛围，此时沪深股指即便穿插阴线，幅度也不会很大且不能持久，所以一旦周线收出跌幅超过 5% 以上的阴线时，投资者就要开始警惕牛熊转换，开始降低仓位，锁定盈利。

熊市初期的下跌也不会出现顶部放量下跌的情况，一定是缩量的。此时散户还沉浸在牛市的氛围中，并不认为一周的下跌便会拉开熊市的帷幕，赚钱的怕卖飞，亏钱的不舍得，所以千万不要认为放量下跌才是熊市的信号。

有时出现单周缩量大跌后直接步入熊市持续杀跌，有时还会进一步刷新高点然后开始反转。如何既让自己的收益最大化，又能有效防范顶部风险呢？就是要分批离场。牛市庄家都高度控盘，完全没有洗盘的必要，因为出多少货就会有其他机构接多少，没有机构会那么傻，轻易抛弃手中来之不易的优质筹码。所以这个时候市场一旦大跌，一定就是他们嗅到了顶部的味道，开始进行变现了，散户要警觉起来。

如果当周大跌后市场持续杀跌，就不断地降低仓位，前期收益颇高还可以慢一些，越是没赚到什么钱，就越是要果断斩仓，不要有侥幸心理，认为下跌途中还会有阶段性的技术反抽，如果没有，那就惨了。如果没有持续大跌，剩余的仓位每当有更多利润时就降低持仓，直到最终反转。切记没有只涨不跌的股市。

发现牛市终结信号后，不仅要降低仓位，还要大幅降低投资频率，能不买就不买。真的还想博一下尾部行情，就放弃中大盘股，尝试跟进滞涨小盘股，记住是滞涨小盘股。股价若已经启动或顶部出现过放量下跌的情况，则千万不能去追，要控制好仓位。这个阶段我们要做的就是保住利润，越是盈利不多就越要小心谨慎，要做到持盈保泰。熊市的产生一定伴随着利空的出现和堆积，所以市场的大跌伴随着不断的利空，转熊是早晚的事，早出总比晚出好。要记住，普通投资者可以和机构作对，但永远不要与市场为敌！

2. 熊市中期阶段

熊市初期阶段一般不会放量，但是中期可能会出现放量下跌的情况，这要看熊市走的是快熊还是慢熊。2008年的熊市就属于慢熊，因为此前是A股市场有史以来最大的牛市行情，所以看涨情绪一直比较强烈，即便是顶部下跌也没有造成很严重的恐慌情绪。被套的散户一直坚定认为牛市还在持续，手中个股终究可以解套。这种情况下的熊市，散户不会集中抛盘，每天都会有坚持不住斩仓的散户，也有心存侥幸抄底的，所以市场往往是"钝刀杀人"。

慢熊的中期偶尔也会暂时企稳构筑小的企稳平台，给人一种见底的错觉。但是反弹幅度不会太大，平台持续时间很短便会继续下跌。慢熊行情的中期阶段，其特点是下跌缩量，但是上涨也是缩量的，即便是相对前几个交易日的放量也不会超过2到3个交易日。股价一定不会突破前期高点，在整个慢熊的过程中这种企稳横盘的平台不会出现很多次，越是到熊市后期，反弹和盘整越少。

快熊不会给散户太多反应时间，通常第一次周线大跌就是熊市的起点，短期内恐慌氛围直接拉满，散户和机构抢着出货，所以股指放量下跌会有一定的持续性。但是到了快熊的中期，这种放量下跌会变成缩量下跌，因为跑得快的散户已经离场，更不会轻易进场，被套其中的散户还处于比较"懵"的状态，想跑已经来不及了，更不舍得，非常痛苦和纠结。陆陆续续会有斩仓行为出现，但不集中，所以不会放量。因为熊市的突然来袭，造成了抛盘的集中行为，散户利用船小好调头的优势跑得比较快，但是许多机构还有很多仓位没有离场，为了让利润最大化，在熊市首轮杀跌恐慌情绪有所缓解后，会出现底部企稳再次拉高出货的行为。

牛市行情一旦结束，就意味着股市将陷入漫长的熊市与整理阶段。A股历史上从未出现过连牛的情况，牛市过后就是持续的熊市，而A股市场的熊市通常很漫长，所以在熊市阶段，千万不要相信任何企稳或反弹。在熊市下跌中期，股指企稳构筑平台时，常见的量价表现就是反弹无量或有小幅增长，但不可持续。价格方面涨少跌多，阳少阴多，涨慢跌快。构筑的企稳盘整平台上轨始终无法突破，当某日突然跌破平台下轨时，就意味着熊市下一阶段的下跌开启。

快熊行情下跌中继平台的持续时间，要比慢熊行情更久，振幅更大。因为慢熊行情恐慌气氛不是很重，主力出货时间比较充分。而快熊行情中庄家的筹码不能充分离场，会有较多剩余筹码，很多庄家如果不计成本抛售，净值必然会受到巨大影响，那么这一轮牛市就白玩了，甚至亏钱。所以必然要让市场暂时企稳，出现更大幅度的反弹，至少让散户认为大盘要走一波大幅反弹。所以在暂时的企稳阶段反弹幅度还是比较大的，阳线也比较多，时常会出现单个交易日、周的放量上涨，但也只是针对近期一段时间的成交进行对比。在整个振荡反弹阶段，各大投资机构会在拉高过程中完成出货，有早有晚，所以市场股指的反弹也会由强转弱，由升转平。

当机构的出货行为几乎完成时，剩余的仓位就会集中抛售，沪深股指就会突然在某一个交易日大幅杀跌，通常单日或单周的一根阴线可以吞没前面数根阳线。当这种情况出现后，熊市便开始进入末期阶段。再次强调，熊市中期的股指下跌是不会放量的，机构持续性拉高出货，就是要避免引发市场再度恐慌，因为此时的散户已经对熊市非常敏感了，一部分被套着，一部分确认熊市不敢进场，只有少数"艺高人胆大"的散户还在进行所谓的波段操作，所以必然不会大量集中抛售，自然也就不会放量。

3. 熊市末期阶段

当各大机构完成了主要的减持工作，手中仅剩为数不多的筹码时，市场利空也得到了充分释放，熊市行情也就几乎到了尾声阶段，而此时如果又到了第四季度市场最冷清的阶段，这时也正是股票价格相对便宜的时候，而普通投资者会对当前市场十分恐慌或者说丝毫提不起入市的兴趣。

A股市场整体的熊市时间也不长，和前期的牛市周期相差不多，真正让投资者觉得熊市时间久的原因，是熊市结束企稳后漫长的振荡行情。熊市的终结不是因为跌到某一个技术支撑或整数关口，更不是形成了某种技术形态，而是市场的空头情绪有没有得到充分的释放。这里的关键就是政策的提振，也就是我们所说的"政策底"，往往这样的底部才扎实牢靠。

"政策底"主要体现在两个方面：一方面是国家出台的政策能否直接刺激经济的高速增长，或者是有效地盘活股票市场；另一方面是国家经济已经形成反转，这是提振所有投资者进入股市最直接的因素。

进入熊市后期，成交量的最大特征就是缩量，这一点不论是沪深股指还是个股都是一样的，当市场交投持续下降，多空双方都不积极的时候，市场成交就会持续低迷，但指数的下跌力度不一定会减弱。如果是慢熊行情，股指会一直处于缩量下跌状态，哪怕已经是地量水平，但是指数依旧是涨少跌多。而快熊行情在接近底部区域时，往往会出现几个交易日的缩量急跌行为。这和很多个股见底的道理一样，庄家在接近底部时开始吸纳少量筹码，真正要开始大量吸筹前会集中抛售，营造恐慌情绪，逼迫散户割肉。但所有的熊市终结以及牛市开端，都是从极致的缩量展开的。如果成交量已经降无可降，股指的底部逐渐抬高一个月没有破底，那么熊市行情基本上就来到了振荡阶段。

二、振荡市的量价特点

A股市场振荡行情占据了绝大多数时间，也是个人投资者参与的主要阶段。牛市短，散户参与的晚，而熊市被动持股谨慎观望，只有振荡市可以让散户大胆地参与交易，尤其是A股市场的普通投资者，绝大多数都是短线的技术派投资者，他们觉得这种行情更有利于发挥自己的技术特点。外加当下市场量化基金的盛行，更加导致了指数长周期处于相对固定且空间幅度较小的运行状态。

A股市场长时间的横向振荡可以分成三个阶段：第一个阶段是熊市刚刚结束，市场刚从恐慌的氛围中解脱出来，但依旧比较谨慎；第二个阶段是长时间的政策"真空"，导致机构缺少充分的拉升条件，而散户的重仓、建仓情绪也不高涨。在这两个阶段，虽然偶有利好政策出台，但对国家经济增长影响不大，对股市的刺激不足，所以反弹总是昙花一现，久而久之到了第三个阶段，即股市投资对于许多投资者来说成了"鸡肋"，公募基金份额保持较低水平或持续减少，投资者也持续降低仓位。市场成交始终保持低量水平，振幅区间进一步收缩，尤其是横盘的第三个阶段通常刚好处于第四季度，市场交投尤为沉闷。

1. 振荡市的政策影响

普通投资者不是经济学家，无法确定一个政策对于国家经济未来的影响。普通投资者也不是行业学家，不能从一个扶持政策上判断行业兴衰。普通投资者更不是机构，没有庞大的资金和行业圈子，联合去同步做盘。所以不能盲目地因为某一个因素，就认为牛熊的到来。在股市漫长的横盘阶段，经常会出现因为某一个利好因素，大盘单日放量上涨的行情，有时也会持续几日，此时会有铺天盖地的网络文章以及财经自媒体博主鼓吹牛市来临，每次都会有大量投资者被吸引入市，但很快就会发现这又是一次"狼来了"的故事。

2023年7月底迎来了全年A股市场最大的一波上涨行情，7月25日开始券商股集体跳空高开，后续一路飙升，当时市场便有印花税下调传闻，房地产市场也有一揽子刺激政策出台。当时金融股大涨，市场每日二八分化严重，确实和牛市初期表现非常相似，连续两周市场放量，似乎多头情绪一下子就被调动起来了。但我隐隐感到了一丝不安，似乎总有一个声音提醒我这是假象，所以我当机立断，抛出了自己手中所有的券商股，如图1-3所示。

第一章 量价关系基本应用

图1-3

抛出所有券商股和个股并没有太大的关系，老读者都知道我对第一创业又爱又恨，一般情况下是不舍得轻易卖出的。但此时如果不清仓，这一轮过山车可能就坐定了。卖的虽然不是最高价，后面还创出了新高，但我丝毫没有重新接回的想法，依旧坚定地看空后市，主要是我认为利好政策对活跃经济影响有限，降低印花税可以一定程度上刺激市场，但是对国家经济提振影响不大，股市涨势难以持续。而地产市场爆雷不断，人气降至冰点，多房者急于出手，刚需谨慎观望，买涨不买跌已经深入人心，所以我认为地产救不了经济。从这两个方面来看，我认为牛市很难出现，但市场表现确实又让我不能坚定。

虽然不能肯定当时市场一定会马上下跌，但是种种技术特征也发出了风险信号。本轮大盘的上涨主力是券商、银行，这两个板块一旦哑火，市场如果没有其他权重板块接力，必然会急转直下。

我抛售券商股的时候周线还没有收出上影线，后面略微上涨之后，券商才开始高位回落，当时领涨龙头券商股陆续高位放量回落，我就更加认为自己的判断是正确的。券商连续暴涨两周后，第三周就跌破了上一周勉强突破的分割线压力，如图1-4所示。

一般牛市初期金融股虽然会领涨，但不会这么"急功近利"，价格大幅背离趋势一定是会修复的，突然暴起的成交量一点都不温和，后续很难突破，就算是有下调印花税的传闻，但毕竟还没有兑现，机构的行为属实有些操之过急了。

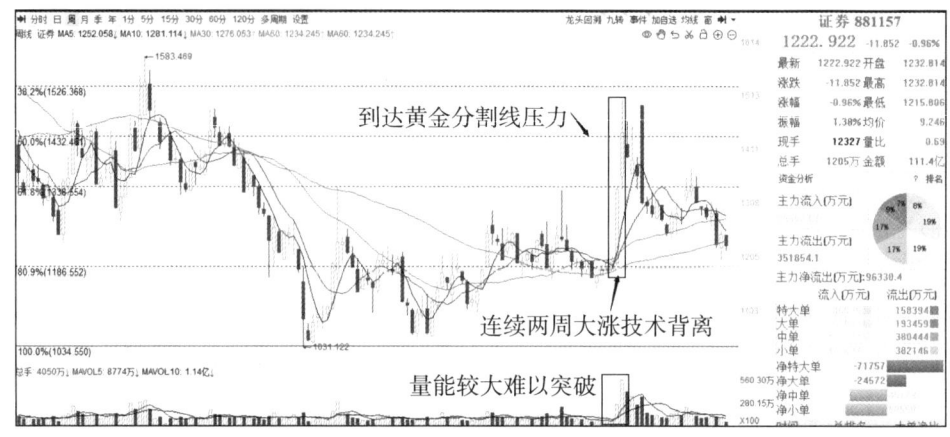

图 1-4

在券商股大涨的第二周,上证指数也同步向上试探分割线 3315 点位置的压力,如图 1-5 所示。

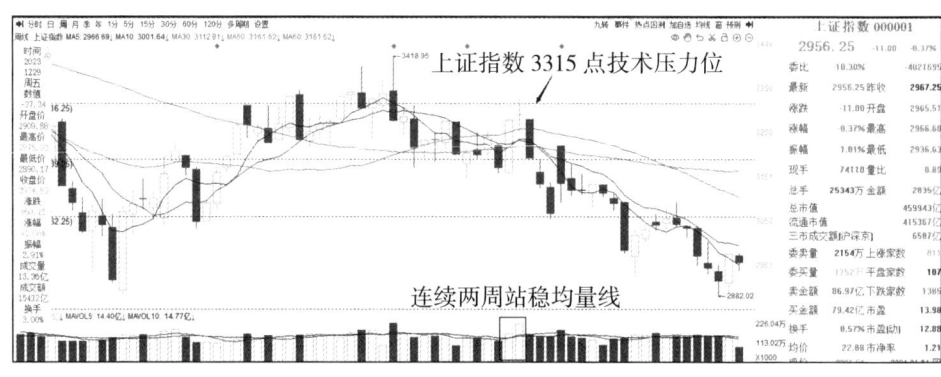

图 1-5

此时券商、银行指数都存在背离修复的风险,一旦调整,上证指数也必然会突破失败。在不能确定牛市的背景下去赌突破大涨,是非常不理智的行为,只要没有赌对,可能整个振荡行情中的获利就会全部回吐。但是成交量连续两周保持在均量线上方,量突破了,价格回补突破也不是不可能,一旦突破必然会引发更强烈的做多情绪,而且空间也会被打开,到时再入场也不迟。后面的结果大家也都看到了,突破还是失败了,而且后续大盘一路下跌,再一次跌破了 3000 点。

2023 年 8 月 27 日,财政部、税务总局发布《关于减半征收证券交易印花税的公告》,内容提到,从 2023 年 8 月 28 日起,证券交易印花税实施减半征收。次日券商股几乎全部涨停开盘，但并未创出新高，上证指数高开150点。开盘后券商股纷纷高开低走，当日收出一个光头破脚实体超长的大阴线，上证指数稍微好一些，有一点下影线。

对于投资经验比较丰富的投资者来说，可以对自己的盘感多一分信任，尤其是对风险的盘感。如果你突然感觉到了市场的风险，或者是个股的风险，千万不要忽视它，重视起来并进行相应的避险操作。很多次我对于顶部的判断都源于我对风险的敏锐性。虽然有时会失去一些机会，但是错失良机无非是少赚钱，正确的话可以拯救自己的投资生涯。

2. 振荡市的技术特点

在振荡市形成初期，迫于熊市刚结束的情绪，指数反弹力度还比较弱，偶尔还会逼近甚至稍破一下前期低点。但是到了中期，基本上股指就会逐渐抬高，脱离前期低点，直到振荡后期，股指会在黄金分割线的几个关键区间反复振荡。虽然偶有放量，但通常不能持续，如果投资者总是因为一个交易日或者几个交易日的放量上涨，就认为行情启动了，我敢肯定到了真正启动的时候，你的本金已经所剩无几了。不要相信市场上的任何一次放量上涨，牛市行情没有那么容易到来。

在振荡市中正确的做法是：前中期振荡阶段，多去低吸反复轮动的热门概念龙头股，前提是庄家没有出货，或者埋伏底部有庄家建仓迹象的小盘股，这是振荡行情中小型庄家的最爱。如果到了第四季度，股指下跌力度已经很大，成交量几近冰点，那么此时市场振荡行情就来到了后期阶段，一方面用少量仓位继续埋伏庄家在底部建仓但迟迟未启动的小盘股，另一方面将资金划分为多份，慢慢低吸庄家控盘的优质蓝筹股，等待第一二季度的启动。

三、牛市的量价特点

1. 牛市初期阶段

这个阶段是最难把握的，不仅仅是普通投资者，哪怕是投资机构，也把握不好。因为这个阶段最先大量建仓启动行情的庄家，都是利好政策的提前获得者，而牛市产生的主要因素就是重大的政策利好，这种利好是直接决定国家经济可以持续性且大幅增长的。

而普通投资者和中小型投资机构此时的投资思路还保持在之前的振荡市，一线机构持续建仓权重指标股，市场必然会持续二八行情。个人投资者还在打短线，做小盘股，虽然赚了指标，但是净值没有出现呈正比的增长，指数涨得越多，自己越不敢进场，不敢轻易相信是牛市来了。所以牛市的初期阶段，普通散户是很难跟上的。

牛市的初期，就是振荡市的末期，也是股票市场人气最低迷的阶段，成交量也是全年乃至近几年的最低水平，此时的股价最便宜，机构吸筹的成本最低。正是应了那句老话"牛市在绝望中诞生"，这里的"绝望"不是在熊市末期投资者亏出来的，而是在漫长的底部振荡中，投资者对于市场未来的迷茫产生的绝望。

我和一个雪球的朋友聊天，她说她持仓的一只股票补仓后在高点离场了，然后大盘一直阴跌连破两个整数关口。我建议她低位接一些回来，因为这家企业业绩稳定，且题材丰富，庄家控盘力度还算比较大，市值也比较适中。她的回复和大多数投资者一样：大盘和股价在跌，不能买。所有人都知道"买在阴末，卖在阳极"的道理，但实战中全都是宁愿追高不愿抄底，这就是投资者"牛头赶不上，牛尾满仓追"，最后不赚钱的原因。

我前面举了 2023 年下调印花税的案例，如果大盘上涨，权重启动，你感觉可能是牛市初期的信号，但又担心只是一次快速反弹。可以攻守兼备地进行操作，不要求所有资金全部参与在牛市初期，但至少应该和大多数机构一样，有一定的底部仓位。一方面短线继续高抛，另一方面低位吸纳区间盘整按兵不动的机构股，留有至少一半的资金用在牛市确认之后。这样一来，提前布局的资金潜伏的时间会很久，但是未来可能会有非常丰厚的回报。

牛市初期阶段的量价特点如下。

（1）成交量不会突然暴涨，但会温和放量，放量周期长，缩量周期短，长时间保持在均量线上方。

（2）消息面依旧处于真空期，但可能会出现一些市场传闻。

（3）K线方面阳多阴少，阳长阴短（多为小阴小阳），重心逐渐上移。

（4）二八分化明显，金融股一马当先，其他权重股轮动托盘。

（5）经常出现数周连续小阳，但累计幅度不大的走势，上涨放量下跌缩量。

2. 牛市中期阶段

随着指数的持续上涨，突破一个又一个关键技术压力关口，各技术指标也都呈现多头形态。个人投资者开始相信牛市，敢于进场，敢于加大仓位，但这是一个陆陆续续进入的过程，不会在某一时间点集中爆发。而各大机构的前期建仓、洗盘等准备工作也陆续进入尾声，开启了最终的冲刺拉高阶段，中小型机构也积极参与其中抬轿子，中大盘优质股的上涨速度开始加快，整个市场的追涨情绪迎来了牛市第一轮高潮。

即便已经到了牛市中期阶段，依旧有很多投资者赚不到钱。前面我说过，牛市的前中期市场多为二八分化，而普通投资者一直以来认为中大盘股，尤其指标股涨得少、涨得慢，但牛市主要就是拉指数，主力就是大市值企业。所以这时还去持仓小盘股，收益甚至跑不赢大盘。

此外在牛市中期阶段，因为投资者也不知道大盘会涨多少，涨多久，所以都想在短期内获得较多收益，因此都热衷于追强势股、热门股。最后可能会出现投资者常说的"买啥啥不涨，卖啥啥涨"的尴尬局面。牛市行情最忌讳的就是频繁更换个股，一般牛市初期最早启动的个股很有可能是贯穿整个牛市的大牛股，这类个股的控盘庄家一般实力较强，类似个股的最终涨幅都不会差太多，所以不用频繁切换。另外牛市阶段所有个股也并不会一路飞驰每日向上，中间也会有短暂的调整、洗盘、震仓、换庄等行为，如果贸然换股，很可能会错过下一轮上涨。在牛市中前期可能还不会有太大的影响，如果是在牛市后期盲目换股，可能会出现在顶部套牢的情况。

牛市中期的各类机构会将优质企业的股票筹码视如珍宝，不做足利润坚决不会大量抛售，所以一般中大盘优质股，虽偶尔会有洗盘行为，但跌幅不会太大，持续时间不会太久。因为如果抛售的多了，很有可能被场外其他虎视眈眈的机构借机抢走，所以这样的洗盘调整成交量也不会太大。

牛市中期阶段的量价特点如下。

（1）并不会每个交易日放量上涨，但整体保持放量趋势。

（2）股价大多会保持在均量线上方，偶尔会缩量在均量线下方。

（3）经常出现连续数周收阳行情，但并不一定全部放量收阳。

（4）周线会出现调整，单周阴线跌幅不会超过5%，累计不超过10%。

（5）牛市中期平均涨幅一定大幅高于牛市初期。

（6）牛市中期的下跌不论日线还是周线都不会出现放量。

（7）牛市中期与初期之间会有周期不等的横向运行阶段，快牛周期较短，慢牛周期较长，其间明显缩量，累计调整幅度通常不会超过10%。

3. 牛市末期阶段

牛市末期阶段，市场炒作到达后期，此时为了抑制股市泡沫，必然会有相应的打压政策，所谓"成也利好，败也利好"，也会有一些其他的利空因素，不然牛市不会到达末期阶段。一线投资机构一定会率先展开出货行为。这类机构的资金量最大，专业前瞻性更强，对市场的影响力度也最大，为了不引起恐慌，必然不能一次性抛售，因此他们在牛市末期已经陆续进行减持工作了，这时很难再出现持续的连阳现象，而是涨跌互现，但整体上依旧是涨多跌少，上涨有量，下跌缩量。

牛市末期的整体成交会有明显的滞涨甚至是缩量行为，因为这个阶段优质股基本都已"名花有主"，庄家的少量减持不会引发大量交易。中小型机构虽然也意识到牛市来到了末期，但不会马上结束，所以一方面减持权重股，另一方面会转移向整个牛市阶段相对滞涨的中小微盘股。而普通投资者则是少有看顶者出现，此时市场正是最疯狂的阶段，各媒体、股评家依旧保持着大牛市观点，所以普通投资者依旧处于捂股阶段，且基本已经清空"弹匣"，此时还在积极建仓的就是那些曾经从不关心股市的新投资者。

牛市末期可以很明显地发现，指标股的涨势开始逐渐减弱，二八分化逐渐转为八二分化，即指标股托盘，中小盘股开始轮番活跃，市场热点概念层出不穷，你方唱罢我登场，整个市场的交易达到最巅峰。其实这种信号就是机构已经预见了牛市的顶部，正在进行最后的收割。而这个阶段的普通投资者也是最容易"上头"，最容易出错的。正确的做法就是"别人疯狂我恐慌"，逐渐获利了结，降低仓位，尤其是权重股。中小盘强势股坚决不追高，少量参与滞涨的中小盘绩优股，一旦某一个交易日出现大幅杀跌甚至是放量杀跌，就开始准备按照熊市初期策略操作。

牛市末期阶段的量价特点如下。

（1）牛市末期成交峰值低于牛市中期，但高于初期阶段。

（2）牛市末期成交或高于（低于）中期最大峰值，或持续缩量。

（3）均量线开始死叉向下运行。

（4）上涨幅度逐渐收窄，连阳行情减少，阴线数量增多，调整幅度扩大。

（5）指数滞涨阶段，权重板块可能会出现放量下跌。

A股市场的牛熊市有非常鲜明的特点，只要保持清醒的头脑和良好的心态，都可以较早地把握住各个阶段。

第五节　量价基础应用

在常规的量价分析中，主要分为以下几种基本的量价关系：价涨量增、价涨量缩、价跌量增、价跌量缩。在量价八法中还有"量平"一说，也就是成交量不增不减。在之前出版的《量价精研》一书中，我详细地讲解过量价八法，这里我准备化繁为简，只讲主要的四种，因为这四种主要形态更能说明场内主力的操盘行为。另外，没有任何两个交易日的成交量是完全相同的，一定会有增减，所以"量平"对于我们判断庄家行为以及后市行情起不到根本作用，投资者也没必要学习太多无用的内容，就好像数百种K线组合一样，实际上常出现且有参考意义的不超过20种。本节我先简单铺垫一下基本的量价关系，便于新入市的投资者对后面内容的理解，下一章再深入地研究量价关系的实战应用。

一、价涨量增

价涨量增的量价关系是成交量增长的同时，价格也出现相应的上涨。此关系可应用于分时周期以及小时、日线、周线等K线周期。在基础的量价关系法则中，价涨量增是后市看涨信号。股价的上涨，成交量的增加，说明股票的交投活跃，且买盘高于卖盘，投资者愿意以更高的价格去购买股票。人气的持续增长，有利于后市股价的持续上涨，这是价涨量增的基本逻辑。

这里所说的价涨量增，参照的可以是前一个交易日或交易周的量价状态，也可以参考最近一段时间的平均量价。但我本人并不赞成仅与前一根 K 线的量价表现进行对比，更不赞成因为单个交易日的价涨量增判断后市股价将持续上涨。因为有些情况下发生的价涨量增可能是庄家某交易日、周的建仓和试盘，甚至是高位的出货行为。盲目地看涨可能导致持仓周期过长或建仓在阶段高位甚至顶部区域。

图 1-6 所示为红塔证券（601236）2023 年 7 月 25 日到 8 月 11 日的日 K 线图。在短短的 13 个交易日中，有 5 次价涨量增情况出现。其中 4 个交易日出现价涨量增的表现后，或次日延续上涨，或上涨延续数个交易日。只有第五次放量上涨，股价后市不仅没有进一步走高，反而彻底见顶持续下跌。这里有基本面的因素，也有成交量的极端行为所造成的顶部信号，也就是后面我会讲到的"天量"。

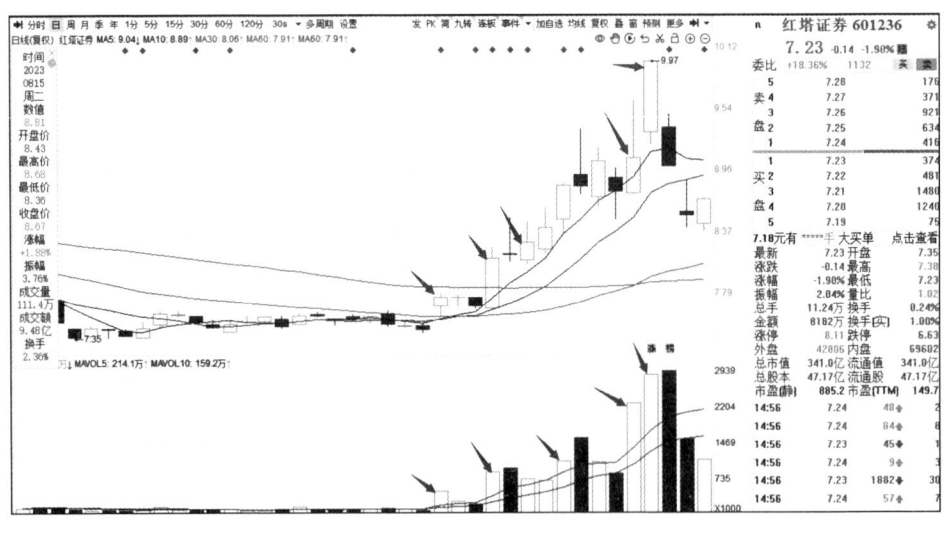

图 1-6

从图 1-6 所示的案例来看，价涨量增似乎是股价的启动信号，也是上涨途中的续涨信号。那是因为整个形态已经走出来了，我们是在回头看股价走势。而实际上，在股价漫长的底部蓄势或者平台整理过程中，股价突然放量上涨并不一定会启动上涨趋势，但是在上涨趋势当中的价涨量增还是有较大参考价值的。

所以量价的使用，不能仅仅通过"价涨量增后市看涨，价跌量增后市看空"这样的口诀来应用，还要结合趋势、位置、当前市场环境综合分析。在以前的作品中我曾引用过这样一个对比：在占卜当中想要结果更加精确，那么起卦、变爻直到形成最终六爻的过程中，必须要结合当时的心静、周遭环境、突然事件等因素，按部就班地程式化占卜，那么所有人的占卜结果都会是相同的，自然准确率也就十分有限。

二、价涨量缩

价格上涨，成交量却较前一根 K 线或近一段时间的整体量能萎缩，在常规用法中，价涨量缩为后市看空信号，也称为"量价背离"。价涨量缩被认为是股价在上涨中并没有大量交易和买单，存在虚假成分，很多人认为是主力的诱多行为。

凯龙股份（002783）在 2023 年 10 月走出了一波短线上涨行情，11 月 3 日股价再度放量上涨，股价刷新了前期新高，但是成交量并没有高于前期高点。随后两个交易日股价继续收阳，成交量却出现了连续两日的缩量，这就是典型的价涨量缩，后面股价也没有走出更强势的上涨行情，而是开始了振荡调整行情，如图 1-7 所示。

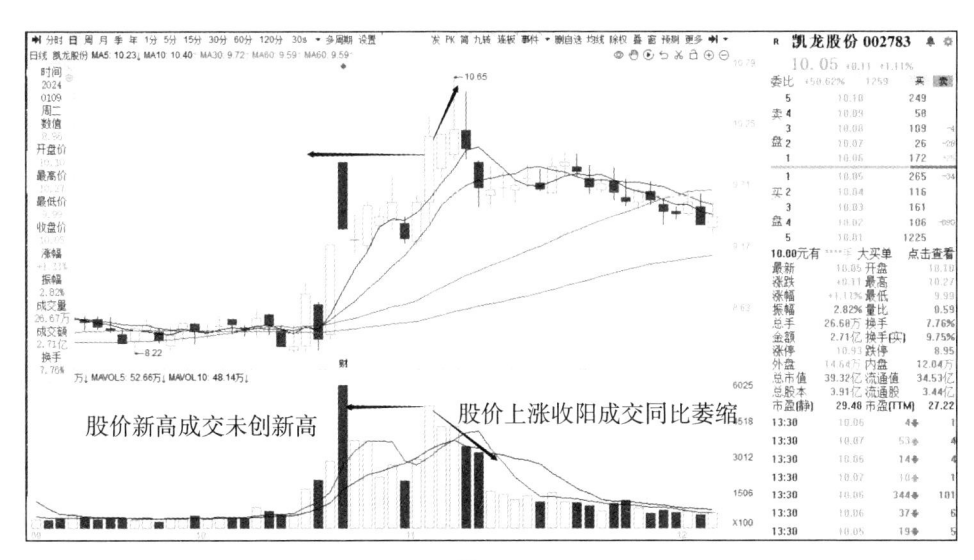

图 1-7

在股价上涨初期，想要持续上涨刷新高点，需要源源不断的买盘动能和更加活跃的市场成交，持续降温的交易情绪是无法让股价活跃起来的，所以在这个阶段价涨量缩，无疑是后劲不足的表现。但是当庄家前期吸筹做盘充分，股价已经奠定主升趋势，大多数筹码尽数在庄家手中时，只要庄家不出，那么每日仅需要一点点资金就可以将股价拉升至很高的幅度，这时价涨量缩就是一个比较正常的表现。

良性的上涨，从理论上来看就是要成交量的持续增长带动股价持续上涨，只要违背了这个基本逻辑，就一定是有问题的，就是"背离"。但背离不代表看空，也不能说明这一定是不好的。放量或缩量，首先要搞清楚出现这种情况的根本原因，而不是按照固定用法去生搬硬套。在分析量价关系时，永远不要忘记庄家操盘的基本逻辑——高抛低吸。

三、价跌量增

价格下跌伴随着成交量的放大，说明交易活跃且卖盘强势，出现了恐慌性抛盘，也必然是因为控盘庄家或机构出现了集中性卖出，当然卖出的原因有很多种。放量下跌一般出现在股价顶部初期以及接近底部区域，这种量价关系对投资者的心理冲击是很强的，很有可能会引发进一步恐慌，尤其是股价处于高位阶段。

图1-8为达华智能（002512）的日K线走势，在两波上涨的顶部区域很明显出现了两个交易日的放量下跌收阴，随后股价均走出了一波持续性调整行情。在股价的顶部区域，股价下跌时的动能越强，空头信号越明确，未来股价的下跌幅度与持续性就越强、越久。所以投资者在交易过程中，若股价高位出现这样的量价表现是一定要规避的。

在股价下跌的较低位置出现价跌量增，或许意味着股价已经接近底部，注意是接近底部，不是马上筑底。如果没有遇到突发情况，机构和庄家都不会在股价很低的位置去抛售股票，所以股价低位出现放量下跌的走势，要么上市企业可能未来会出现更大的利空，持仓机构不惜低位惜售，要么就是庄家在进行最后的洗盘，恐吓那些为数不多的高位持仓者，让他们在低位斩仓。但即便是庄家想要洗盘低吸，短期的恐慌气氛被营造起来，股价大概率还是会顺势再往下跌一段时间或一定幅度，所以说是接近底部，而不是马上筑底。

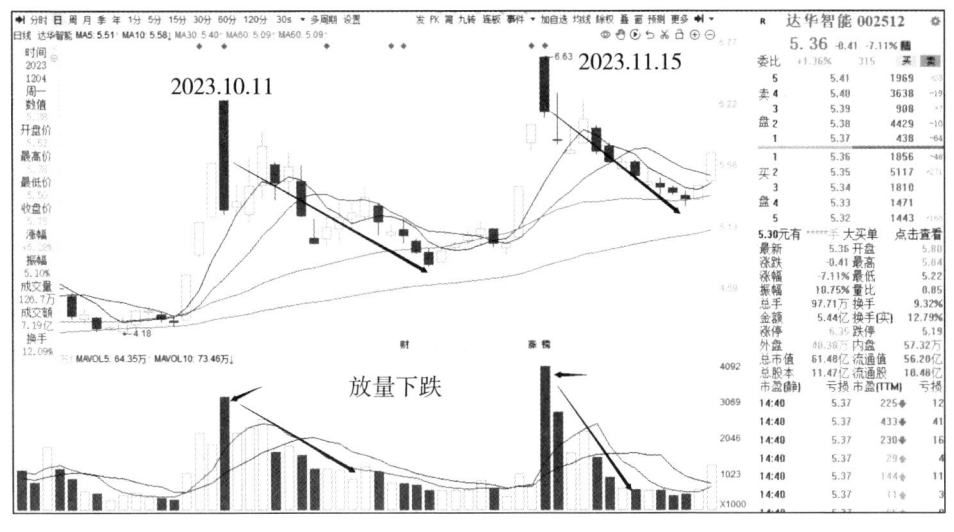

图 1-8

四、价跌量缩

价格下跌成交量之所以会出现缩量的情况，主要是因为股价的下跌完全是由个人投资者看空抛盘所致，数量整体不多，而看涨愿意接盘的散户也不是很多，其间没有机构参与或抛盘量极小。按照常规的量价用法来讲，价跌量缩是后市看涨的信号，因为从基本逻辑来看，股价下跌没有特别多的抛盘，代表市场做空力度不强且有减弱趋势，是未来股价企稳反弹的信号。

北京文化（000802）自 2023 年 7 月 21 日开始连阴下跌，在整个下跌过程中，量价都发生了明显的变化。首先来看成交量，在下跌过程中持续缩量，说明卖盘力度在逐渐减弱，也可以理解为主力不抛售了，散户也不割肉了，大家都在观望。一般股价跌到比较强的支撑时，散户会停止卖出，看控盘庄家的反应，如果庄家继续砸，抛盘就会增加，如果庄家护盘稍加带动，散户反而会抄底增持。所以越是逼近关键位置，抛盘量就越小，卖盘越弱，股价的跌幅也就越小，便会出现价跌量缩的状态，如图 1-9 所示。

那么价跌量缩后市一定会出现看涨的股价表现吗？当然也不一定，如果是庄家出货，股价下跌趋势中，庄家为了不引发市场的恐慌抛盘，会从初期大量抛售转变为少量持续性出货，一来不会放量，二来也会造成一种只有散户在卖的市场假象。即便是在股价底部出现缩量下跌，也不是某一个交易日

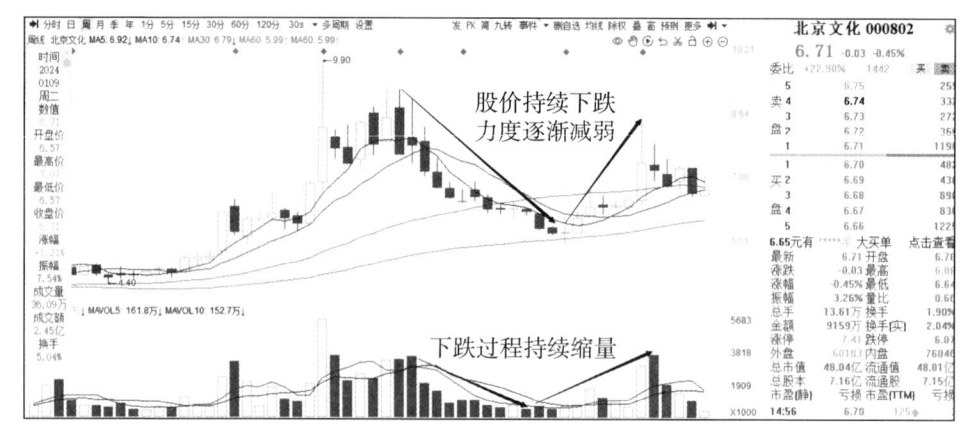

图 1-9

价跌量缩后短期内股价马上就会上涨，这种价跌量缩的情况可能仍然会持续一段时间，如果投资者介入过早的话，也会有不小的损失。价跌量缩过后，股价马上快速反弹只可能在一种环境中存在，那就是股价处于上涨趋势，庄家短线的洗盘行为发生了价跌量缩的走势，随后股价再度保持强势。

所以量价的关系不单单是通过此消彼长就可以有效判断后期行情的，还要结合其他因素共同判定。

五、天量与地量

A 股中常有人说，天量见天价，地量见地价。这就让许多投资者在成交量出现天量时追高，地量时杀跌，最终套于顶部又错失底部。这里说的天量天价、地量地价，不是预示着后期一定会有新高或新低，而是预示着天量可能就是顶部，地量可能就是底部。正所谓阴极生阳，阳极生阴，物极必反，否极泰来。天量和地量，都属于极端的量能表现，所以必然会出现反向的表现。

多少的量算是天量或者地量？这个在股票市场中没有具体定义，只说明是极大的量和极小的量，比较笼统。判断天量和地量，更多的是依靠经验，用我们认为的天量或地量去和近一段时间或之前某一个时段的成交量进行对比。对于刚入市没有过多交易经验的朋友，我给出几个参考标准，以便用来判断天量和地量。

1. 天量

（1）在一段价涨量增的上涨趋势日 K 线中，某日成交量突然放大，股价不论涨跌，当日成交量为前期这一段上涨趋势中最大成交量的 2 倍以上。

（2）在股价处于横盘阶段或近期有几个交易日的小幅上涨阶段，突然某日成交量爆发性增长，增长幅度为最近一段盘整或小涨平均量能的 8 到 10 倍。

（3）若上一轮股价大涨时出现过天量见顶可做参考。

（4）通常天量会伴随着超大的换手率，若换手超过 25% 以上，是非常危险的信号。

若在上涨初期出现天量，虽然短期内股价存在调整风险，但未来或许仍有更强的上涨行情出现，此现象多为庄家买入所致。但是如果股价在上涨高位出现天量，多为庄家出货，通常在 3 到 5 个交易日甚至次日，股价就会出现较大的下跌行情。虽然可能出现庄家的二次拉高出货或空中加油行为，但都是极小概率。

2023 年 8 月 3 日，我买入了股票好想你（002582）。次日股价开盘后放量快速冲高，随后回调至开盘价附近。在日内二次冲高的过程中成交量略有减弱，当时日线级别的成交量已经到达了巨量水平，而且技术形态也存在一定的背离。就在我感受到风险的同时，股价再度冲高回落，此时我果断全部抛售，当日不仅创下天量（较前期地量放大超过 10 倍），而且 K 线形态收出超长上影线。虽然后面股价又出现了一次冲高，但成交已经无法再度形成超越，最终股价开启了持续振荡下跌行情，如图 1-10 所示。

这一笔交易虽然只有一个交易日，收获也谈不上多么丰厚，但也可以算是一笔极限的买入和卖出。可能有些老读者会认为我从不做短线，其实我的大多数交易都是在庄家还处于底部运作期买入，或者阶段整理期买入，只是有时买入后庄家要运作很长时间，有时赶得很巧，进场后庄家就有拉升行为。所以我的交易可以看长做长，也可以看长做短，即进可投机，退可生息！

并不是放量股价就会上涨，还要看巨大的量能是高价位的买入人气更强，还是不计成本的抛售更凶。巨大的成交导致股价冲高回落，说明资金先买入后卖出，且多空双方力度都很大，但多头先占据上风随后空头反转，这自然是风险信号的一种，需要规避。

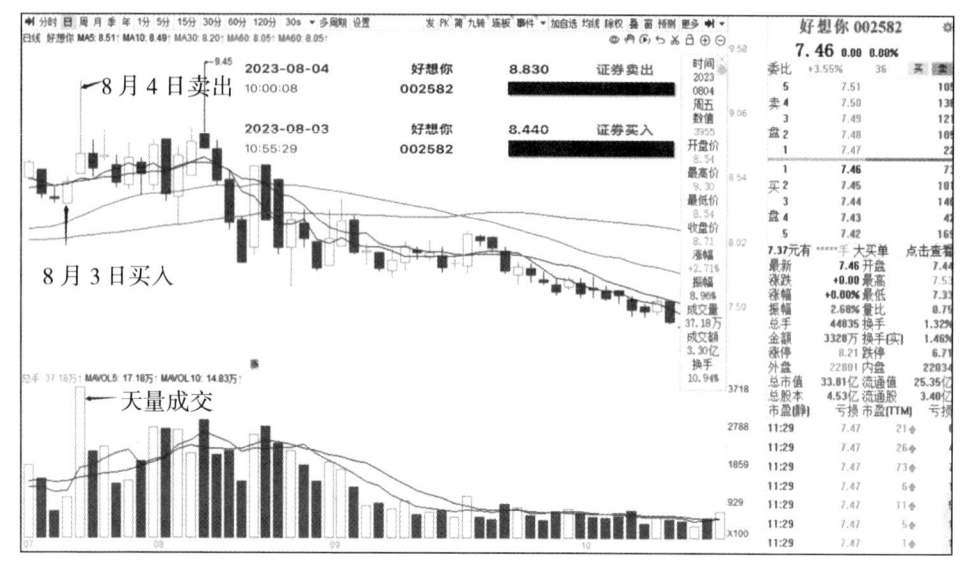

图 1-10

2. 地量

（1）地量通常出现在股价下跌的尾声阶段。

（2）地量时的换手率通常不超过 1%。

（3）以顶部最大动能计算缩量 80% 以上。

（4）如果股价处于历史低点，对比上一轮下跌低点，地量水平减少 50%。如果股价处于上涨过程中的下跌整理平台，地量水平应该在前期底部区域地量水平的 1 倍左右。

（5）从视觉上来说，在看盘软件中，成交量已经缩小至仅有一点点实体，即便未来股价继续下行也无法进一步缩量。

（6）通常地量时股价的波动振幅都比较小。

地量是股价即将见底的信号，但不一定短期内马上就会展开反弹，这种地量小幅波动的走势可能还会持续几日乃至几周时间。引发成交量地量的原因或是上市企业确实毫无投资亮点，人气低迷，也有可能是大多数筹码都在庄家手中，庄家按兵不动，浮筹又比较少，所以无量。因此地量阶段也是投资者最应该关注的阶段，很多时候地量阶段股价会突然发力，放量大涨，开启一波强势行情。

龙江交通（601188）自 2023 年 6 月起开始在底部地量整理，为什么说是地量呢？当时成交量相比 5 月反弹顶峰时缩量了 90%，从后市来看，未来 3 个月的时间都保持着这样的水平，可以说从时间上来说着实是有点久。但这个阶段的地量，并不是因为龙江交通这家企业无人问津，交易低迷，而是庄家高度控盘所导致的，因为此前庄家有明显的吸筹等操盘行为。最终在 9 月 4 日，股价突然放量涨停，一改往日低迷状态，拉开了主升行情的帷幕，12 个交易日股价暴涨 66%，如图 1-11 所示。

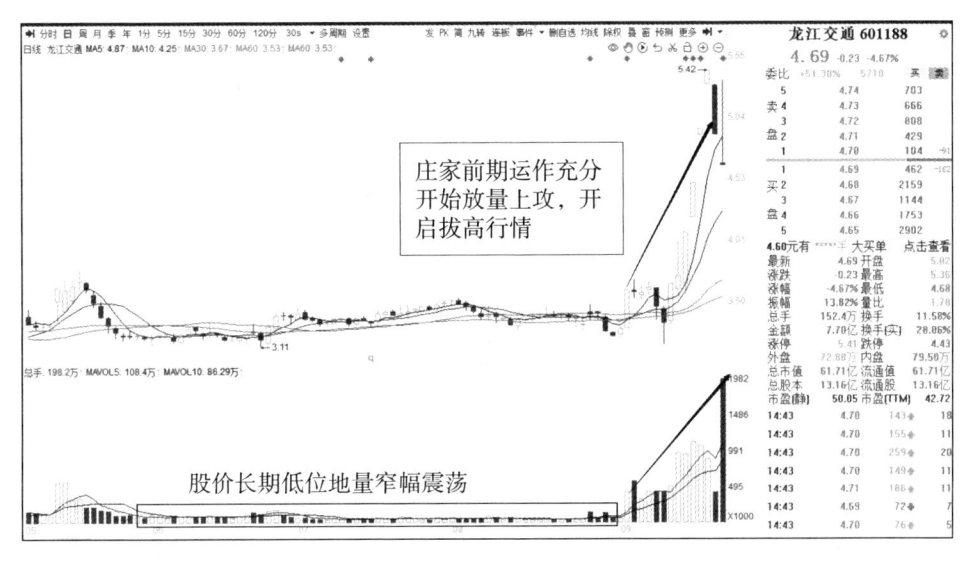

图 1-11

以上是量价关系的基本用法，因为缺乏其他因素的结合判断，所以交易的准确性不高。建议读者在学习本书的过程中，除了看盘与结合盘面学习外，不要进行任何交易，尤其是新手投资者，千万不要看过本章后马上就去股市中实战。通读全书，对成交量有了深刻的认识，对庄家操盘过程中的量价变化有了清晰判断时，再入市不迟。

股市的机会始终存在，错过一只大牛股的同时，另一只牛股也在酝酿。只要不乱操作，就不会出现大的损失。

第二章
量价关系综合实战

在股票市场，各种指标虚虚实实，诡诈难辨，同一个指标在不同庄家的运作之下可以表现出不同形态，发出不同的交易信号，同样的量价关系，又在庄家操盘的不同阶段代表着不同的含义，这让普通投资者的获利变得非常困难。所以在A股市场中，任何指标所发出的交易信号，可能是真实的，也可能是虚假的，这取决于庄家想让散户做出怎样的判断。所以我在前面的内容中刻意强调，在没有掌握全部量价关系应用之前，不要轻易地展开实盘操作。

第一节　价涨量增在不同阶段的应用

在量价基础应用中，我们了解了价涨量增在多数情况下是后市看涨信号，但是量增多少算是合理？量增过程中价格上涨多少算是良性呢？在股价一轮涨跌过程中，不同位置的价涨量增，对后市又有哪些不同的影响？这是我们需要真正了解的结合各种因素的量价关系实战用法。

一、上涨初期的价涨量增

在股价上涨初期，必然要伴随明显放大的成交量，因为在此阶段，庄家前期运作充分，已经拿下较多筹码（具体数量看坐庄风格）。此时正式开启了主升行情，必然要集中资金且大量买入，让股价大幅度上涨，刺激场外的买盘。此外在上涨初期，由于股价仍处于较低位，之前经历过幅度较大的下跌，所以股价上方存在着各种强劲的技术压力。股价每上涨到一个关键位置，都会有前期亏损的筹码解套，尤其是到达关键压力位，可能会出现比较集中的散户解套盘、斩仓盘，这时庄家就需要用大量资金把这些抛售的筹码全部吃掉，因此必然会出现明显放大的成交量。

上涨初期的价涨量增是非常具有诱惑性的，因为股价经历了漫长的低位运行，终于出现了强势表现，与此同时，这个阶段也是最容易出现错误判断的，

第二章 量价关系综合实战

因为底部的突然放量上涨或暂时突破上方关键压力，可能是机构的试盘行为，也可能是又一次低位建仓。除了正在操盘的机构，任何人都不清楚他们此时的筹码数量以及何时准备展开主升的具体计划，所以当散户发现股价底部出现价涨量增或量价突破，很容易冲动进场，如果刚好遇到庄家的主升，自然是皆大欢喜，否则就会买在阶段性高点，短线会有一定的损失和较长周期的持仓等待。

不过，即便底部的价涨量增没有让股价展开一波上涨行情，也说明此时已经有主力在底部运作。为什么我没有说是庄家？因为机构在没有拿到充足的筹码，无法对股价形成绝对控盘前，还不能成为一只股票的庄家。既然机构选择了这只股票，选择在当前这个价位吸筹，不论出于什么原因，都说明机构看好这家企业的股票未来所带来的利润，而不是为了亏钱。这时只要接下来市场不存在较大的系统性风险，哪怕普通投资者有较长周期的持仓，操盘机构变成绝对控盘的庄家后，终将在某一日展开主升行情。

2023 年 8 月，我在 4.64 元位置买入悦心健康（002162），这是一次不太成功的交易，但也反映出股价处于底部酝酿阶段的真真假假。从图 2-1 中可以看到，悦心健康自 2023 年 7 月筑底，8 月之后出现多次底部放量上涨的机构吸筹行为。我认为大健康养老概念是一个值得长期投资的题材，并且当时的市场人气低迷，中大盘股毫无作为，只有小盘股经常被游资炒作，符合我"进可投机，退可生息"的操作特点，所以予以买入。

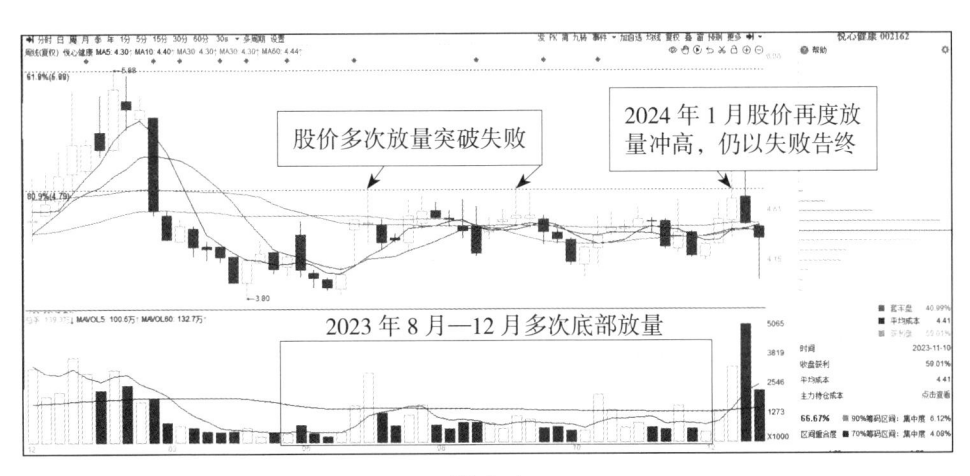

图 2-1

但此次交易略显冲动，并未等到股价回调时逢低建仓，而是在平台相对高位买入，这是错误的做法。股价逼近压力，高位去买入，就是博弈压力位有效的量价突破。一旦突破失败，势必会暂时处于亏损状态以及漫长的等待中。在我进场后，悦心健康依旧出现过多次放量上涨，但始终无法突破上方压力。

机构建仓的信号是比较明确的，因为从 2023 年 8 月开始股价始终保持着在固定区间内波动，走势相对独立，机构控盘特征明显。最终在 2024 年 1 月 10 日这一天，股价在开盘 10 分钟的时候封死涨停，量价突破。但我并没有因此而大意，首先做的就是减持。因为当时股票市场情况进一步恶劣，上证指数不断刷新低点，一来担心次日补跌，股价出现一日游，二来我深知这样的市场环境下强势股的持续性很差，连板的能力非常弱。我记得当时最大封板量有 30 多万手，大盘持续下跌，接近收盘的时候仅有不到 10 万手，我认为守住利润要比博次日冲高更加明智，所以收盘前全部清仓。

接下来的市场持续低位小幅振荡，每日二八分化，个股普遍下跌，虽然悦心健康浪费了不少利润，但对比风险来看，也算是一次比较明智的决定。

之所以举出这笔交易的案例，是要告诉投资者，很多时候一次量价齐升并不一定是主升的开始。另外，当个股具备启动条件时，必然要结合当下的市场环境。未来进一步观察市场的时候就会发现，当市场大势不佳时，有机构建仓蓄势待发的个股很多，但它就是不涨，这种情况要如何跟上庄家的交易呢？

（1）仓位。任何环境下，在未确认股价一定会启动时，切忌满仓、重仓操作，即便已经确认机构有建仓行为，但为了更好地跟庄把握机会，可以用较低仓位率先布局，毕竟机构也是在股价尚未见底时就开始建仓，也是要先亏损的。这样既保证了资产的安全性，又不至于错过底部跟庄的机会。至于首次吸筹仓位是大是小，一成还是两成，取决于当前股票市场的环境。

（2）位置。尽量不要顶着上方压力去建仓，要么是量价突破时顺势跟进，要么在调整的时候买在某个阴线上。通常股价在启动之前会在一个相对固定的区间内保持振荡，那么这个区间的下轨附近就是低位布局的好位置。

二、上涨中期的价涨量增

股价上涨到了中期阶段趋势已经形成了，在上涨过程中机构已经将散户的抛盘全部吃掉。此时已经有了大量流通筹码并转化为这只股票的主力，而依旧在持仓的散户看到涨势良好，也不会轻易抛售。所以此时股票的抛盘不大，庄家只需要用少量资金购买股票，就会使得股价出现不俗的涨幅。所以这个阶段股价上涨，但成交量不会出现大幅放量，多数是持平的量能或稍有放量，比较稳定。但如果是游资短线爆炒的股票，量价就会持续呈现为暴涨状态，这种炒作行为通常势头强劲，但持续性很差，要格外当心。

从正常的逻辑角度来说，在庄家展开上涨趋势的过程中，只要没有表现出抛售、出货行为，股价将会延续涨势，而普通投资者随时可以进场参与交易。即便股价出现短暂的调整，新的高点也将会在不久之后再度被刷新。当然，一切都是建立在庄家没有出货的基础之上，这个阶段并不是投资者最容易出现亏损的阶段，却是最考验投资者心态的阶段。因为投资者从本质上是厌恶风险的，但对金钱又是渴望的，这就导致投资者在股价下跌时不敢低位建仓，上涨时面对高价又犹豫不决，所以总是错过最佳的进场机会。

若股价属于慢牛上涨，价涨量增的力度相对比较温和，而且在上涨过程中股价会出现短暂的小幅调整，但均为缩量状态。上涨趋势中的调整绝不可能出现放量的情况，庄家是不会将长期以来吸收的筹码在没有充分获利前抛向市场的，如果真的放量，那极大可能是庄家的出货行为，所以股价上涨过程中出现缩量调整，即为较佳的低吸机会，若调整后重新放量走强，即可确认此前的调整确为洗盘行为。

2023年9月至11月，ST迪威迅（300167）走出了一波非常标准的波浪式慢牛走势，如图2-2所示。可以看到，整个多头趋势共分为三轮上涨，前两轮上涨都经历了一段时间的调整，而每一轮调整幅度都不大，而且成交量都明显缩量，当调整结束时，只需要稍许放量，股价便可以重新回到上涨趋势，并创出更高的价格。这就是我前面所说的股价底部启动需要庄家大量的资金消化卖盘，当筹码充足后只需要少量买入就可以推动股价上行。

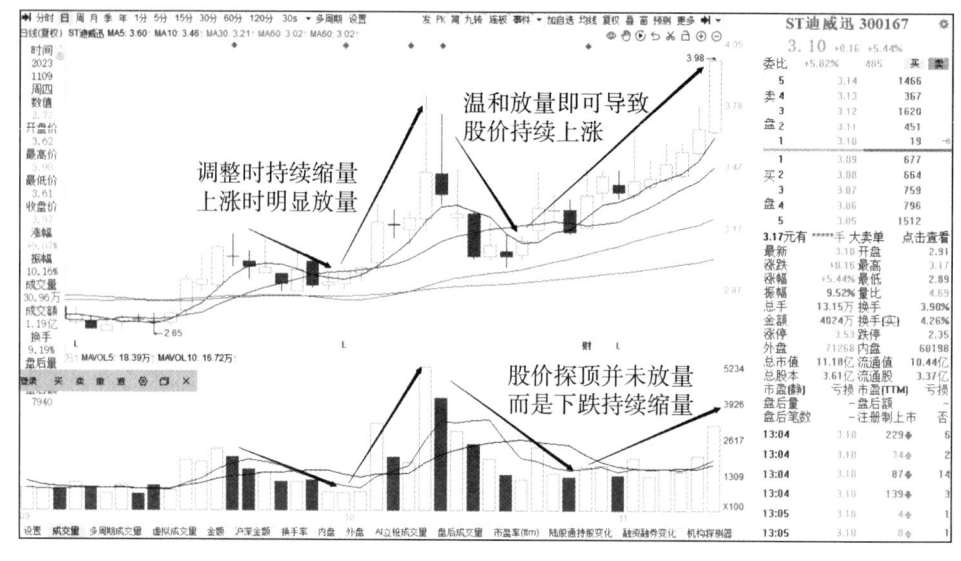

图 2-2

在股价上涨过程中，只要成交量保持平稳或少量增长，下跌缩量而上涨放量，都是庄家持续控盘拉高的表现。在这样的量价表现下，只要股价没有涨至特别高的位置，或缩量回调遇到较强支撑时，都是比较理想的介入机会。

三、上涨末期的价涨量增

投资者要永远记住一点：所有机构都不会轻易在高位吸筹，这是典型的散户行为，低吸和高抛才是机构的常规操作。可能有些朋友会认为，机构也会采取空中加油的方式进行接力操盘。这种情况的确存在，但是概率是很小的，普通投资者千万不可以用高风险去博低概率。上等投资是用低风险去博高收益，中等投资是风险等于收益，低等投资是用高风险去博低收益。现在有许多量化投资基金就是在以高风险去博低收益，以期积少成多，虽然成功的量化基金有，但是失败的更多。量化投资之父爱德华·西蒙（Edward Simon），利用量化套利成为当时华尔街的传奇人物，即便收益稳定,积少成多，但突如其来的金融危机直接让其一生收获付诸东流，甚至背负巨额债务。

所以机构追高吸筹或者说去接力炒作，就意味着他认为巨大的风险会给自己带来更大的收益，这种行为只有可能在市场大牛市行情中，优质股被大肆炒作时才会出现。除此之外，不论是在振荡市还是熊市，庄家都不会用大资金在高位抢筹。所以此时若股价在高位出现放量，一定是不正常的行为，而这一切的背后极有可能就是庄家在出货。

这里所说的高位放量指的是股价处于顶部时的放量，而这是一种以上帝视角看待市场的说法，在股价尚未下跌之前，并不能确定股价的顶部。所以有些时候股价在较高位置出现放量上涨后，确实会出现一定幅度的调整，但是在调整后才最终走出真正的主升浪行情。因为股价在上涨初期，为了突破上方强压力或者吸纳市场抛盘，庄家需要用大资金接盘，也会放出超级大的成交量。如果投资者认为这是出货信号，可能会因此错过后面更大的主升行情，这种情况应该如何避免呢？

不论是否是庄家出货，当我们发现股价在上涨高位出现放量上涨，都要暂时避险。如果是出货行为，在高位放量上涨后短期内就可能会出现大幅度的杀跌行情，即便是庄家接盘吸筹，也会在短期内有所调整。暂时的离开会让投资者以一个局外人的身份重新审视股价的走势以及机构的行为，得出更加清晰的判断。

当股价在高位出现价涨量增后的一周内，只要没有出现明显的见顶或者庄家出货特征，就可以认为股价后续仍有继续上涨的空间，至于顶部和庄家出货的信号是什么，后面会讲到。另外需要考虑的就是市场环境，如果当前A股市场处于牛市或者短期上涨环境，控盘庄家往往会榨干股票最后一分利润，这时候如果庄家底部的筹码没有明显松动，股价的调整就是买入机会。如果此时股价的调整是大幅缩量，而且幅度不大且关键支撑效果良好，可以进一步确认回调结束，可以抄底，也可以等待调整后再次出现放量上涨时顺势买入。

四、下跌初期的价涨量增

既然已经确认股价处于下跌初期，那么股价必然已经出现了一波较大幅度的下跌且顶部信号明显。当股价展开下跌时，切记不可相信任何一次放量上涨，因为每一次都可能是主力机构的一次诱多行为。

股价在见顶下跌时，不一定会一路阴线下跌，中间也会穿插少量阳线。通常在股价下跌初期出现反弹，如果价格未创新高便再度见顶，成交未能突破顶部最大量能，便是进一步的顶部信号，也是投资者最佳甚至是最后的"逃生"机会。

下跌阶段价涨量增的行为出现频率通常不高，而且缺乏持续性，通常是单个交易日庄家的拉高出货行为，所以价涨量增后往往股价会进行力度更大的下跌。不论是市场指数还是个股，下跌阶段普通投资者切记不可因为一次放量上涨行为便认为是底部信号而进场抄底。在 A 股市场的历史长河中，有无数投资者就是倒在了抄底的路上。

五、下跌中期的价涨量增

股价下跌到中期，此时庄家出货基本完成，不需要再进行拉高出货等诱多行为，所以基本不会再出现价涨量增的走势，市场中只有少量散户在抛盘。而此时股价一来尚未到达底部区域，二来前期经历过一轮炒作，短期内不具备炒作价值，也不会有机构重新建仓，所以在下跌中期阶段，不适合任何抄底操作。

投资者可以打开看盘软件复盘一下，那些被炒作过一轮行情的股票，是不是很少有在一年内被重新炒作的情况？此处普及一下机构操作股票的一个小规律。一只股票如果经历过一轮炒作，且机构已经退场，那么一两年内是吸引不了其他机构进行炒作的，除非是企业即将出现更大的炒作价值。

因为上一轮炒作结束后，此时市场还处于极度恐慌之中，大量散户被套其中，都在做着解套或股价反弹后割肉止损的准备。如果此时有机构重新炒作，一来要面临巨大的抛压，二来会让许多投资者看到赚钱的希望，反而捂股不卖了，会导致机构拿不到充足的筹码去控盘。最重要的就是，经过一轮炒作，散户比较敏感，获利就会急于了结，获利后会和机构抢着抛盘，对机构的操盘极为不利。所以这种被炒作过的股票会受到长期的"冷落"，让那些高位套牢的散户逐渐止损斩仓，筹码逐渐移动到低位区域。散户已经忘记了上一轮炒作的经历，完全换了一批投资者时，机构才有可能重新炒作。

六、下跌末期的价涨量增

股价下跌到达末期的时候，是会出现价涨量增现象的，但此时不见得就是底部信号。我们首先要了解机构建仓的基本逻辑，当股价尚未见底时，机构就已经开始少量吸筹了，由于控盘度还很弱，市场空头情绪尚未消除，所以股价会进一步下跌。当机构获得一定筹码后，还会集中抛售进一步打压股价，诱空逢低吸纳。经过多次机构建仓后，股价才能形成较为稳固的底部。

股价需要多次于低价区域出现价涨量增，才能进一步明确底部信号。但是有时候投资者会发现一个问题，在机构多次建仓后，股价由降转平，底部已然比较稳固，但是突然某一段时间，股价再度出现较大幅度的下跌，甚至跌破前期新低。此时投资者会非常犹豫，如果继续补仓，则担心股价会出现更大幅度的杀跌，但如果抛售，又担心下错车被洗盘，这种情况应当如何避免呢？

遇到非正常的下跌，也就是说庄家底部建仓筑底明显，但跌幅又超出预期，那一定是有原因的。此时虽然建仓的机构还没有发展成主力机构与控盘庄家，但手中已经积累了大量筹码，控盘力度还是有的。这时候我们就要用排除法找原因，主要有以下几种原因。

（1）市场环境不佳，股指的大幅下跌引发股价下跌。如果市场指数持续走弱，很多机构也不愿意用高成本去护盘，顺势打压股价做洗盘，当市场即将在更低的位置筑底，吸筹是最佳选择。这种下跌往往缩量比较明显，还是比较好判断的。

（2）很多游资操盘小微盘股根本不会去调研，所以对于企业内部的许多内幕也并不了解。当遇到企业突如其来的利空消息时，这些游资也会慌不择路，大量出逃，这种情况的下跌一般都是放量的。

（3）较大规模的投资机构操盘市值偏大的企业，企业经营存在许多不确定性，经营问题随时都有可能暴露出来。所以即便机构提前进行了调研，与企业达成了密切的合作，对当前企业经营状况有一定的了解，但是面对这种企业突然暴雷的经营问题也避之不及。

（4）一般大规模的投资机构会同时持仓多家企业的股票，但是这些持仓企业并非都是当前市场的投资热点，所以这里面就存在持仓机构调仓换股的问题。比如一家机构同时持仓一只新能源汽车概念股和一只AI概念股。此时AI概念因为技术革新或者政策利好而引发了一波炒作行情，那么投资机构可能会对新能源汽车股进行减持，然后增持AI概念股，以便让投资利润最大化。这个调仓的过程，必然会导致新能源汽车概念股下跌甚至是放量下跌。但若要让机构进行这种大规模调仓，此时市场热点爆发的题材必须是有大利好，可持续炒作，且题材的整体市值较大。如果只是小市值概念，只能炒作一两个交易日的话，对于投资机构来说，大可不必。

（5）庄家在前期运作中，仍然有许多散户持有较多的筹码无法洗出，但主升迫在眉睫，所以一些庄家就会在主升前夕进行一波洗盘杀跌。这种最后的洗盘力度通常会比较大，甚至会超过10%，因为庄家知道大多数投资者的止损都是8%到10%，所以他们会刻意跌穿这个幅度。这种下跌经常会虚假跌破支撑，且下跌缩量。

综上所述，若遇到下跌末期低位价涨量增的现象，要进一步观察，不要马上抢筹进场。一般普通投资者等待机构二次建仓，且此时股价已经筑底横向或向上倾斜运行时，可以建立少量底仓。至于建仓多少合适，一方面看个股市值大小，市值越小前期运作周期可能越短，市值越大的企业运作周期越长，首次建仓量可以小一些，后面再次出现更明确的建仓信号时再不断增持。另外就是结合市场环境，熊市或大盘下跌趋势未见底部信号前，哪怕个股出现机构吸筹行为也不要跟进，只有在市场处于安全或较为强势的环境下才可以进场，毕竟普通投资者资金有限，要尽量把好钢用在刀刃上。

如果股价走势发生意外，即便仓位不多也不能置之不理。如果因为大盘深不见底的下跌导致股价下跌，不确定大盘底部或庄家准备在哪里筑底吸筹，先离场是最佳策略。当我写到这里时，沪深两市持续创下新低，短短不到两周的时间，我准备春节后布局的好多个股，价格跌幅都超过了10%，如果逆向而为，或许不会套牢，但是漫长的等待也是一种成本或者说是一种折磨。未知的才是可怕的，当市场或者股价的走势已经出乎你的预料时，最正确的做法就是离场。如果情况已经很糟，但仍要一意孤行地赌下去，幸运女神只要有一次没有眷顾到你，可能就会造成不可挽回的结果。

如果市场稳定，个股却突然杀跌甚至破底，而前期机构已经多次建仓，洗盘的可能性更大一些。如果当日或当周K线形态没有底部形态且确认跌破支撑，甚至有放量，虽然不需要全部清仓，但也要降低一半仓位，只保留一成，防止全部被洗掉。即便股价持续下跌，一成的仓位亏损20%、30%甚至更多，对总资产的影响也并不大。更何况当我们首次布局时，股价已经有了很大幅度的下跌，只要股市没有大跌，持仓企业没有爆雷，下跌空间就会比较有限。

如果你和我一样是一个左侧交易者，善于在机构运作初期提前布局，投资失败或者漫长等待都是正常情况，但只要有一只股票的整个主升行情你可以参与其中，那么整体收益都会比较丰厚。

第二节　价涨量缩在不同趋势的用法

价格上涨但是成交量下降，这种量价关系在很多投资者的认知里都是一种不好的信号。但是有一点是可以肯定的，价格上涨成交量如果萎缩，庄家和散户买卖的数量和频率都降低了。至于后期股价是涨是跌，就要找到缩量上涨的根本原因，而不是按照固有思维去一味地看空。

一、上涨初期的价涨量缩

股价在底部启动初期，上涨必然需要较大的量能，即便不是主升启动信号，也说明有机构的资金在大量增持，对股价后期走势也有正面的影响。如果股价上涨初期就没有量，说明庄家拉升的决心不足，甚至可能是刻意诱多。

这里需要更详细地说明一下上涨初期的价涨量缩，以免读者有误解。一般股价上涨初期，经历过比较漫长的盘整阶段，这个阶段庄家会进行洗盘、建仓、试盘等一系列操作，这些都可以通过横盘阶段的量价关系判断出来。

如果股价盘整阶段多次出现单个交易日的放量上涨，然后成交量突然缩量，即便是收阳线也没有量，这种情况则是机构已经蜕变成庄家，手握大量筹码，而市场浮筹所剩无几，庄家不动，自然就不会出现放量的情况，反而一点点买盘就可以推动股价上涨，所以这种情况下缩量上涨是正常的。但是盘整阶段没有明显的庄家建仓行为，股价的缩量行为不论涨跌都代表没有机构参与，是交易冷清的表现。

到了股价真正启动上升的时候，即便庄家手握大量筹码，也必然要用大资金推动，要放量，因为庄家要把上方抛盘全部吃掉，一鼓作气才能突破技术压力。

所以大家要记住，上涨初期必然是放量启动，如果缩量就是虚假行为，要格外警惕庄家的诱多或震仓行为。

2023年6月到8月，东方材料（603110）的股价在底部开始启动，且多次出现放大量上涨的行为，底部不断抬高，陆续突破上方分割线的强压力，表现力度较强，机构建仓行为明显，大有主升行情一触即发的态势。从8月开始，东方材料股价站稳0.382的分割线，开始准备向0.5分割线发起冲击，此时均线系统已经逐渐形成多头排列，整体走势比较好，如图2-3所示。

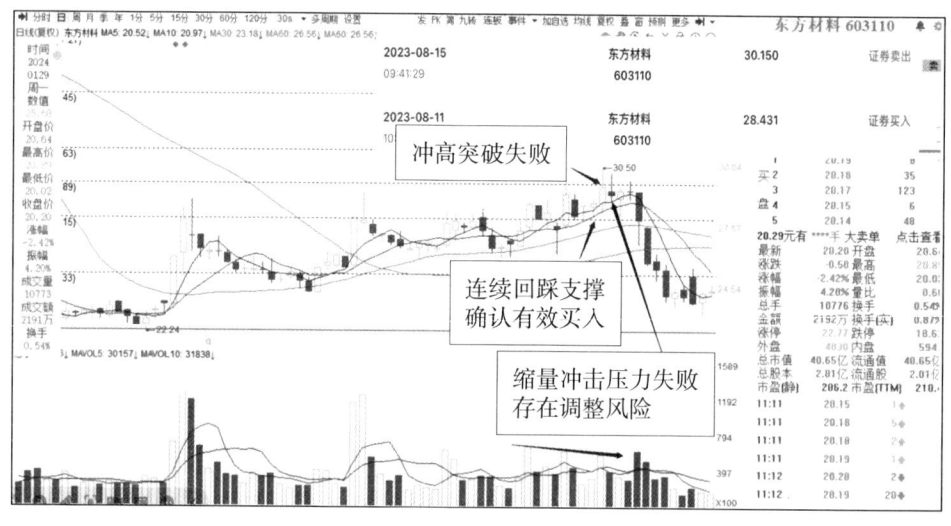

图2-3

从图2-3中可以看到，当东方材料首次尝试突破压力的时候，突破失败了，但是并没有出现太大的市场抛盘和放量下跌走势，说明庄家并未出货。当缩量调整蓄势的第三个交易日，也就是8月11日，我开始进行首次布局，并计划一旦确认量价突破0.5的分割线压力，便继续增持。

8月12日是买入后第二个交易日，股价放量上涨，突破上方压力，分时图逐波放量上涨，大有启动迹象。但收盘时冲高回落收出较长上影线，而且成交量较前期冲高以及试探压力时的量要小一些，量没突破，价也没突破，这引起了我的警惕。

当时东方材料的获利盘已经超过80%，此时庄家只会有两种行为，如果吸筹充分，此时应该快速拉升；如果筹码尚不充分，如此多的散户获利盘，洗盘是必然手段。而当日压力的无效突破，很有可能是洗盘开始的信号。所以第二天股价再次冲高，且量能更小，我便果断离场。3个交易日后东方材料连续下跌幅度超过20%，我的怀疑又一次救了我。

许多投资者对当前的交易产生疑惑时，会找各种理由去坚定自己的持仓。对于我来说，一旦对一笔交易产生质疑，会搜集各种不利因素尽早结束。前段时间电视剧《繁花》很火，里面爷叔有一句很经典的台词"炒股不是比谁赚得多，而是比谁活得久"，我深表赞同，只有长期生存下去，才有机会在牛市中厚积薄发。

在投资过程中，很多时候会遇到个股该涨时不涨、该跌时不跌的情况，这里面一定是有原因的。包括东方材料这笔交易，该放量突破的时候却并没有出现，那就是庄家不愿意此时展开行情，既然不涨那就很可能是要跌了。所以该放量的时候缩量，该缩量的时候异常放量，事出反常必有妖，也是我们未来交易时要警惕的。能找到原因就按照因果关系去操作，找不到原因就直接规避风险，也不失为一种好的选择。

二、上涨中、末期的价涨量缩

这里把两个阶段的价涨量缩一起讲，是因为不论中期还是后期，只要股价已经启动了，就说明庄家的筹码十分充足，并开始主攻了。在主升阶段，只要庄家不出货，股价就不会出现太大幅度的下跌，也不会出现大幅放量。所以在股价已经启动后，股价持续上涨阶段，价涨量缩或成交量较前期处于相对持平状态，都是比较正常的现象。

许多投资者明明抓到了一只优质股，却在小幅获利后因为一两个交易日的缩量小跌，甚至还没有下跌，就认为即将见顶，草率止盈，结果弱水三千，真的就只取了一瓢饮。但也不是说只要股价处于上涨趋势，持续缩量就可以一直持仓或随时进场，有些慢牛股在漫长的多头行情中，偶尔出现的洗盘力度也是蛮大的。

如果是一只慢牛股，我们发现时价格涨幅已经超过了50%，当它处于第一轮上涨中间没有经历过任何调整时，不要轻易追高买入，尤其是股市整体环境不佳时。如果股价的上涨力度明显减弱，阴线数量和下跌力度开始增加，但是股价偶尔还会创下新高，或整体重心下移时，要防止顶部到来或者阶段性洗盘，此时已经持仓且有利润的投资者，至少要降低大半仓位避险。如果股价持续缩量调整，且于关键支撑位止跌企稳，庄家底部筹码未有明显减少，可设好止损重新入场。

如果是突然暴涨的中短线游资股，则从上涨初期到后期，都是放量大涨的，反而一旦开始缩量上涨，便预示着顶部的来临。还有一种短线暴涨股是缩量的，那就是持续一字板涨停，关于涨停板的量价会在后面的章节介绍。

华升股份（600156）是我在2023年年底进行的最后一次左侧交易，从结果来看还是比较完美的，如图2-4所示。2023年12月18日，我买入了华升股份，原因很简单，首先机构前期建仓行为明显，我认为已经接近最终的拉升阶段，其次当时市场交易不活跃，中大盘股基本按兵不动，交易沉闷，只有小微盘股游资炒作活跃。

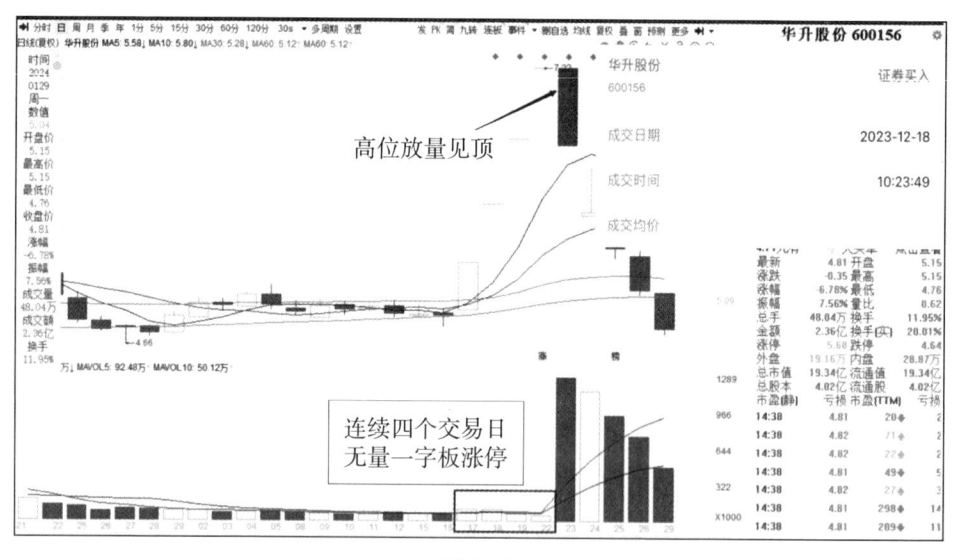

图2-4

左侧交易有时就是这样，我们无法确认机构下一次大规模的操盘行为会是哪一天，但是只要价格没有偏离轨迹，没有回撤至止损线，多等待些时日又如何。既然已经选择了做一名左侧交易者，就要有"好菜不怕晚"的觉悟。

连续持仓了一个交易月的时间，终于在 2024 年 1 月 17 日，庄家对华升股份展开了拉升操作。可以发现，股价启动时和后面三个一字板，成交量都没有明显放量，甚至还有萎缩，说明华升股份大多数筹码尽归机构之手。而如此强劲的走势，散户也不会轻易抛售，所以庄家几乎不需要太多资金，就可以让华升股份连续封死涨停。2024 年 1 月 23 日，华升股份没有继续涨停，而是开盘后便展开下跌，且巨额放量。高位放出天量代表什么？我相信很多投资者都知道这是出货的信号了，除了出货没有第二个理由可以解释。

最后总结一下上涨中后期的价涨量缩：慢牛行情属于正常情况，后市涨跌要结合一段时间的整体量价表现；中短线持续放量大涨强势股，高位缩量下跌是风险信号；持续无量涨停股，越缩量越强势。

三、下跌初期的价涨量缩

股价下跌初期之前一定经历了比较明确的顶部过程，下跌初期的价涨量缩对比的并不是前一两个交易日的量，而是要和前期顶部上涨时的平均量能相比。如果上涨的量没有高于前期平均量或者肉眼可见是缩量，那就是庄家卖多买少的诱多行为，如果当日的 K 线形态冲高回落，或次日阴线吞没，则更能说明这一点。

三维股份（603033）在 2021 年 9 月出现了一个 K 线双重顶形态，第二次冲高成交明显缩量，而且股价大幅冲高回落。不仅如此，后面的股价进一步杀跌，直接收了一个大阴线的吞没形态，如图 2-5 所示。当股价出现一次庄家的大量出货后，只要后面没有更大的吃货量，这种上涨就存在诱导性。至于上涨力度方面，更多的是无法破顶，偶尔也会出现缩量上涨创新高的情况，但破顶后放量快速回落或次日加速下跌的情况比较普遍。

之后虽然底部也偶尔出现过相对其他底部的放量反弹走势，但较前面的强势期是明显缩量的，属于比较明确的庄家反复拉高出货行为，一旦出货完成，必然会持续下跌走势。按照正常逻辑来说，一旦股价高位出现顶部或者庄家出货信号，那么这只股票较长时间都不能轻易触碰，哪怕是出现了缩量反弹。

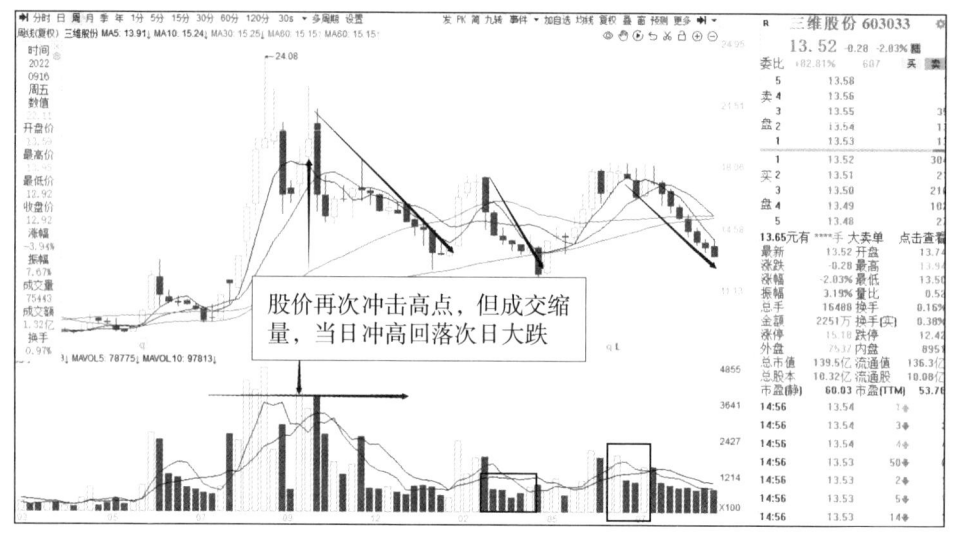

图 2-5

四、下跌中期的价涨量缩

如何判断是下跌中期，而不是末期或底部呢？其实很简单，股价在下跌过程中，只要没有出现类似放量上涨这种机构底部吃货的信号，或者股价已经企稳，机构已经进行了多次建仓行为，都说明股价没有跌到底。既然没有到底，投资者就千万不要相信下跌途中的任何一次上涨，尤其是没有放量的上涨。

有时大盘的反弹带动了个股的普涨，如果个股股价跟涨但明显落后，还没有放量，就属于跟风性上涨。一旦大盘滞涨或者回调，股价可能会出现更大幅度的下跌。有些个股会有不同，可能突发利好或者根本没有利好，游资就是想炒作一下，股价突然在下跌途中爆发性上涨。这属于极个别的例子，往往来也匆匆，去也匆匆，没有经历充分运作的个股爆发时间都不会太久，散户参与"十人九伤"，不去管它就好。

大家只要记住，只要庄家没有吸筹，股价没有企稳，任它如何涨我们都要视而不见。

五、下跌末期的价涨量缩

如何判断当前阶段为股价的下跌末期呢？当机构首次建仓时，一定会出现比较强劲的价涨量增。但很多时候机构建仓价位并非是绝对底部，只是即将筑底的信号，接下来股价还会有一定的下跌空间。当出现机构建仓行为时，股价就来到了下跌末期。在机构吸筹股价底部企稳阶段，机构的洗盘和震仓行为时有发生，所以反弹时往往动能不足。

北特科技（603009）在2023年4月到6月之间的下跌途中以及横盘阶段，股价多次出现小阳线反弹行情，但成交量很明显都比较小，所以短期内股价也没有出现爆发性上涨，如图2-6所示。

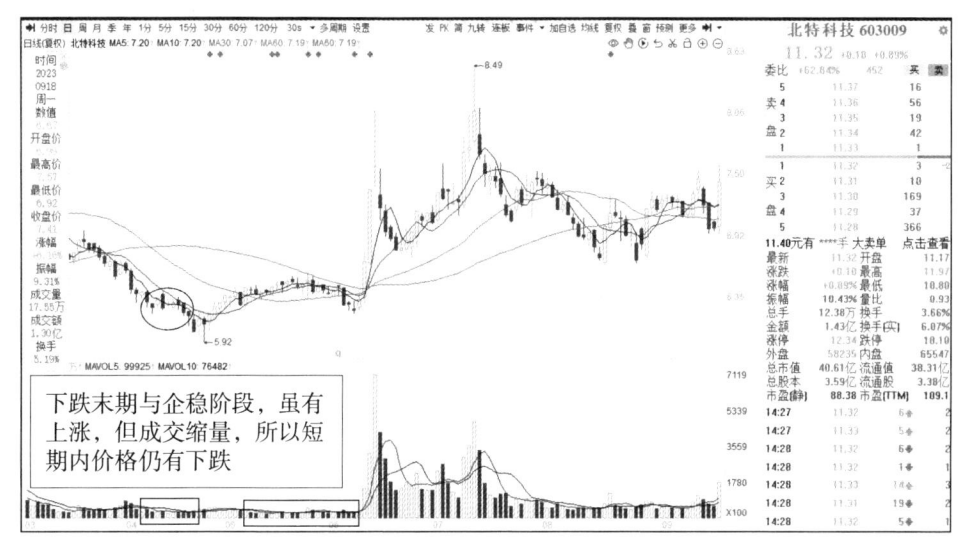

图 2-6

后面股价有所爆发，那是因为股价下跌末期机构有底部建仓行为。既然有机构参与，就必然在后期会有所作为。跟庄操作其实就是这样，机构进场且持续吸筹，就是要在未来拉抬股价从中牟利，市场越稳定，这个过程就越短，所以直接进场与庄共舞就可以了。

那么，当我们发现股价进入下跌末期，且出现价涨量缩，应该如何应对呢？很多投资者可能发现了机构的异动，或者认为某一家企业未来将受到机构的青睐，一旦发现股价涨了，就十分担心会错过机会，为了防止未来买在高位，所以干脆直接追进去，然而多日后发现原来又是虚晃一枪。所以大家一定要记住，如果股价没有特别强烈的启动信号，一定不要在阳线上去追高。耐心等待股价回落或回踩支撑，尽量买在阴线和强支撑上面。

一般庄家准备运作一只股票进行大幅炒作前，一定会进行多次吸筹和洗盘行为，这个阶段会给我们许多低吸机会。如果股价真的启动了，你没有提前赶上，只要前期运作充分，再去追庄也是来得及的。

第三节　价跌量增并非绝对下跌

不论股价处于何种趋势的哪一个阶段，只要出现价跌量增的表现，就一定代表庄家在接下来要有比较大的操盘动作，是非常值得投资者密切关注的。前面也讲过，价格下跌成交量增长，并不一定是庄家出货，要看当时股价处于什么样的趋势和位置上，这将直接决定庄家的操盘思路。但只要是股价发生了价跌量增的现象，股价在短期内仍要以看空为主，是长期看空还是短期看空，决定了投资者是彻底放弃投资，还是短期内寻求低位抄底布局。

一、上涨初期的价跌量增

股价已经有了很深的跌幅，可能已经腰斩，但是股价仍然出现放量下跌，是散户的集中抛盘，还是庄家在底部出货？散户砸盘可能性不大，股价深跌，可能会有投资者陆续割肉，但是绝对不会突然某一天集中抛盘，除非突发重大利空，即使那样肯定也是庄家带头割肉，所以只有一种解释，就是庄家在低位抛售。

庄家为何在低位抛售呢？高位时不减持，要等到股价跌到如此低位抛售，显然不是庄家正常的操盘逻辑，所以这里面就大有文章了，主要有以下几个原因。

（1）股价下跌期间，机构买入部分筹码或加上融券份额，在某日集中卖出砸盘以达到洗盘目的，为后期以更低价格吸筹做铺垫。

（2）某行业或题材突发利好，持仓机构暂时调仓换股。

（3）上市企业突然暴雷，如企业财务造假或其他原因被监管部门调查，或地缘政治或自然灾害极大地影响了企业经营，这些往往是机构和企业都无法预测和提前得知的。意外的发生，会极大地影响企业形象，由此庄家操盘的难度也会大大增加，为了避免损失，持仓机构会暂时离场。

（4）股市变盘下跌，机构适当抛售顺势打压股价，待市场企稳前再低位增持，这样会降低操盘成本。

对于以上几种可能性，个人投资者应该如何应对？

如果是第一种情况，股价的下跌没有达到投资者的回撤线，就继续持仓，按计划等待低位吸筹。如果放量下跌后成交量大幅缩量，3到8个交易日内股价企稳且有明显底部或放量上涨的机构抄底行为，就可以确认此前的放量下跌是洗盘行为，投资者要更加坚定地持仓。

针对第二种情况，股价不会出现连续的放量下跌，因为机构不会把所有筹码全部抛售。所以放量下跌后，虽短期仍会有多日下跌，但通常成交都是缩量状态且整体跌幅有限。这时投资者有两个选择，若有新的投资标的可以暂时调仓换股。如果持仓较多，可以减持部分仓位，等待机构重新回来吸筹时在低位增持，这样也可以有效降低持仓成本。

第三种情况发生的时候，投资者一定会在当天看到企业发的利空公告，这时股价或快速杀跌，或快速跌停。不论是哪一种，当投资者发现利空的时候，如果机构真的要跑，股价肯定已经很低了，我们卖的早一点或晚一点，都不会有太大的区别，所以要理智地分析利空的影响和庄家意图。如果股价只是放量下跌，却不跌停，维持在某一个价位，甚至可能在盘口还有大量买单托盘。这是利空影响有限的信号，可耐心等待盘中价格企稳回升，继续观察几日，若机构继续底部增持，可逢低补仓。如果股价直接砸跌停且不开板，那就是真的对企业的影响很大，次日可以考虑集合竞价将部分仓位挂跌停价斩仓。但是要注意，如果跌停时有大量卖单封板，但是收盘前封板量突然大量撤回，就是庄家故意挂大卖单恐吓散户抛盘，是洗盘信号，次日若有低位可主动增持。

第四种情况比较复杂，要根据大盘的具体情况判断是否要卖出，还是逢低继续吸纳。有些时候大盘的下跌会在个股下跌之后，也就是说，股价可能某个交易日突然毫无征兆地放量下跌，然后一两日内大盘才会出现大幅度下跌，所以投资者判断起来会比较麻烦。如果投资者所持仓的股票遇到了在低位放量下跌，又排除了前三种原因，可以按如下方法操作。

（1）刚好跌破重要支撑，且杀跌刚刚开始，先行离场。如果破位时股价已经跌幅巨大且即将收盘，可暂时持仓看次日开盘后能否快速回到前期支撑上方。

（2）如果距离下方支撑已经很接近，可以暂时持仓，短期内博支撑的有效性。

（3）开盘后较早发现放量下跌肯定是要离场的，至少要降低一半仓位。

（4）如果继续持仓，短期内市场指数确实出现大幅下跌，符合第四种情况，这时就要看大盘。如果大盘有较大的下跌空间就先卖出，如果已经到了很低的位置，比如2800、2700，逢低少量吸筹，确认底部后增持。

二、上涨中期的价跌量增

一般股价在上涨途中出现价跌量增的情况，无非两个原因：一是庄家洗盘，但这种洗盘手法并不常用；二是庄家已经开始逢高出货。投资者如果此时正在持仓，应该怎么办呢？只有一个做法，就是马上离场。因为后续行情没走出来之前，我们不能确定这到底是洗盘还是真出货。散户的资金有限，是冒不得任何一点风险的，所以遇到未知的风险必须要先出局。

离场之后，如果我们还想操作该股，也可以继续关注。如果股价下跌力度有加速迹象，且下方支撑效果不明显，破位较为果断，即便后期会有上涨，周期也会很长，风险很大，可以去关注其他优质企业。如果下跌明显减弱放缓，且成交量大幅缩量，后期行情还是值得期待的。如果价格回撤支撑效果较好，一旦股价突然在某日放量上涨，说明庄家又把筹码接回来了，接下来股价继续加速的可能性很大，因为如果庄家真的要出货，即便是多卖少买，也会是缩量上涨。

三、上涨末期的价跌量增

我经常建议读者多用换位思考，用机构的视角去看待当下的股价。如果一只股票的价格已经上涨了相当大的幅度，突然出现放巨量甚至是天量的下跌，这是散户行为还是庄家行为？可能大家都不用思考就会脱口而出是"庄家行为"。那么这种行为是庄家出货，还是买入呢？这个问题更简单，既是放量下跌，那一定是出货。那此时此刻还在持仓的朋友该怎么办？肯定是和

第二章 量价关系综合实战

庄家拼抛盘速度了，利用我们船小好调头的优势，三十六计走为上。

庄家高位出货的方式有很多种，其中拉高出货是最为常见，也是最为凶狠的。很多投资者都是因为这样的出货方式被深套，这种出货方式往往在短期内就会让股价出现相当大的跌幅，只要散户跑的晚一点，亏损就会相当严重。

下面是我之前的实盘案例。虽然我离场早了一些，损失了部分收益，但如果贪婪过头，又会是怎样的一个结果呢？就在我离场后不久，2024年1月23日，华升股份（600156）开盘之后直接杀跌封死跌停，盘中还出现过一次开板诱多行情。注意要点就是当日的天量成交，前期上涨时几乎无量，庄家控盘力度很高，下跌时放出如此大的成交量，可想而知庄家的出货力度有多大，如图2-7所示。

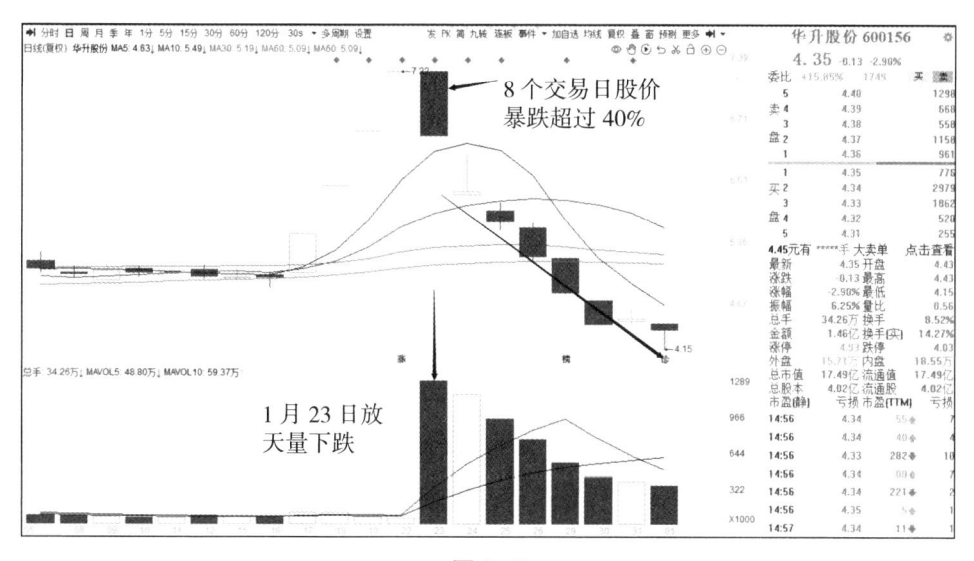

图 2-7

自从华升股份高位放量下跌后，股价连续下跌，短短8个交易日，跌幅就已经超过了40%。如果投资者在一字板结束后追高买入，短期内就会被深套。即便进场较早，如果没有及时离场，大半的收益也将不复存在。

一般短线暴涨的个股，一旦炒作结束必然会暴跌，所以我从来不建议读者去追涨短线暴涨个股，这一点希望所有读者牢记。遇到股价高位放量，对于投资者的交易主要有以下几点建议。

（1）即便不能确认是出货还是洗盘，盈亏与否，立即离场。

（2）若发现放量下跌时股价跌幅较深，几近跌停，可先降低半数仓位博弈日内股价反抽或次日庄家再次拉高出货。

（3）放量下跌击穿支撑，若能回踩确认支撑，但无法突破时，是最佳的清仓时机。

（4）即便放量下跌后出现了快速反弹行情，也说明是庄家的出货征兆，借助股价还处于相对高位，更应该全面离场。

（5）一旦出现严重的高位放量下跌，离场后无须再度关注。一般来说，一只股票被庄家出货，股价下跌后，该企业若无更大利好或题材的爆发，很难在一两年内再度被机构炒作。

四、下跌初期的价跌量增

一般来说，股价在上涨后期出现高位放量下跌或冲高回落，是顶部初期信号。一旦确认顶部以及庄家出货，后面即便继续出货，成交量也不会更大。也就是说，下跌初期，成交量即便再大也会逐渐减弱，不会出现连续放量下跌的情况。所以下跌初期的价跌量增只会在一种情况下出现，就是二次拉高出货阶段。

以古井贡酒（000596）为例，2023年7月31日股价首次冲高放量下跌，符合前面讲的上涨后期价跌量增，以及上涨后期价涨量增的顶部看空信号，如图2-8所示。前面我也提到过，一般市值较高的个股，庄家在短期内无法全部出货，需要反复拉高或者振荡，持续降低手中筹码。但投资者一定要记住，只要高位放巨量，尤其是放量下跌，都要第一时间减持或斩仓，不要去博后面的二次或多次拉高出货。因为你不知道庄家手中还有多少筹码，一旦赶上庄家的最终集中抛售，就会被套在最高位上。冒大风险于高位博小收益，是非常不明智的选择。

古井贡酒在高位出现了多次拉高出货走势，尤其在11月1日，股价高开后略微冲高就开始放量下跌，当日大幅放量。这就是我说的拉高出货阶段的拉高放量，这种放量一般情况下比庄家首次出货时的量要小一些。这都不重要，重要的是高位多次放量下跌，就是更加明确的顶部信号，可以看到最后一次放量下跌后股价跌了多久，幅度有多大。所以千万不要在庄家已经出现派发信号后还去博短线收益。

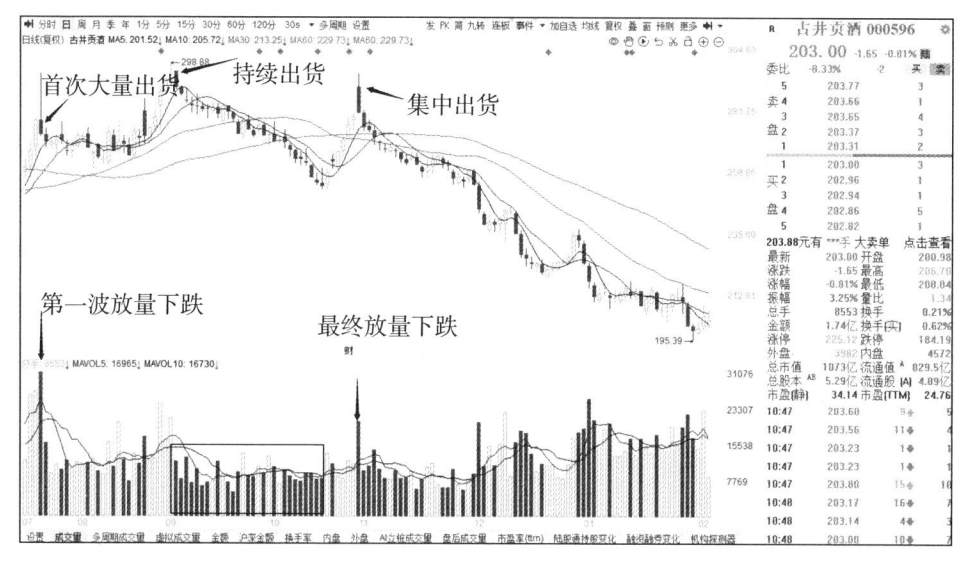

图 2-8

五、下跌中期的价跌量增

同样是风险信号，而这种信号一旦出现，往往预示着股价会延续更长周期、更大幅度的下跌。尤其是游资最喜爱的小微盘股，一般都采取急拉急砸的快速运作模式，中间赚一点小差价，因为他们的融资操盘成本很大，操盘周期越久成本越高，收益越低。但是中大盘股庄家都是联合操盘，手中筹码数量极大，往往出货周期很长，短则数月，长则一两年。所以在出货的初期阶段，股价还能保持在高位振荡，卖多买少反复拉高派发，不断降低持仓。最终手上还有少量仓位的时候，继续拉高的话成本很高，也不划算，所以会集中抛售进行最后的派发，股价在下跌途中往往也会出现放量下跌现象。

中际旭创（300308）在2023年下半年就走出了一波标准的价跌量增表现。首先是上涨顶部和二次拉高的价跌量增，和前面讲解的内容如出一辙。然后是中期下跌阶段，两次高位出货后股价已经开始持续下跌，虽然偶有收阳价格反弹，但总的来说涨少跌多，这就是庄家多卖少买的操盘现象。当筹码几乎出尽时，8月25日股价再度放量下跌，后面就是持续的阴跌行情，直到底部开始有机构建仓，股价才得以企稳，但始终未有较大幅度的上涨行情出现，如图 2-9 所示。

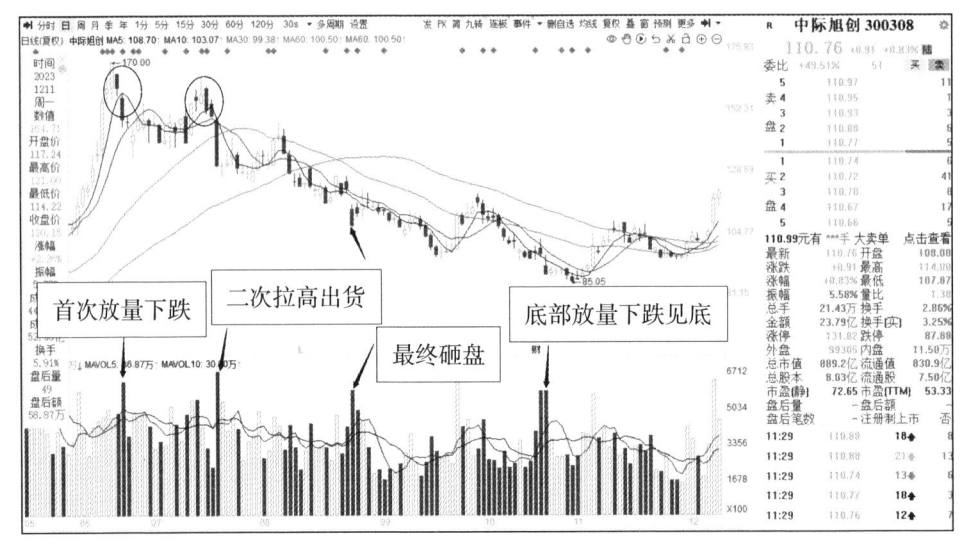

图 2-9

实际上在 A 股市场，绝大多数个股在见顶时都会出现类似的量价表现，所以我认为股价见顶还是很好判断的，一直想不通为何投资者会频频高位被套。根据投资心理研究，一部分投资者存在太强的博弈心理，认为机构出货后还会再度拉高继续出货，而一部分投资者错过了最佳的出货时机不忍斩仓，随着股价的持续下跌更不舍得亏损离场。

所以投资者在未来的投资过程中，不论股价处于何种阶段，只要出现价跌量增，别管是不是底部，有筹码的抛售，没筹码的继续观望。即便是底部信号，短期内股价也很难立竿见影地上涨。机构的前期布局周期很长，即便反弹，幅度也非常有限，而且会反反复复，同时还要考虑当前的市场环境。

六、下跌末期的价跌量增

按正常逻辑应该是"价跌量增，后市看空"，在我来看应该做一个适当的修改，确切来说是"下跌底部价跌量增，暂时看空"。许多机构在新介入一只股票时，往往股价还处于下跌趋势中，一两次的吸筹，还得不到充分的筹码，也改变不了场内的看空情绪，所以股价的下跌往往还会延续一段时间，直到机构所持的筹码相对集中。另外当机构初步建仓时，股价短期必有上涨，此时机构的底仓价格还远没有到达指定目标，那么机构就会利用手中的筹码，集中抛向市场砸盘。一来打压股价，二来可以进一步制造恐慌情绪，总而言之其目的就是要让股价更低，以便买到更廉价的筹码。在这个集中抛售的交易日，技术形态上的表现必然就是放量下跌。

还是以中际旭创（300308）为例，在股价下跌至较低位置后，10月24日和25日连续两个交易日放量下跌，虽然未来几个交易日仍保持下跌，但很快再度出现底部放量上涨的机构吸筹现象，自此股价企稳，逐渐步入多头格局。

股价出现底部放量下跌，摆在普通投资者眼前的有两大难题。

（1）如何判断价跌量增时，股价处于下跌底部？

（2）确认下跌底部后，进场时机如何把握？

在没有确认底部以前，但凡股价出现价跌量增，投资者都是要规避的。若接下来股价下跌力度放缓，成交缩量，且股价开始走平，这时可以初步判断，股价有底部迹象。在企稳过程中，某个交易日出现明显的价涨量增行为，可以进一步确认底部。

再强调一次，机构建仓底部明确后，此时机构筹码还并不充分，尚未成为控盘主力，市值越大的企业往往运作周期越长，底部持续时间越久，所以不要在价涨量增的当日便全仓或重仓买入。若此前机构已经出现多次建仓行为，且筹码集中度较高，形成明显主峰，可顺势跟进少量仓位，提前进行左侧布局，即便只是一次试盘行情，也可以获得不菲的收益。如果庄家洗盘震仓，也不用太着急，因为仓位不大，损失也有限。如果接下来出现了更理想的价位，可以买入更多廉价筹码，等待庄家的下一次拉升行为。

第四节　价跌量缩的两极分化

关于价跌量缩的量价表现，在各个趋势中都表示市场空头情绪和抛盘压力在减弱，所以在各个周期的使用方面没有太大的区别。下面主要在几个趋势中进行解读。

一、上涨趋势中的价跌量缩

这里不再细分前、中、后期，只要股价保持良好的上涨趋势，其间没有出现过放量下跌的顶部信号或者庄家出货的迹象，那么股价出现短暂的小幅缩量下跌实属正常，因为只要庄家不出货，就很大概率会继续向上拉高股价。在股价的主升行情中，不论是短线强庄的暴涨股，还是持续性强的长庄股，都会有不同程度的洗盘行情。即使洗盘或震仓，一般都不会出现巨量或天量的情况，因为庄家需要充分的筹码操控股价，不会为了洗盘抛售掉来之不易的筹码。

一般在上涨途中，若庄家进行洗盘，短线强势股或许会少量集中抛售，让散户误以为见顶从而打压股价，当日成交量可能会小幅或微幅放量，但通常不会持续两个交易日，股价会再度回归强势。如果是慢牛长庄股，洗盘行情基本不会放量下跌，通常是庄家少量卖出，或者是在几个交易日内停止操作，让市场自由波动，散户失去耐心，或认为见顶陆续离场，会导致股价小跌，成交缩量。

投资者唯一需要注意的是，长牛股高位出货时的价跌量缩。前面我也提到过，市值越大的股票，庄家出货的周期越久。这种庄家出货最麻烦，出得慢，周期长，夜长梦就多。出得太快，还可能引发散户的恐慌，散户都是船小好调头，跑得比机构快，庄家的出货周期就会进一步延长。所以很多时候长庄股出货，不会拉高后集中大量出货，而是循序渐进，一点一点出，该托盘的时候托盘，该涨的时候涨。

那么投资者如何辨别这种出货方式呢？其实很简单，只要是庄家出货，不管什么类型的股票，股价必然下跌。如果在一段时间内，股价阴多阳少，涨少跌多，重心不断下移，或者遇到关键支撑时反弹不强，反而逐渐磨破，大概率就是在出货了。另外就是筹码的集中度，庄家要出货，必然会将低价筹码卖出，需要托盘或者诱多时会在高位买入少量筹码，所以此时底部筹码开始松动，顶部筹码开始集中，逐渐形成一个筹码主峰。这些内容我们会在后面主力操盘阶段的量价表现以及筹码分布的篇幅中详解。只要投资者可以确认当前的价跌量增并非是庄家出货信号，就无须过多担心。

即便这样，避险工作还是需要的，比如股价涨幅过大就没必要去高位追涨，即便是长牛长庄股也要尽量买在调整或阴线中。其次就是移动止损，随着股价上涨，止损也要不断上移，一方面要锁定收益，将利润最大化，另一方面要防范市场系统性风险，以及短线幅度较大的洗盘。

中钨高新（000657）在 2021 年 7 月至 10 月期间处于上涨中枢阶段，在这三个月的时间里，庄家多次洗盘，但股价还是于 11 月启动主升行情，如图 2-10 所示。

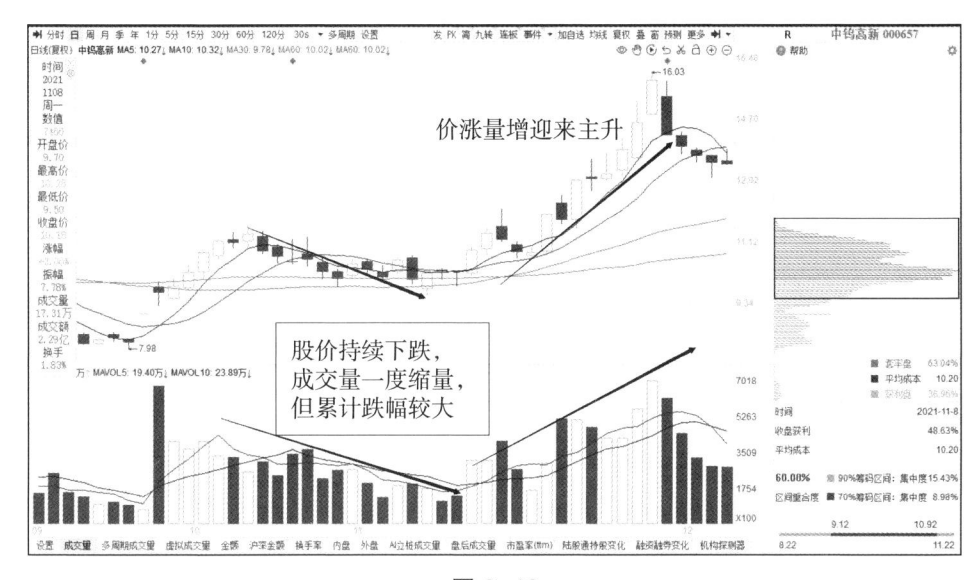

图 2-10

在多次洗盘阶段，股价最大跌幅将近 30%。那么即便我们知道这只股票有机构在运作，也知道股价处于上涨阶段，更清楚庄家没有出货，但股价调整幅度接近 30%，我们的心态会不会发生变化？虽然未来股价出现了主升行情，但如果遇到市场系统性风险或者其他意外，股价深跌而我们恰好又买在高位，那岂不是要深套其中了？即便未来股价可以上涨，但买的价位这么高，调整力度又这么大，股价主升到来又能收获多少盈利呢？

所以不论如何看涨后期的股价走势，或者如何信任机构未来能够有所作为，都不要孤注一掷，一定要建立好自己的风控系统。不要担心会把股票卖飞，错过一次机会可能会影响收益，但只要掌握了方法，跟对了庄家，终究能把握住好的股票。但只要一次风险没有规避，损失的不仅仅是本金，还有未来更多的投资机会。

二、下跌初、中期的价跌量缩

把下跌趋势中的价跌量缩分开来写，是因为各阶段的主力意图不同。初、中期的价跌量缩，是因为庄家刚出货后不久，后续的出货力度必然是逐渐减少。而随着股价的下跌，没能及时斩仓的散户亏损严重，更加犹豫，所以在两方抛盘势力都降低的时候，下跌必然会持续缩量。而随着股价到达下跌中期，机构出货工作基本完成，少量筹码可能会集中抛售，出现单个交易日的放量下跌情况，就如前面所讲的下跌中期的价跌量增。

后期股价的价跌量缩情况会更加明显，跌幅越来越小，成交越来越弱，但是持续时间很久，甚至遥遥无期。因为没有机构托盘、护盘，所以当股价跌至比较明显的技术支撑时往往不费吹灰之力便可击穿。这也是我们常说的阴跌行情是最危险的下跌行为之一。

不是股价下跌，股价低，就可以抄底。在机构没有把大资金换成筹码之前，仅靠一己之力或部分散户的资金实力，是根本不会让股价见底的，哪怕是一个交易日出现了不错的反弹。虽然我经常说，买在阴线，买在阴末，并不是让大家跌了就去买，大跌就去抄底。这一切我们都要建立在一个必备的前提条件之下，那就是机构已经开始建仓，而且持有了一定量的筹码。

三、下跌末期的价跌量缩

如何判断下跌末期，我们之前讲过，就是股价在底部出现放量下跌后，价跌量缩，然后突然在某日出现机构大幅增持的现象。所以下跌末期的价跌量缩可以分为两个部分：第一个部分是底部放量下跌后的价跌量缩；第二个部分是底部企稳初期的价跌量缩。

底部放量下跌，一般都是机构对散户最后的恐吓，但此时敢于斩仓的散户早已离场，只有恋恋不舍的寥寥数人会在低位离场，所以接下来股价虽然会继续下跌，但空头已是强弩之末，幅度小，量更小。但此时也不适合散户抄底，因为有时这种阴跌持续性还挺强，虽然单个交易日跌幅都很小，但累计跌幅可能不会少。如果贸然抄底，股价依旧走弱，亏损大几个点以后，那真的是卖出也不是，补仓也不是，非常不好操作。

如果股价暂时在底部企稳，开始横向运行，价跌量缩则往往是洗盘或者机构暂时不作为的行为。当机构已经建仓，股价开始企稳振荡时，如果个股市值较高，运作周期会比较久，需要反复多次吸筹才可以达到预期的控盘度。所以其间多次洗盘震仓是必然的，也是最让散户头疼的，许多投资者经常在黎明前夕被洗盘出局，就是因为对机构的意图不够了解，进场参与交易过于着急导致的，当然有时也可能是因为操盘的庄家过于凶狠被迫离场。

马上就到启动阶段了，一般庄家震仓不会超过10%，但是洗盘有时候挺狠，即便是首次少量布局，下跌再补仓都会扛不住。比如之前我提到的悦心健康的投资案例，补了仓以后整体亏损差不多8%，再跌我都要斩仓了。这是没办法的事情，被庄家洗出去也无可奈何，只能尽量避免。

四川长虹（600839）2023年4月至11月期间，经历了两波幅度比较大的洗盘行情，最大调整幅度接近30%。这个调整力度，我相信只要是交易有一些原则性和制度性的投资者，都不会去死扛，即便确认机构在建仓，但股价跌穿回撤线依旧要止损。两次洗盘过程中成交量不论是下跌初期，还是中后期，都有一个明确的特点，就是价跌量缩。尤其是第二轮洗盘，几乎处于地量状态。前面内容我讲过成交量地量的含义，或是市场交易过于冷清所致，或是筹码都在主力手中。四川长虹很显然是第二种，前期股价是活跃的，上涨是放量的，但下跌缩量，主力没有抛售太多筹码，可以确认不论是股价下跌还是地量都是主力所为，如图2-11所示。

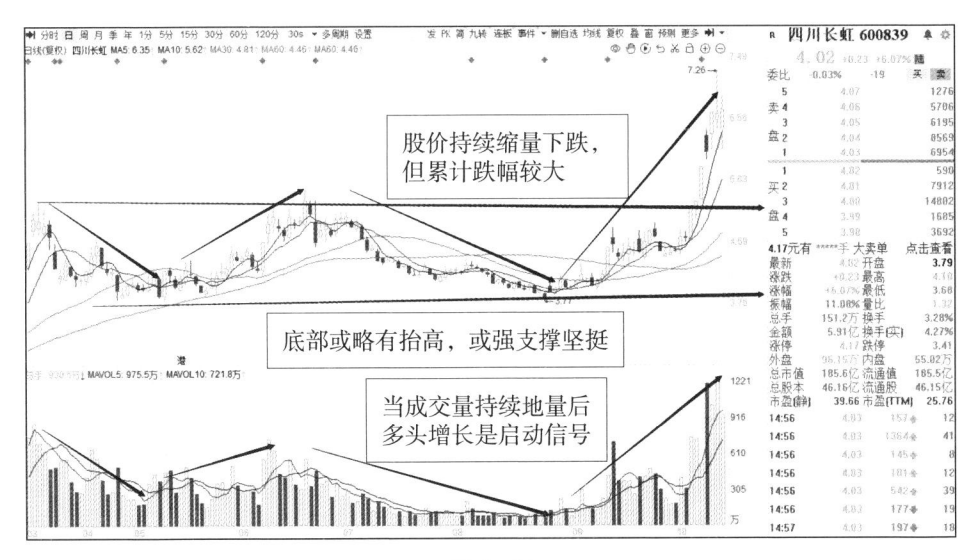

图2-11

如果确认机构建仓，股价运行中出现缩量下跌，且遇到了主力洗盘，投资者应该怎么做？

（1）如果投资者尚处于观望阶段，此时股价持续缩量下跌，但整个股票市场处于相对稳定的状态，可以重点关注。当股价回撤至较强支撑，或未到支撑但股价再度出现价涨量增的表现时，可进场布局。

（2）确认前期机构建仓，且投资者已经进场建立底仓，股价若持续缩量下跌，但未跌破8%的回撤线，且遇到较强支撑，可加倍补仓。若此时股价破位跌幅进一步扩大5%，最佳选择是全部离场。离场后继续观望，只要股价下跌幅度较弱，成交保持地量，首次价涨量增行情出现后再度进场，这种操作主要是防止洗盘力度过大。只要机构建仓信号发出后，我们没有在高位追涨，连续跌至回撤线的风险就不大，真的持续下跌，就说明主力的洗盘力度很大，存在不确定性，要尽量规避风险。

（3）确认前期机构建仓，且投资者已经进场建立底仓，股价若持续缩量下跌，如果此时股价距离下方支撑还有超过5%以上的空间，先止损离场。待回撤支撑，且支撑有效，股价反弹有量，可重新进场。如果回撤支撑反弹乏力且无量，继续观望；若直接破位，则耐心等待回撤下一支撑或明确底部以及主力启动信号的出现。

第五节　标准的量价突破

我的所有股票类书籍中都会对"量价突破"进行细致的说明，因为这是一个十分常见且典型的多头启动信号，是庄家展开主升行情标志性的量价关系。如果普通投资者能有效掌握且使用得当，完全可以"一招鲜，吃遍天"。

在了解标准的量价突破之前，首先要了解一种技术特点——共振。"共振"一词想必读者都听过，不同方式的共振对应不同的含义。在《孝寒点位交易法》一书中，我对"共振"进行了比较详细的讲解，这本书中的投资模型主要是针对外汇、现货等国际金融投资市场，国际市场交易制度完善，监管严苛，技术分析是主要的交易手段，使用的技术工具更丰富多样，形成"共振"

的频率会更好,准确性更强。

在我的交易体系中,"共振"代表着交易信号的一致性。

一、量价突破——启动信号

考虑到很多读者是首次阅读我的作品,所以对于量价突破,我会讲解得更细致一些。首先量价突破不单是一种量价关系,它还需要结合点位指标进行综合判定,也就是需要达到"共振"。这里所说的指标,主要为"点位指标",也就是我们平时说的支撑或压力位置,而分析股价的支撑位置常用指标为均线或黄金分割线。若股价距离上方压力位置较远,也可以是前期试盘阶段的最高价,或多次受阻回落形成的高位平台。而这里的"共振",指的是量价关系符合看涨标准,同时价格突破关键支撑位。

"量价突破"属于右侧交易的一种技术方式,因为当个股出现量价突破的主升信号时,股价已经处于启动前的高位,机构以及部分散户前期已经累积了一定的获利盘,主力的低价筹码也有了不菲的收益。所以此时进行右侧交易,一来成本相对较高,二来一旦量价突破失败,投资者会暂时被套,甚至可能会被动止损出局。因为不论是股票、期货还是其他国内外的金融投资市场,目前没有以后也不会有任何一项分析技术可以达到100%的准确率。虽然我是一个左侧交易者,但也会结合右侧方法综合交易,也建议所有读者向这个方向努力。

在机构建仓信号明确,股价企稳时,可在阴线处布局2到3成的底仓。遇到庄家洗盘或震仓时,若自己的投资计划明确规定有补仓计划,就在指定价位补仓,若没有补仓计划,到回撤线即离场。

并不是所有的个股在进入主升前都会出现量价突破的技术形态,就像不是所有个股见底时都会出现单针探底一样。每一种技术形态,都有它独特的应用范围和前提条件。量价突破形态,多处于个股前期经历过较大幅度的下跌,存在较多的套牢盘,且比较集中于某一区域的情况下。如果庄家没有吃掉这些市场集中抛售的浮筹,股价就很难突破散户被集中套牢的区域,自然就不会展开主升行情。例如前面悦心健康的投资案例,我之所以持仓数月股价都没有展开一波大幅主升行情,就是因为每当到达平台压力,就会有套牢盘以及高抛低吸的短线投资者高位卖出，当然这里也存在庄家并不想全部吃掉展开主升的因素，所以自然就不会出现量价突破的主升启动形态。

对于莲花健康（600186）的操作算是我在 2023 年比较成功的一次个人偏右侧的投资行为。2023 年 7 月 27 日，莲花健康出现了价涨量增的底部机构增持行为，在此之前股价已经盘整了近 1 年，其间也多次出现机构吸筹行为。这一次价涨量增后，股价并没有就此展开一波持续的上涨走势，而是继续窄幅整理，成交继续下滑，保持地量，如图 2-12 所示。

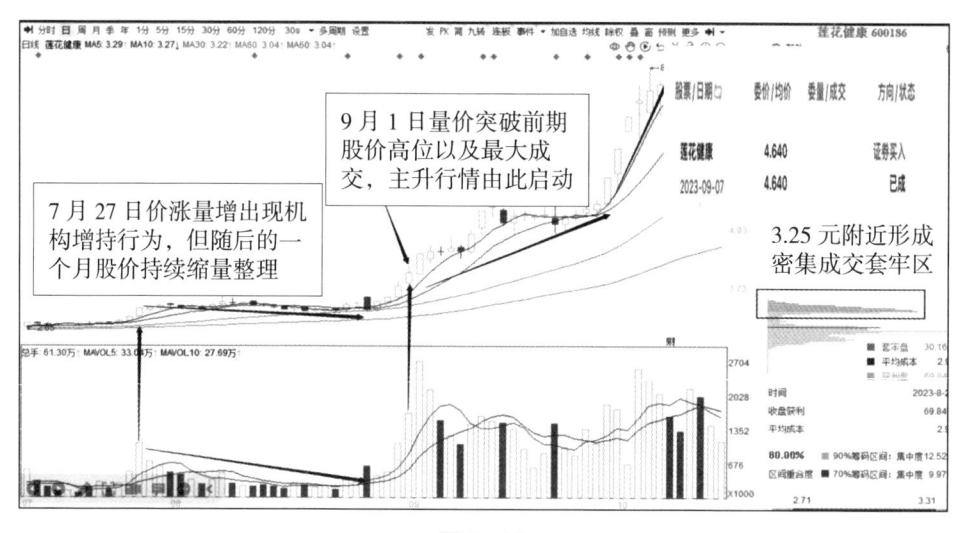

图 2-12

这一段整理过程可以理解为机构的震仓行为。震仓是主力展开拉升前常见的操盘方式，利用一段时间的"不作为"或小幅下跌，来消耗投资者的耐心，从而将持股不坚定的浮筹洗出。洗盘与震仓最大的区别就在于，洗盘的幅度较大，往往会超过 10%，而震仓阶段幅度会控制在 10% 以内，因为如果即将展开拉升还集中抛售筹码，会将来之不易的筹码被散户或其他机构抢走。

在价格整理过程中可以发现，此时的筹码分布很明显形成了一个平台主峰，其中有机构买盘，也有许多散户买盘，其量能不小。庄家若想要展开主升行情，股价就要将上方这个筹码密集区的抛盘以及更高位置的零散抛盘全部吃掉。股价经历了太久的盘整，多次上涨最后均回到起点，真正认为股价展开主升的散户并不多，大多数还存在短线获利即走的想法。所以若庄家展开主升，就要把上方的所有抛盘全部吃掉，这样庄家就掌握了大多数筹码，取得了股价的绝对控制权，而持仓的投资者也基本都是见顶的多头看涨态度，所以9月1日这一天，莲花健康的股价突破前期高点，成交量较大幅度放量，形成量价突破，股价也顺利开启主升行情。

因为此前我并没有关注莲花健康这家企业，所以未能在量价突破当日进场，至今想起还觉得非常可惜，错过了次日的涨停板。不过好在莲花健康长达一年之久的蓄势，所爆发出的上涨力度还是很强的，不到20个交易日获利超过60%。10月10日莲花健康最后一次涨停后，次日停止涨停，且出现了大幅放量，我果断离场。前面也提到过，只要股价高位出现放量，先走为上，左侧交易，不仅要买在前面，也要卖在前面。虽然后面几个交易日股价再创新高，我也损失了一些利润，但塞翁失马，焉知非福，获利后遇到风险及时了结，永远是正确的做法。

莲花健康的投资案例，是股价在上方某一个密集的成交形成压制，需要量价突破展开主升。同理，股价上方存在强大的心理压力，或者均线、分割线等技术压力，同样会出现比较多的抛压，庄家唯有一鼓作气将抛盘全部吃掉，才能顺利地展开主升行情。

还需要再强调一下，不是每一次量价突破后，都会迎来主升行情。虚假性突破的情况也非常多，也就是说，量价突破某关键价位后，价格在短期内又破位，这种情况主要有以下几个原因。

1. **市场环境较差，庄家缺少拉升的实力与勇气**

当投资机构对未来市场走向比较悲观时，一般很少用重仓对个股进行操盘。而逆势拉升成本与风险都会大幅提高，所以在这种情况下，控盘主力一般不会轻易对个股进行主升操作。比如2023年下半年，许多业绩不错的中大盘股都处于蓄势待发的状态，多次虚破上方压力，均无功而返，反而在大盘连续跌破整数关口时破位下跌。许多投资者非常自信，觉得任何行情下自己都会选到逆势上涨的个股，但最终的结果只会是赢少输多。大家要记住，个股出现了机构建仓、增持的情况，看似主升一触即发，但也要结合当前的市场环境。

2. 时机不成熟

对于中、大盘股来说，庄家对股价的炒作，一定是配合政策或上市企业利好进行的。控盘机构利用资源以及信息渠道优势，获得上市企业的最佳炒作时机，并指定相应的投资规划。在规划的启动时间表以外，在没有特殊情况或意外的前提下，庄家不会贸然改变计划提前展开主升行情。所以在此之前，股票的量价突破，可能只是一次试盘行为。

3. 控盘机构实力不足

如果股价上方套牢盘较重，而控盘主力资金有限，在较高位置吸筹，可能会面临因筹码不足造成的诸多风险。比如我的那笔悦心健康的交易，就是庄家资金实力有限，反复在横盘区间高抛低吸，一边降低成本，一边低位吸筹，所以其间多次量价突破都失败了。

即便遇到了虚假的量价突破，投资者也不要恐慌，此时我们应该已经具备了两个位置的仓位：一是股价企稳机构建仓期的低价筹码；二是价涨量增时的追高筹码，且只占用了总资产的部分仓位，所以即便回落，损失也有限。既然突破失败，那么最高时的仓位就要单独设置止损位，根据当前市场环境控制在 5% 到 8%。只要没有突破失败后连续放量下跌，而连续缩量小幅回调后，必然还会再度尝试突破。

可能有朋友会有一些想法，认为如果突破失败止损后，股价再放量突破继续追高，岂不是会很亏？理论上来看是很不划算，但股票市场首先要从安全的角度出发。学赚钱先学亏钱，投资机构也是先亏钱才会赚钱，只要把亏损的幅度控制在比较小的范围内，盈利时才能最大化。

试想一下，如果没有止损，一旦整个股票市场开始持续杀跌，或者控盘主力进行大力度的洗盘，亏损幅度扩大只是一方面，另一方面时间成本也很大。普通投资者的资金都是有限的，我们要争取每一分钱都用在刀刃上，让它创造出最大的价值，而不是套牢在某一只股票上。

二、量价突破——下跌信号

量价突破的量价关系同样也可以应用在股票的空头行情中，作为股价加速下跌的信号。当然这里的量价关系指的是放量下跌，股价跌破关键平台、价格或指标。

当股价放量下跌破位之前，股价已经出现了一定的跌幅，所以属于右侧交易。如果投资者在股价初现顶部信号时，没有及时离场的话，那么出现向下的量价突破就一定要果断斩仓，因为这往往是股价加速下跌的信号。

需要注意的是，下跌时的量价突破和上涨时的量价突破，在成交量方面有所不同。因为多数情况下，庄家出货前两日，量能是最大的，待股价跌至第一个支撑位时，卖盘动能已经有所减弱。下跌时量价突破的放量行为，可以和前期的最大成交做对比，也可以和最近一段时间或几个交易日内的成交做对比。

赛力斯（601127）的股价在2023年11月迎来了顶峰，股价高位持续放量，机构派发行为明显。11月10日这一天，赛力斯出现了主升浪行情以来的最大跌幅。日线不仅收阴，成交量也刷新了近一段时间以来的高点，股价高位放量下跌自然是庄家派发的信号。而且当日股价跌破了0.809黄金分割线的支撑，形成了向下的量价突破，这也是赛力斯首次发出十分明确的空头信号，如图2-13所示。

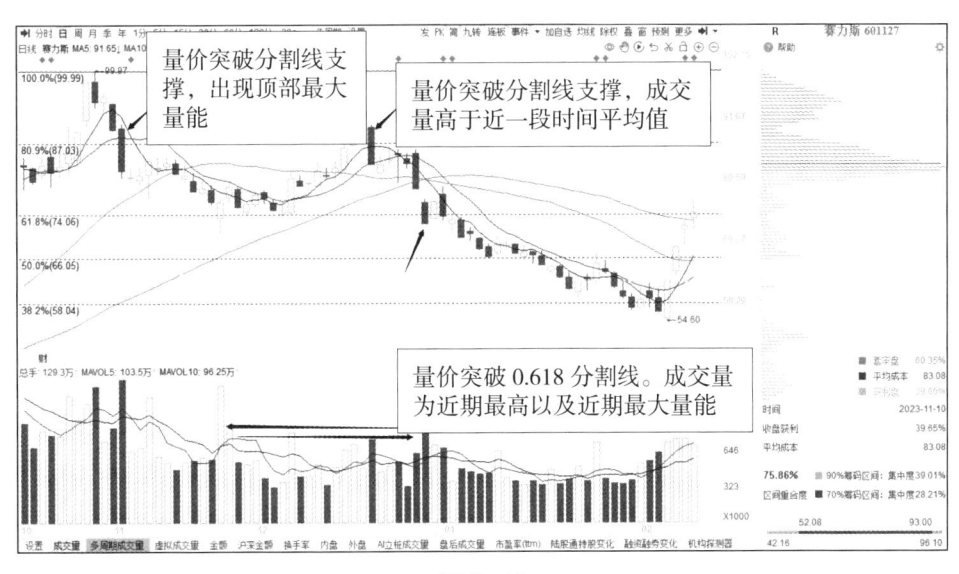

图2-13

接下来股价于0.618黄金分割线处企稳反弹，展开拉高出货行情，这一轮的上涨量价增长都明显减弱。当股价回到0.809黄金分割线上方的第二个交易日，赛力斯股价再度量价向下突破，跌幅近8%，日K线以光头光脚的实体阴线报收。虽然成交量没有刷新历史高点，但与近一段时间的平均量相比，仍然属于放量状态。当日股价不仅再度跌破0.809黄金分割线的支撑，而且就此展开了持续性的空头行情，此后再无反弹。

随着股价的加速下跌，很快又来到0.618黄金分割线的支撑位置，这一次试探并没有像上次一样暂时企稳反弹。12月28日赛力斯低开低走，开盘不到20分钟，股价便跌破了支撑位，全天股价位于分时均线下方运行，收盘时股价跌破支撑，成交量高于近一个月的最大量能和平均量能，形成了向下的量价突破。

随后两个交易日，虽然股价挣扎着暂时又回到0.618黄金分割线的支撑上方，但仅仅过了两个交易日便再度确认破位，股价展开了持续性更强的下跌行情。

在赛力斯从顶部到下跌筑底期间，最大跌幅超过40%，三次出现向下的量价突破行为，其中任何一次投资者若能把握，都可以避免更多损失，甚至可以选择融券做空。

很多时候，投资者在高位了结的机会只有一次，如果错过，可能就再没有更好的位置了。像赛力斯这样市值较大的企业，或许庄家出货阶段还会有几次拉高，下跌力度还没有那么强。但如果是中小盘股，可能顶部信号出现没多久便会一路加速下杀，所以一旦发现市场风险时，一定要当断则断。

如果发现量价向下突破时，投资者仍处于获利状态，没什么可说的，直接赚钱离场，即便把股票卖飞了，也不算是错误，当然能在顶部更早离场是最好的。如果股价已经放量破位，此时投资者已处于亏损状态，这样就更不能优柔寡断。放量破位当日至少斩仓50%，两个交易日内如果反弹乏力，没有回到前期跌破支撑上方，则全部离场。若破位失败，股价回到支撑上方，且买盘相对活跃，存在庄家二次拉高出货的可能性，可于前期股价新高附近离场。

不论是向上还是向下的量价突破，都是股价趋势延续的信号之一，均属于右侧交易，投资者依旧要尽量于行情左侧低价吸纳少量筹码。在底部量价突破的启动信号出现时，切不可一次性打光手中所有的子弹，顺势加仓要随着主升行情的确认分批次进场。与机构投资者一样，随着股价的上涨，先抛售手中低价筹码，伴随着多头行情逐渐到顶逐渐清空所有仓位。

第六节 危险的"空中加油"

很多投资者都听过"空中加油"的量价技术形态，但是因为没有一个标准的形态，每个人对其的理解都有所不同。为什么我说这是一个危险的形态呢？因为利用"空中加油"技术进行交易，属于典型的右侧交易，对我来说，右侧交易的风险始终要比左侧大一些。更何况一般股价上涨途中出现"空中加油"，此时价格已经累积了一定的涨幅，整体位置远比量价突破时还要高。在越高的位置追涨，风险自然就越大。

一、出现"空中加油"的情形

1. 震仓后的新一轮上涨

股价启动主升行情，只要不是连续一字板，中途必然有许多短线投机者跟风获利。庄家为了让短线投机资金下车，就会在中途进行几个交易日的横向振荡整理（空中对接），投机客离场，只留下坚定看涨的散户，庄家便会再次启动新一轮上涨。这是最佳的"空中加油"方式，除此之外任何情形下的"空中加油"都是存在极大风险的。

2. 中途换庄

控盘机构对自有资金预估不足，操盘成本超出预期，难以达到既定目标，或出现其他意外情况不得已中途离场。为了更快地将筹码出手，以较低价格转让给其他机构，在这个过程中操盘机构会利用对敲形式转移筹码，股价盘中波动较大，换手率较高，成交量大涨。这种情况相对还是比较容易分辨的。

3. 为最终出货做准备

股价逐渐逼近控盘机构目标位置，出货行为陆续展开，就必然要营造出一种股价上涨更加强势的假象。A股市场中绝大多数的散户，都是宁可追涨强势股，也不去抄底低价股。所以股价高位涨势越强，指标越是向好，追高的人气就越强。

有一位读者不知道花了多少钱买了一个名叫"六道轮回"的指标,指标的使用很简单,六个箭头全部呈红色,就说明股价即将看涨。其实这六个箭头分别代表着六个基础指标,只要对应的指标形成金叉,箭头就会变成红色。就因为这个指标,这位读者追涨了多只股票,后果可想而知,基本都在高位套牢。因为当所有指标全部发出金叉买入信号,此时的股价必然已经涨到了天花板。没有量的配合,不结合机构的交易意图,被骗线就是意料之内的事。

二、适合使用"空中加油"的情形

当整个股票市场处于弱势低位盘整或下跌趋势中,绝对不能使用"空中加油"技术,严格意义上说,任何追高行为都要尽量避免。市场较弱时,逆势拉升的个股数量本就不多,而且这些操盘机构也不敢把炒作目标制订得太高,一轮游甚至一日游是常态。或许有极个别的大黑马股因利好或其他原因十分强劲,但我们千万不要侥幸地认为,自己追的股票就是这批黑马。

所以"空中加油"技术最好是在市场小幅上涨趋势,甚至牛市时应用,而且不是最佳选择。在市场处于上涨阶段,此时多数个股均已处于较高位置,投资者若想低价买优质股去捡漏,是基本不可能的。此时若想中途上车,就要采取右侧交易法,"量价突破"或"空中加油"就是比较不错的选择。

"空中加油"有如下两种形态。

1. "空中对接"形态

"空中对接"形态是庄家主升过程中震仓后新一轮拉升的信号。在整个震仓过程中,股价窄幅缩量整理,像是战斗机准备与加油机对接时保持平衡的姿态一样。在震仓最后一个交易日形成一个结束形态,这个结束形态通常为一根上影线较长的小阳或小阴线(小倒锤头线),是机构先买后卖,制造诱空气氛的结果。这根小倒锤头线相当于一根"加油枪","加油枪"出现后的下一个交易日,若股价小幅跳空高开,全天放量上涨,收几乎全实体的阳线,则是标准的"空中加油"形态。

淳中科技(603516)于2023年10月24日在底部启动,连涨4个交易日,涨幅超过30%。随后股价小幅调整两日横向整理,11月2日早盘,股价小幅反弹后午后振荡回落，最终收阴且有一定的上影线。次日股价小幅高开后一路放量上行，最终 K 线收阳，且实体较大，形成"空中加油"形态，如图 2-14 所示。后期股价收出八连阳，又涨了近 30%。

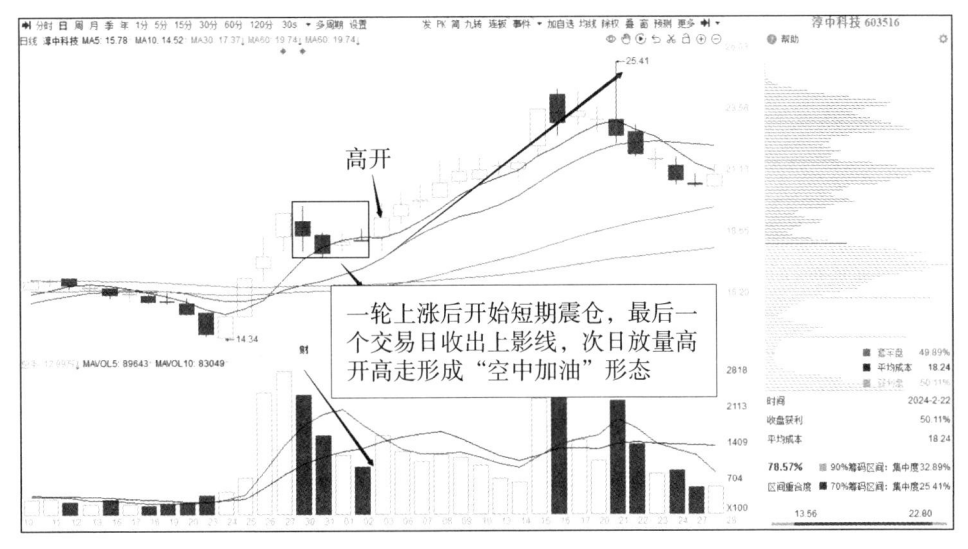

图 2-14

"空中加油"形态在市场中出现的频率不算高，即便出现了，我们也要严谨地判断其真伪，下面总结几个必要条件。

（1）第一轮涨势过后，如果是主力震仓行为，回撤幅度通常不会超过 10%，更不会放量下跌。原因很简单，如果主力还想继续向上做盘，必然不会大量抛售手中筹码，也不会大幅度开倒车去接散户上车。如果跌幅较大或出现较高量能，意味着主力在出货或前一轮上涨只是一次小试牛刀，真正的主升行情尚未到来。

（2）"空中加油"前的这根带上影线的小阴或小阳线，是曾经的标准形态。但是随着机构操盘技术变得更加灵活，很多时候也会反其道而行之，也会收出并没有上影线的实体小阴线，但是带上影线的 K 线形态依旧是最标准的。因为冲高回落收上影线，意味着资金先买后卖，会让许多短线投机者认为股性不强或主力在拉高出货，起到一定的震仓洗盘效果。

（3）带上影线的小阴或小阳线出现后的下一个交易日，股价高开是最佳的表现形式，因为这代表着当天集合竞价时控盘主力在主动争夺定价权，目的就是为了接下来更好地控制行情。若当日高开高走且无明显回落，则符合K线标准。最重要的就是成交量，既然要"加油"，那成交量必然要有所放大。但是投资者要注意，"油加"太多是不行的，不能创下天量、巨量，也不要超过上一轮上涨时的最大量能。如果放量太过，就未免有拉高出货的嫌疑，短期内风险是很大的。类似淳中科技，"空中加油"当日成交既低于前一轮上涨最大量能，又高于震仓调整期的单日量能，总而言之，放量要温和一些。

2."加油共振"形态

这里的共振是指"空中加油"时，刚好价格突破了上方的关键技术压力，类似于"量价突破"+"空中加油"。这样的量价共振形态表示股价的向上冲击力度更强势一些，短期内就会有立竿见影的效果。2024年春节前夕，A股市场触底反弹，在抄底过程中我选择了中科曙光（603019）这只股票。

2023年12月开始，沪深两市指数持续下跌，接连跌破重要关卡，市场上悲观情绪蔓延。各大自媒体博主纷纷唱空市场，普通投资者每日也在晒亏损，抱怨市场。自股指跌破2800之后，我认为底部即将到来，这里是最近三年的底部区域，即便不是真正的底部，只要投资标的选择得当，一旦2024年大盘回到3000点上方即可盈利。我将底部言论与抄底策略公布在媒体上，但迎来的除了谩骂就是愤怒的指责之声。于是我在临近春节前抄底中科曙光，最终在临近春节前几日，A股市场集体反弹，节后延续涨势，上证指数重回3000点。在中科曙光的上涨过程中，出现了一次"加油共振"形态。

我在购买中科曙光前已经跟踪了近1个月，虽然股价也受到大盘下跌的影响持续走低，但整体抗跌性跑赢了大盘。当股价连续两日探底回升，且底部筹码有明显集中的迹象时，我于2024年2月5日上午10:10买入了中科曙光。其实当时我仅是认为，不论整个A股市场还是中科曙光，可能尚未见底，但终究距离底部不会太远。而且持仓周期我计划以"月"为单位。可能是运气使然，建仓后第二个交易日，A股市场频发利好，指数股价齐升，股价直接上涨7.64%，这让我对节后开门红行情更加有信心，如图2-15所示。

第二章 量价关系综合实战

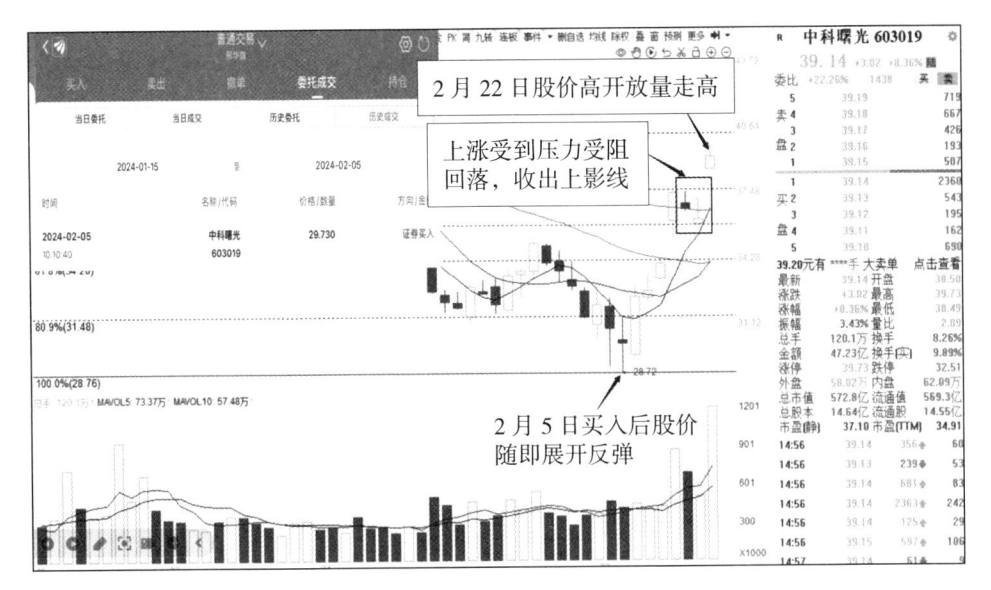

图 2-15

春节期间美国股市的科技股炒作火爆，节后 A 股市场科技类企业热度同样很高，涨幅居前，中科曙光延续了节前涨势持续飘红。从图 2-15 中可以看到，当股价涨至 0.382 分割线位置受到了技术压力，连续两日冲高回落，但并未出现放量等出货迹象。当股价回调至 0.5 分割线支撑位置，股价止跌。2 月 21 日，股价早盘再度冲高，逼近上方压力时再度回落，虽然最终 K 线收阳，但收出较长的上影线。2 月 22 日，中科曙光控盘主力集合竞价取得定价权，股价直接大幅高开，直接突破上方 0.382 的分割线压力。突破高开后股价继续上涨，盘中触及涨停，但无奈最终烂板，没有明显回落，最终收阳，且成交量大幅增长。

之所以在此处以中科曙光这次投资为例，不是为了展示我抄底成功，而是中科曙光这一次的"空中加油"喜忧参半，机会伴随着风险，可以为大家做一个很好的技术讲解。

首先，中科曙光在这一次上涨途中的共振还是比较标准的，不论是"加油"前股价的冲高回落震仓洗盘形态，还是一鼓作气突破分割线压力，都是符合基本要求的。不完美的地方有两处，不知各位读者有没有发现。

第一，"空中加油"当日高开高走，阳线实体伴随的上影线有些长，而且涨停开板后没有再度封死，这在涨停板的质量标准上属于比较差的。

- 75 -

第二，当日股价上涨的量能太大了，属于半年以来的最高量能，虽然不能算是天量，但也算是巨量标准。结合当日的烂板，不免让人担心是否是控盘主力在当日高位派发。

如果这一天股价高开高走，收光头或仅有一点上影线的阳线，成交量降低 1/4 左右，就比较标准了。但如今这样的表现，如果是空仓投资者，不建议继续追高，短期风险太大，一旦调整，幅度可能会比较大，而且具有一定的持续性。如果投资者此时处于持仓状态，也不要因为出现了"加油共振"形态就坚定看涨甚至顺势加仓，而是应该降低仓位，做好随时全部离场的准备，我也准备在下一个交易日根据盘中表现出局。读者此时可以打开盘面看一下接下来的走势，到底会继续冲高，还是展开调整。

其次，以"空中加油"形态作为买入标准，既是右侧交易，也是短线交易，其中的风险不言而喻。所以投资者切记，既要快进快出，也要控制好仓位，最多不要超过 2 成仓位，最重要的就是要严格设置止损，追高买股一旦失败，就是高位套牢。

最后，要注意"空中加油"形态出现后，上方获利空间是否充分。如果距离技术压力较近，或者价格上方不远处有密集的套牢盘，也不能轻易追高。一旦进场，发现压力突破困难，庄家没有果断突破，或者密集套牢区抛盘太大，没有被快速吃掉，就要暂时离场，等待下一次突破。

第七节　改头换面的黄金坑

或许是最近两年工作比较繁忙，对当下市场投资者常用的一些分析方式不甚了解。最近发现许多投资者朋友跟我提到一个词"黄金坑"，我想这可能是现在投资者常用的一种新技术，然后搜集了一些相关资料。不看不要紧，了解了这个技术特点之后，不禁让我感叹，不仅历史会重演，就连股市的分析方法也会重演。所谓黄金坑，不就是我在《四维操盘》一书中介绍的双弧底的技术特点吗？而且还是只有 K 线的简化版。不仅如此，这个技术形态还有很多名字，除了黄金坑，还有炸弹坑、散兵坑等。

按照网上的基本用法，仅靠 K 线趋势来判断黄金坑作为交易依据，我认为是不严谨的，准确率比较低。所以接下来我将所谓的黄金坑，结合量价以及机构的操盘行为，加以完善。

黄金坑也是一种偏右侧的分析方式，因为要先等 K 线挖出一个坑来，才能判断未来的股价走向，而此时股价往往已经探底回升有了一定的涨幅。但是黄金坑又不是纯粹的右侧交易，投资者完全可以借鉴其他分析方法，将这种偏右侧的交易尽量偏向左侧。

一、黄金坑的机构交易行为逻辑

所谓黄金坑，就是本书前面所讲到的个股下跌后期的价跌量缩行为。之所以股价在启动前会出现黄金坑这样的量价表现形式，主要是因为股价启动前庄家的洗盘行为。长时间的低位运作，主力机构累积了比较充分的筹码，万事俱备即将展开拉升环节。但是在此之前，许多短线投机者进场参与波段交易，如果让这部分资金参与到拉升环节，必然会在获利后第一时间离场，这是庄家不想看到的，他们更希望散户可以陪自己一直玩下去，直到出货完成才好。所以在拉升阶段展开前，利用筹码充分且集中的优势，少量减持，使得股价缓慢下跌，展开最终的洗盘操作。

在整个拉升前的洗盘过程中，股价不一定会持续下跌，因为这需要庄家惜售掉部分筹码，这是非常不划算的。所以庄家往往会在洗盘初期少量卖出，发出股价即将展开下跌的信号。仍在持有的投资者或者短线投机者会认为股价即将下跌，然后纷纷离场。引发散户的卖盘后，机构就不需要通过抛盘来进行引导，依靠散户卖盘让股价振荡下跌即可。这样庄家既洗掉了持股不坚定的散户，又可以购买到一定的低价筹码，可谓一石二鸟。

通过庄家的洗盘方式，不难得出这个阶段的量价表现。首先，股价方面一定是缓慢微调，且具有一定的持续性，单日跌幅不大。但是累计跌幅可能会在 8% 到 15%，否则对投资者的心态无法造成恐慌影响。试想如果散户持仓亏损只有两三个点，自然会心存侥幸继续持仓。其次成交量方面，因为此时多数筹码尽在机构手中，散落在散户手中的筹码多为持续捂股风格，所以仅需一点点卖盘就可以影响股价下跌，所以洗盘阶段每日量能也处于较低水平。

所以黄金坑的量价关系通常表现为，成交持续保持缩量或地量，形成一个弧底的左侧形态。而股价方面或持续微跌，或微跌后止跌横向窄幅运行，也有少数短线快速洗盘下跌形成 V 字底左侧的形态。不论黄金坑的左侧是如何形成的，股价和成交量一定都是缩量下跌的模式，而如果黄金坑可以形成，那么右侧则一定为先缩量后放量的上涨形态。

二、黄金坑的主要形态

黄金坑的正常形态仅仅是指 K 线方面经过底部的一轮下跌后，出现一个弧形、平行或者 V 形底部。本书中的黄金坑，依旧是《四维操盘》中量价结合的双重底形态。因为没有成交量的配合，K 线向下砸坑，就无法判断这一波下跌是机构拉升前的洗盘行为，还是新一轮下跌的开始。

"圆弧坑"和"平底坑"这两种形态的黄金坑比较常见，也比较温和，投资者可以重点关注。"圆弧坑"和"平底坑"，即股价在相对底部盘整后突然出现一轮连续下跌行情，通常空头的爆发性不强，但持续性较好，累计跌幅较大。在下跌过程中成交量持续萎缩，量价表现并不像机构的出货行为所导致的股价下跌。

随着股价持续的价跌量缩，市场抛盘力度逐渐下降，股价企稳止跌。接下来量价关系会有两种表现：一种是见底后机构开始少量购买低价筹码，股价及成交量温和增长，K 线与成交量形成一个圆弧底形态；另一种是股价止跌后，量价处于横向运行状态，每日振幅和换手率都很小，K 线与成交量形成一个平底。

股价之所以会在底部长期窄幅整理，成交保持地量，是因为洗盘阶段并没有达到庄家预期的效果，依旧有许多散户筹码没有回到机构手中。所以采取这种低位弱势盘整来磨散户的心态，让散户认为盘整之后可能还会出现下一轮杀跌行情，从而斩仓出局。

在我的记忆里，我从来没有按照黄金坑这个技术特点买过个股，不过在我的历史交易记录里找到了一笔"黄金坑"出现在我建仓前的交易。虽然我的购买条件不是黄金坑，但是曾经出现过这样的技术形态，可以用来作为讲解案例。

2022年5月中旬，格力电器（000651）的股价在较低区域出现了一波缩量持续调整走势，14个交易日累计跌幅不足8%，虽然趋势不佳，但也没有明显的资金砸盘的行为。5月底，格力电器的股价逐渐企稳，但并没有放量上涨，只是在低处反复徘徊振荡。走到此时，这个坑算是挖了一半了。直到6月15日，这一天格力电器开盘后放量振荡上涨，单日涨幅虽然不到3%，但是成交量明显增长，主力资金增持行为比较明显。此后股价开始持续反弹，前期跌幅全部收复，还刷新了高点，如图2-16所示。

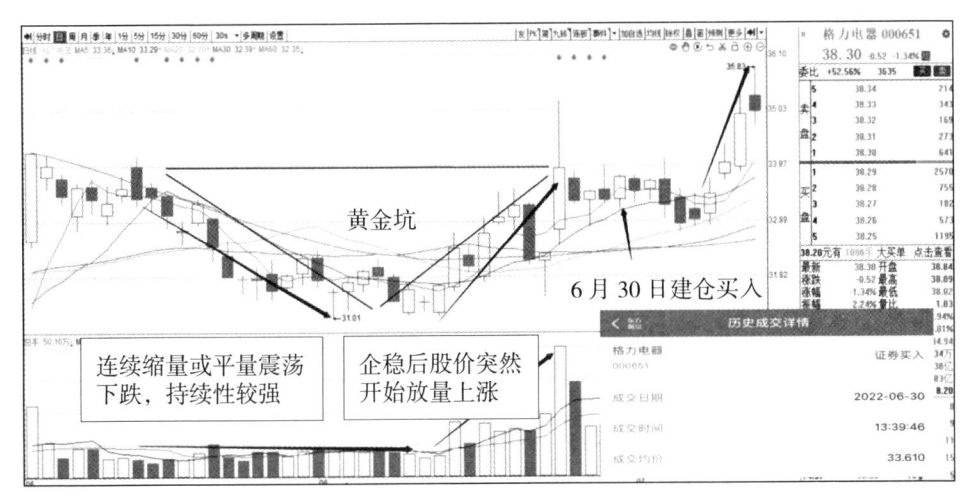

图2-16

我购买的时间比较晚，是在6月30日才进场，购买理由并非因为黄金坑，根据前期底部的增量情况来看，我认为庄家接下来必然会有拉升行为。随后股价始终保持稳定，底部不断抬高且偶有股价的短期爆发。同年8月，格力电器走出了更大的坑，这一次周期更长、力度更大，而且最终的反弹幅度也更大。

像四川金顶（600678）在底部区域加速下跌后马上展开反弹，底部形成V字形，严格意义上来说算不得黄金坑。既然是"坑"，那底部必然是圆的或者是平的。所以这种形态就是通常我们所说的V字形底，如图2-17所示。

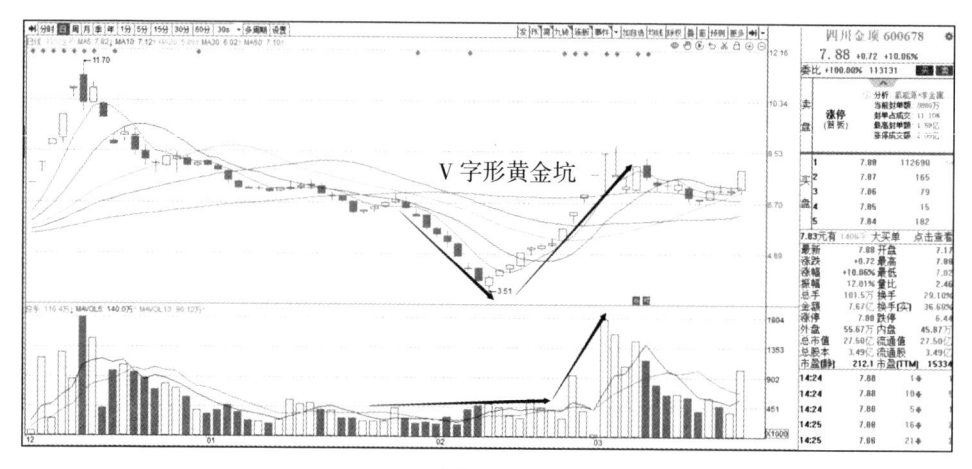

图 2-17

股价之所以在底部会形成 V 字，主要是庄家即将进入拉升期。在当下整个市场处于下跌趋势时，庄家会顺势洗盘进行低吸，或本身就有洗盘规划，但是距离拉升周期较近，又不能进行太长时间的洗盘，错过最佳拉升阶段，所以就会出现这种砸盘后快速拉升的走势，这也是力度比较强劲的反转行情。

对于黄金坑的左侧与右侧交易策略，有以下几点要格外注意。

（1）股价于底部区域出现探底后逐渐企稳，若下跌前期有明显的主力增持行为，可以于底部布局少量仓位，进行左侧抄底交易。如果下跌前没有明确的机构增持行为，股价处于持续的无量下跌趋势，则继续观望，等待右侧机会。

（2）黄金坑完成过半，股价开始放量反弹，且底部筹码逐渐集中，若股价此时处于较低位置，且一年内没有经历过爆发性的上涨行情，可以轻仓参与，先把握右侧短线行情。若后期经常出现放量上涨的机构增持行为，筹码集中度进一步堆积，则开始布局中长期交易。

（3）黄金坑的左侧起跌点，经常是未来主要的套牢压力区域。如果股价反弹即将涨至前期起跌价位，则不可继续买入。应该耐心等待庄家将前期的套牢抛盘全部吃掉，股价放量突破后顺势买入。

（4）止损设置非常必要。因为我们不能确定股价的下跌企稳就是在构筑一个黄金坑，也不能确定庄家洗盘一轮后，高位浮筹全部洗清不会进行第二次力度更大的洗盘行为，或者其他不可预料的风险情况。

（5）黄金坑的形成周期。股价下跌挖坑后的低位振荡行情时间越久，前期跌幅越大，往往未来股价启动时力度越强。因为这表示机构运作十分充分，在底部区域吸纳了大量低价筹码，已经是蓄势待发。另外市值越大的股票，挖坑的时间会越久，小微盘的股价启动往往出其不意，运作周期较短，很少出现黄金坑形态。

第三章
机构面的量

A股市场的涨跌，归根结底是由投资情绪决定的。那么投资情绪是如何被影响的呢？其实很简单，国家政策影响了投资机构的情绪，而投资机构的投资行为又影响了更多个人投资者的情绪，然后就会开始扩散，让市场多空双方投资情绪的天秤发生一边倒的倾斜。所以如果说股市是经济的晴雨表，那么机构就是散户的晴雨表。

　　想要判断市场情绪的倾斜，可以用"反射理论"进行观察。"反射"一词出自物理学。当主体作用于受体时，受体也会反过来影响主体，这种情况称为"反射效应"。比如当我们站在镜子前，将手电筒打开照向镜子，此时镜面会将手电筒的光反射回来，并照在自己身上。应用在股票市场，反射理论实际上就是股票市场、机构、散户之间的互动影响。

　　市场出现重大利空或利好，机构同向进行交易，机构大规模的交易引发市场的波动，从而引发散户的跟风式交易，而散户情绪的变化又影响了机构操盘策略的制订。比如国家出台了某项政策，且对股票市场形成重大利好，各类投资机构开始纷纷抢筹，积极操盘，但由于不确定散户是否愿意追涨，所以制订的参与资本与盈利目标都相对保守。随着市场的走强，个股日渐活跃，散户的交易信心持续增强，追高情绪与日俱增。机构此时看到散户极大的投资热情，也对市场的未来更有信心，于是资本投入力度与收益目标也进一步加大，这就导致了市场指数有更大幅度的上涨。

　　普通投资者判断当前市场是否适合进场投资，主要就是靠这种反射现象去判断，包括对某一个题材和热点的炒作也是一样，只有机构和散户形成了反射效应，炒作的力度才会更强。什么样的政策会刺激股市趋势发生根本改变呢？什么样的题材会让机构扎堆去炒作呢？关于这些问题，投资者根本不用绞尽脑汁去判断，因为即便我们认为未来股市会大涨大跌，或者某个题材具有非常大的炒作潜力，但是市场的主力机构不这样认为，不予理会，也是无济于事的。所以我们要知道，对于散户来说，政府部门和投资机构才是反射的主体，而散户是受体。只有主体开始发光的时候，整个反射过程才会实现。

　　既然确认了市场反射的主体，那接下来围绕主体，观察何时发光、照向哪里就可以了。本章主要针对各种市场环境下，机构的交易策略以及会引发的量价表现进行详细讲解。

第一节　机构在牛市的交易策略

能够让股市持续上涨并形成牛市行情，一来需要绝对利好的政策，二来需要各大实力投资机构的衬托。凡是能对股市造成影响的投资机构，必然是资金实力雄厚且投资周期较长的主力，也就是我们所说的中长线庄家。这些中长线庄家不像散户一样5分钟就决定买一只股票，而是需要大量时间研究市场基本面的变化，制订完善的交易策略并逐步实施。所以在业内流传这样一句话"不怕市场短期的涨跌，就怕错误判断市场的发展趋势"。这种大型机构，研发优势和信息渠道都是非常强大的，所以对于趋势的判断，往往非常精确，很少出错。

例如2023年第四季度，虽然诸多优质股已经出现机构增持行为，但集体静默，少有高市值企业股价逆势走强。究其原因就是大型机构对于后市的悲观，所以当时只有部分小微盘股受到游资的短线炒作而上涨。不久后沪深两市便打破了振荡局面，一路下跌，市场陷入恐慌。在临近春节前，监管部门换帅，并重拳出击证券市场各类违法违规行为，市场叫好声一片，股市见底并快速反弹。

不仅仅是这一轮波动，可以说股市任何一轮涨跌，都是由政策点燃，机构带动，随后形成反射效应后加速运行。所以市场的牛市行情是由众多机构合力打造的，而普通投资者只要盯紧机构的操盘动向，就不会错过市场的每一次启动。

一、各类机构对市场的影响

下面介绍一下各类机构对市场的影响，每一类机构的具体定义我在《股市投资100问》中已有详细说明，此处不再赘述。

1. 国家队资金

这是股票市场的基石，也是维稳市场最有效的资金，国家队资金的入场往往能给其他机构和个人投资者吃一颗定心丸。

2. 国家大基金

国家大基金也算是国家队的一种，但是国家大基金是国家设立的一种专项基金，主要投资于集成电路芯片制造业，同时兼顾芯片设计、封装测试、设备和材料等产业的全产业链环节。国家大基金的目的是支持国家重要战略和关键领域的产业发展，推动国家经济转型升级。国家大基金的入市，虽然不会引发市场的牛市行情，影响有限，但是可以侧面说明市场的安全性，以及预示着国家对半导体行业的重视与政策力度，对专项题材有利好作用。另外，国家大基金的入市也一定程度影响着各类投资者的投资信心。

3. 公募和保险资金

这类机构的资金主要来源于社会募集，往往规模较大，而且受政策限制，不论是单独企业股票的建仓数量还是持仓周期，都有严格标准，所以往往对大蓝筹股进行中、长期的价值投资。若这类机构认为市场向好，集中低吸，对整个股市的影响力度很大。

4. 券商资金

券商资金类似于公募资金，有自有资金，但更多的是募集资金。不同的是公募资金喜欢买大盘蓝筹股，而券商更喜欢买中小盘绩优股，所以对这类企业有着较强的操盘能力，但对整个市场的影响不及公募资金。

5. 阳光私募资金

阳光私募资金对应的也是公募资金，与私募不同的是，阳光私募更加正规，资金在银行托管，股票于券商托管，信息披露等方面更加透明、合法和规范。中盘绩优股是其主要战场，往往有定价控盘权。

6. QFII（Qualified Foreign Institutional Investor，合格的境外机构投资者）、北向资金

目前境外资金在 A 股市场的市值中占比还是比较少的，影响有限，但是

这类资金往往比境内机构更专业，计划更周密，交易前经常会先用小资金试探空头动能，对大势把握比较精准。境外资金基本不会购买冷门股，非常注重对基本面和价值洼地的研究。如果有大量境外资金持续入场，是体现市场价值的信号之一。

7. 上市公司资金

上市公司炒自己企业的股票，往往护盘能力比较强。如果大盘下跌，企业股价坚挺或跌幅小于同类企业，可能就是企业在护盘。如果股市持续下跌，众多企业为自己的股票护盘，也会对市场起到企稳作用。

8. 私募、游资资金

这两类机构资金，其研发、信息实力要弱于公募和阳光私募，但又强于普通投资者中的大户，所以不能对股市起到雪中送炭的作用，只会锦上添花。私募、游资也有大资金机构，但数量不多。他们很少去碰大蓝筹或者中盘绩优股，因为这里有阳光私募以及公募把守，但这两类机构也经常借鸡生蛋，以大机构为跳板做一波行情就离场。游资和私募更多的是参与市场的冷门股，或者相对危险的股票，市场突发热门概念顺势短线参与，但往往是兵贵神速。随着量化私募的兴盛，也成为市场的主流，但不会影响市场趋势的变化。

之所以介绍市场的各类投资机构，就是要让投资者清楚牛市的产生谁是风向标。另外在牛市行情中，各类投资机构的投资策略也有所不同，接下来介绍牛市行情中各类机构的操盘策略。

二、各类机构的操盘策略

纵观A股市场30多年的发展史，真正的牛市行情只有三次：首先是2006年1月至2007年10月，这是持续性最强、累计涨幅最大的牛市行情；其次是2014年7月至2015年6月的牛市，持续时间将近一年，但持续性和最大累计涨幅比2007年稍差一些；最后是勉强算牛市的1996年至2001年，虽然指数也有超2倍的涨幅，但周期更长，过程比较坎坷。

总之，自2015年以来，A股市场还没有出现真正意义上的牛市行情，所以每当A股市场出现短暂反弹，就会有许多投资者高呼牛市来了，这是非常不理智的行为。但只要投资者确保自己可以在市场中生存下去，就一定可以参与到下一次牛市行情中。

　　牛市不是突然出现的，需要各种因素逐渐孕育而生。牛市会不会来，就看大金融、中字头等大盘蓝筹股是否出现持续放量上涨和机构增持的行为。但是这类资金初期的增持，并不足以刺激牛市启动以及市场集体的看涨情绪。因为此时机构的低价筹码较少，控盘度较低，所以未来一段时间机构不会持续买进，但也不会出现大幅回撤洗盘的行为。因为此时机构不会轻易抛售到手筹码，只会停止买入，让股价以及市场指数横向运行或小幅度上涨，这时的市场成交会表现为几个交易日放量上涨后连续的平量振荡。

　　发现了国家队资金和公募资金的做多行为，最先反应的一定是券商和各类私募游资等机构。他们会在适合自己的领域展开增持，实际上在市场还处于弱势阶段，各类机构就已经开始建仓工作，只不过筹码较少，不足以绝对控盘而已。国家队资金以及公募资金会暂时停止交易，在此期间阳光私募、券商以及资金规模较大的私募等中型资产规模机构，会以公募为风向标，同步增持。而小型私募以及游资机构，则热衷于对市场的热点炒作，持续狙击。此时整个股票市场的萧条环境开始改善，散户也在积极地补仓调仓，但又不确定市场的上涨持续能力如何，所以中小微盘热门概念股最受欢迎，即便股价已经涨至很高的位置，短线狙击者依旧络绎不绝。

　　如果是牛市行情的初期，大型机构是绝对不会在短期内获利后急于减持的，所以如果蓝筹股短暂的强势后缩量微调或横向整理，突然某日再度连续放量上涨，就基本上可以确认主力要做大行情。而像2023年8月券商股持续大涨，下调印花税的靴子落地后，机构集体减持，导致券商股乃至整个市场放量下跌，这种短期急涨急跌的表现，就不是牛市初期的表现特征。

　　到了牛市中期，国家队资金只需要坐享其成，分享其他机构的操盘成果即可。公募基金会主要运作几只持仓的重仓股，每日只需少量买入，上涨时控制好涨幅，下跌时适当护盘，就可以让股价持续走出慢牛行情了。此时市场上几乎所有股票都已经有了较高涨幅，投资者再想捡便宜，已经没有机会了。离场的散户看着处于高位的股价和指数往往会望而却步，持仓的散户由于不确定牛市的持续性或急于了结，或频繁调仓，此时是机构获利最稳定、最丰厚的时候，反而大多数散户收益不大。曾经已经退市或从来不关注股市的人，虽然也开始关注股市变化，但也不敢轻易追高，所以此时投资者实际上还没有形成集体的赚钱效应。

这时的中小型机构，一边参与大型机构的长庄股，一边大量融资不断炒作市场热门题材，有实质性炒作价值的题材持续性和涨幅会强一些，价值低的题材炒作会弱一些。而游资会狙击小微盘股，这个阶段这类资金是最疯狂的，因为整个市场热度较高，大多数散户也最喜欢追这种强势爆发类个股，所以机构出货比较轻松。

牛市中期一般较初期的成交量更加活跃，因为各类机构和普通投资者的仓位都在加大，所以牛市中期的市场成交至少是牛市初期的2倍以上。而牛市后期的成交金额相比牛市中期而言，主要取决于当下市场为慢牛还是快牛，像2007年的慢牛行情，因为持续周期较长，一线大型机构的仓位基本已经打满，不需要持续增持来维持股价的上涨，完全可以依靠小机构或散户的跟风看涨情绪带动市场及股价上涨，这种情况下整个市场的交易量会不增反降，只要主力不出货，就会维持住升势。如果是2015年的快牛，一线机构不认为可以持续很长时间，就会争取利润最大化，持续增持抢筹，中小机构也会把握住最后的盈利机会，频繁更换炒作题材及个股，所以成交量会持续增加，较牛市中期会放量1.5到2倍。

所以从牛市的量能变化，投资者也可以判断出牛市的持续性和即将到来的终点。

三、牛市中的风向标

散户在A股市场交易，不管用什么投资方式，其实都是在跟庄。用不同的交易方法所购买的股票，就是在跟不同类型的庄家。在不同的市场环境，跟随正确的庄家，有利于我们利益的最大化。在牛市初期，因为不确定当前市场的上涨只是一次反弹，还是牛市初期，所以一来不能下重注，二来不能去跟一种庄家。如果只是一波反弹，全部跟公募基金买入大盘蓝筹股，必然无法获得超额收益，所以要将资金分成三四等分，在上涨初期以2到3成仓位布局机构增持明显的大蓝筹，以及私募与券商热衷的中盘绩优股或概念股。但是要记住，大盘上涨初期往往持续性不足，涨幅有限。

如果股价及大盘位置过高，已经踏空，一定要等待低位。不要怕未来没有机会进场，牛市不是一蹴而就，初期阶段指数及股价一定会有反复。为什么不跟小微盘游资股呢？因为这个时候，游资也不确定是不是牛市，目的就是利用短期内市场的上涨，多狙击多拉票，往往切换速度很快，一日游的强势股或者题材比比皆是，投资者很难在这种无规律又短暂的轮动中找到规律。

当大蓝筹股的上涨经历了两三个平台后，此时牛市即将或已经来到中期阶段。这时的个人投资者要做的就是坚定地持仓，获得稳定收益，不要去期待大幅度跑赢大盘，能做完一整波行情，收益自然不会太差。所持有的个股暂时表现不佳也不要担心，如果建仓的是优质蓝筹股，以及中盘绩优股或热门概念股，那么是金子一定会发光，哪怕是一块石头，牛市行情都能给它镀一层金。

牛市中期最忌讳盲目换股，抛售的股票突然补涨，买入的股票又高位回调，反复几次这波牛市行情就浪费了。而且一旦卖出，指数和股价继续大涨，会让我们非常犹豫和恐慌，许多散户在牛市不赚钱就是这样导致的。所以这个阶段，普通投资者要跟的依旧是中、长线实力庄家。整体仓位可根据当时的市场情况，追加至6到8成，多数参与大蓝筹的慢牛稳定持续获利，少量参与中型机构对中盘题材股的炒作。这里要记住，如果某热点炒作力度已经很大，就不要再跟了。可以购买曾经炒作力度较大，而近期调整或者连续整理的前期热门题材，而且一定要买龙头股。牛市启动，前两波爆发的题材往往是这一整轮牛市炒作最热的题材，而领涨的龙头股也会是热度最高的。

长牛行情市场成交开始持续缩量上行，快牛行情以更大的交易额推动指数快速上涨时，就要注意牛市后期是否已经到来。首先，持仓主要还是以大盘蓝筹股为主，市场最后一波冲高，蓝筹股依旧是主力军；其次，这类企业控盘机构持仓量大，出货周期长，股价不会出现急涨急跌的行情，会给投资者充分的离场时间；最后，离场要果断，否则不管投资什么类型的股票都会在牛市结束后深套其中。

券商和私募这两类机构会比散户更早发现牛市后期的到来，所以这些机构出货也是最早的，而且抛盘力度和股价跌幅也会很大。所以牛市结束的信号之一就是指数还在涨，但是个股已经开始纷纷冲高回落，出现了明显的主

第三章 机构面的量

力出货信号。

当我们发现牛市有见顶迹象时，如果没有很明显的机构出货行为，股价整体重心还在抬高，可以不急于一次性离场，可分批次进行减持，直到机构出货行为明确，或牛市确认结束时，再清空仓位。但是要记住，一旦开始清仓，即便接下来市场依旧强势，也不要贸然重新开仓，最多用2成仓位进行短线波段操作，随时做好应对风险的准备。而短线操作，跟庄对象也不再是公募或券商、私募等资金实力较强的机构，而是游资。因为游资的资金相对较少，更加灵活，所以未到彻底牛转熊之前，他们会榨干市场最后的看涨人气。此时游资操盘的股票，周期会更短，投资者切不可追高已经大涨的小微盘股。

如果此时投资者还想继续参与牛市尾端的行情，有两个选择：一是寻找涨幅落后且机构底部筹码没有明显松动的小微盘股，是否有题材不重要；二是关注北交所上市企业，虽然北交所还没有经历过牛市行情，但我预计一旦A股市场走出牛市，北交所的整体涨幅会落后，届时各类机构后续会用一部分资金补涨北交所。

我经常说牛市其实对散户是最不友好的，初期赚钱就跑，中期不敢跟，后期追到顶。只要牛市一结束开始下跌，许多投资者就会把前期赚的钱获利回吐，甚至还要亏损本金。大多数散户亏大钱都是在牛市后期，因为牛市刚刚结束时，散户依旧存有牛市还在继续的心理。一旦股票被套，会自我安慰，认为"反正现在是牛市，股价肯定能涨回来"。一旦亏损较多，依旧有理由继续持仓，认为"牛市没那么快结束，一定还有一波反弹，跌到较低位置我就补仓"。正是因为这样的侥幸心理，导致散户越拿越亏，越亏越补，最后亏损百分之几十，实在忍不住后无奈只能低价斩仓。

把握牛市一定要注意以下几点。

（1）市场上涨初期，不要轻易相信"牛市来了"的各种言论。

（2）想把握最大利润，就要敢于在市场底部建立底仓。

（3）确认牛市，要明确跟随机构类型、坚定持仓，机构不出我不跑。

（4）获得了不错的利润，及时鸣金收兵，隔岸观火，未来依然牛市还是转为熊市与你再无瓜葛，耐心等待下一个底部。

（5）逃顶要果断，再强势的牛市行情也要严格设置止损线，达线必抛，不要找任何持仓理由。

（6）永远不要满仓。

若要把握住牛市进场的最佳时间，还有一个最为重要的原因，那就是一定要确保自己时刻关注股市的变化。如果处于空仓状态，且不关心股市变化，那么当你发现市场已经走牛时，一定已经是牛市的中后期阶段。如果你还有炒股的想法，就一定要保持对股市的关注。

或许有些人会觉得，只要关注股票就想买，克制不住想要交易的冲动。这其实也是对自己的一种磨炼，想要成为职业投资人，想要在股市中长存，无法控制自己的行为怎么能行？2023年春节后，大盘在3000点附近盘整，我空仓之后有许多次冲动进场的想法，但这又不符合我的交易规划，所以一直忍耐到计划中的理想走势出现才入场。投资者不要总拿管不住手的理由来搪塞自己，手是自己的，交易单是自己下的，只要你不买就没有人能代替你进行交易。

第二节　机构在熊市的交易策略

股市中的熊市行情，往往要比牛市更加突然且迅猛。在牛市启动前期，各类机构已经做了大量准备工作且运作了较长时间，充分蓄势后开始逐渐走牛。但是熊市阶段不同，当市场到达机构预期的高度，或投资机构获利目标已经完成，会出现集中抛售行为，导致股指突然反转杀跌，让投资者猝不及防。

其实机构在熊市中的主要行为只有两个字，就是"出货"！

一、散户和机构之间的关系

下跌行情来势汹汹，大家都想争取跑在最前面。对于机构来说，最大的竞争对手就是个人投资者（散户、中户、大户）。其实散户和机构之间的关系，也并非一直处于竞争状态，这种关系会随着机构的操盘阶段而发生变化。

当机构刚刚开始建仓，尚处于操盘初期时，和散户的关系其实并不紧张，而是一种若即若离的状态。散户觉得机构不强势，不愿意去跟，而机构控盘

第三章 机构面的量

不足，也不需要散户抬轿子，但偶尔需要测试操盘标的的市场形象和跟风情绪，需要散户配合试盘，所以关系并不密切。到了主升阶段，机构和散户就是盟友关系了，这里主要指的是非投机散户。散户需要机构利用集中的筹码优势启动行情，推动市场情绪，而机构也需要散户抬轿子进一步推高股价，降低操盘成本，使自身的利润最大化。到了拉升后期，机构的态度会发生变化，开始与散户离心离德，笑里藏刀，为最终的出货进行铺垫，主要的表现形式就是以进为退，一方面保持股价趋势，稳住多头情绪，一方面暗度陈仓，陆续减持。当时机成熟时，机构与散户之间就会彻底反目，机构一方面继续散播看涨言论，引导散户冲入高位，另一方面大肆出货，引发股价暴跌。

我之前讲过，任何类型的投资机构或控盘主力，不管用什么手段去出货，都是万变不离其宗。无非就是营造股价仍然强势，诱导散户接盘，即通过资金优势引导散户情绪。所以大家要永远记住一句话，一旦有所获利或发现机构有减持行为，要随时做好获利了结的准备。

牛市结束，率先减持的是哪一类机构？首先是国家队资金，国家队资金的安全稳定关乎资本市场以及民生等方面的和谐发展，所以这类资金将以最高收益状态进行减持。此时股票市场依旧处于牛市阶段，市场多头情绪较强，资金量充盈，所以此时国家队资金的减持并不会造成市场大幅度下跌。另外其他大型公募基金也会为国家队资金兜底，一般不会跑在国家队资金前面。

当国家队资金离场后，公募基金以及信托、券商、大型私募基金陆续离场。这类机构资金规模庞大，所持企业较多，市值占比较高，出货周期较长，所以在牛市还未结束时就已经开始少量持续性减持。但随着减持力度的加大和集中，市场指数的下跌力度也会随之增强。但不论是国家队资金还是公募基金，一般情况下都不会进行清盘。前者为了市场的稳定以及保护投资者，会保留少量仓位。后者因为存续期较长，最多会减持大量仓位，清仓部分企业股票，但仍会保留少数企业的部分筹码。这类机构对市场的判断力与掌控力是比较强的，所以会根据市场状态，决定是以比较温和的反复拉高的方式进行减持，还是比较激进的方式持续性减持。不同的出货方式，市场会走出不同的运行状态，或熊市初期重心持续下移，最终加速杀跌，或快速转熊直接连续杀跌。

私募以及游资往往是机构中减持比较晚的机构,这也要根据市场一线机构的减持方式来决定。

如果一线主力机构采取比较温和的减持方式,此时大多数散户尚未意识到风险到来,依旧期待牛市能给自己带来更大的收益。利用这一点,小型机构就可以暂时在市场中操盘小微盘股或北交所股票,来获取短期收益,但往往都是一日游行情。不过散户的追高情绪依旧比较活跃,出货难度不会太大。

如果一线机构采取比较强势的出货方式,其他机构也会抢在第一时间出货清盘。这就必然导致市场指数持续性大幅杀跌,形成"急熊"行情,但这也有很大的弊端,就是跌幅跌速太强,会在短期内引发市场恐慌,接盘的散户资金快速下降。最终大多数机构只能无奈地低价抛售,导致前期在整个牛市行情中的收益大打折扣,甚至部分投资机构也处于亏损状态。

二、A股市场牛短熊长

A股市场牛市短暂,通常不会持续超过1年,而熊市周期较长,多为数年。为什么我们国家的经济很好,却不曾出现几年甚至十几年的持续牛市行情呢?首先是因为政策调控,目前A股市场还是偏散户市场,如果股市上涨过快,会导致跟风情绪大涨,必然会引发经济泡沫。其次是保护普通投资者,因为当经济泡沫破灭,受损最严重的必然是普通投资者的利益。再次是防止资本外流,随着市场的开放,外资参与A股市场的占比不断增加,一旦股市涨幅较大,必然造成资本外流。最后是防止居民贫富差距扩大,一旦牛市来临,越有钱的人,就有更多的资金投入股市,获得更多的收益。

总而言之,股市的政策调控是经过多方面考虑的,也是复杂的,这与本书核心内容无关,此处不再详表。

可能大家都觉得,中国的投资机构炒作周期都太短了,尤其是一些私募游资,拉一两个交易日就出货了,到处打游击,只要散户追高可能就见顶被套。之所以导致机构投资者风格偏向短周期,主要有以下几个因素。

1. 政策监管因素

一直以来,上市企业在IPO以及财务报表等方面的造假问题层出不穷,上市企业与投资机构联合坐庄进行市值管理行为也是屡见不鲜。这让个人投资者深恶痛绝，更影响了整个股票市场的公信力。随着 2023 年年底新任证监会主席的上任，首先治理的就是 IPO 造假等证券市场违法犯罪行为，一夜之间撤销几十家企业的 IPO 申请。若监管力度持续加码且成为常态，市场环境将大幅改善，投机行为减少，价值投资会逐渐成为主流。

2. 行业发展因素

A 股的发展史才 30 余载，依旧属于新兴市场、弱势有效市场。中国第一个证券投资基金诞生于 1991 年，2000 年后才进入一个快速成长阶段。而中国居民目前主要的投资方式依旧是银行储蓄或货币基金。截至 2023 年 10 月末，中国居民存款总额为 134.98 万亿元，继续位居世界第一，是真正的藏富于民。所以中国的投融资市场，居民是最大的融资对象，A 股市场中散户也是资金实力最强大的投资群体，但目前中国居民的投资理财意识还并不是很强。

目前我国的基金规模最大的是公募基金，公募基金中又以股票型或偏股型居多。但是由于公募基金的规模不固定，投资者可以随时申购与赎回，而且行业竞争压力较大，就导致大多数公募基金一来不敢重仓，担心发生巨额赎回风险，二来不敢长期持仓，获利后急于离场。

3. 市场结构因素

A 股市场还是一个偏散户型市场，这就自然地将机构投资者和个人投资者摆在了对立面。投资者都有一种"别人赚钱我亏钱，别人亏钱我来赚"的想法，加上证券公司、投资顾问等金融机构为了一己私利，鼓动散户炒短线，早已将长期价值投资市场的理念抛之脑后，天天想的是抓涨停、抓黑马，机构自然不会让其得逞，所以往往股价上涨后比的是谁跑得更快，股价的涨势自然不会持久。

A 股市场发展至今，牛市行情或者投资者赚钱效应比较强的行情凤毛麟角，反而下跌行情以及鸡肋般的振荡行情占绝大多数时间，让许多投资者对股票和偏股型基金的投资兴趣大打折扣。这样一来，日渐壮大的基金市场所募集的资金整体下降，份额都不高。一旦股市回暖上涨，这些基金公司一来要面临散户比自己先离场的压力，二来面临基民突然大量赎回的压力，所以便会第一时间选择撤离，然后便会形成群体效应，股市上涨就此终结。

　　A股市场的发展任重道远，若想改善目前A股市场的现状，需要从多方面发展。首先就是要加强监管，加大金融、证券市场的监管与处罚力度，鼓励机构价值投资，让企业的重心回到经营管理和研发中来。对投机机构进行专业化考核，管理能力差的投资机构予以清退，放开券商个人账户托管业务，从而降低市场的散户占比。让机构之间相互竞争，互相掣肘。好的企业机构争相购买惜售，差的企业自然退市。市场的投资环境和风格逐渐改善，公信力才会不断加强，才能吸引更多居民变成投资者，间接性扩大融资市场，需要资金的企业也会有更快的发展，这才是一个市场良性的发展过程，才有可能造就出一个漫长的牛市行情。

　　之所以我用诸多文字讲解与量价和机构无关的内容，目的是让大家更加清晰地了解A股市场的发展阶段和市场特点，以便了解机构投资者存在的问题以及投资风格。

　　熊市行情，散户在抛盘，私募、游资、外资等各类资金都在抛盘。开放式的偏股型基金的基民也在陆续赎回，那么基金公司只能卖掉筹码把钱还给散户。恶性循环之下，市场缺乏新投资者、新基民，大盘自然就会陷入长期的熊市或低位区间振荡行情。

三、熊市中的机构低吸策略

　　市场中的主力机构永远不会在股市已经见底时才进场吸筹，而是在股市尚未见底还处于下跌途中时，就已经开始进行布局了，个股方面的操作也是如此，因为市场或者股价的底部就是这些机构合力做出来的。但是机构刚刚建仓的时候，市场还处于空头阶段，比较恐慌，机构的吸筹量也不大，目标的都是大蓝筹股，所以股价涨幅不大，市场指数反弹幅度不强，自然跟风的散户不多。

　　此时机构的持仓市值比较低，对股价乃至整个市场不足以形成影响力，所以市场依旧会继续保持下跌趋势。直到主力机构经历了多次低位吸筹，取得了一定的筹码，其他机构也都闻风而至，市场指数才会最终见底，并展开反弹。

第三章 机构面的量

我们来回顾一下2018年至2019年上证指数多空转换的过程，这是一次比较典型的机构低吸筑底带动市场反转的过程。2018年1月29日，上证指数在3587.03点开启了反转行情，自此开启了长达1年的持续振荡下跌的熊市行情。

2018年国庆节后，上证指数走出了一波快速杀跌行情，10个交易日跌幅超过10%。10月19日上证指数低开后快速反弹，连续收出两根大阳线，并伴有明显的放量，如图3-1所示。这里我们要清楚一个逻辑，和个股一样，指数在底部突然出现大幅上涨，是机构在买入。机构为何在此处大量买入？无非两个原因，要么是买少卖多的拉高出货行为，要么是低位吸筹的建仓行为。通过大盘的涨幅不难发现，以出货为目的的可能性不大，否则不会用如此大量的资金大幅拉升指数。

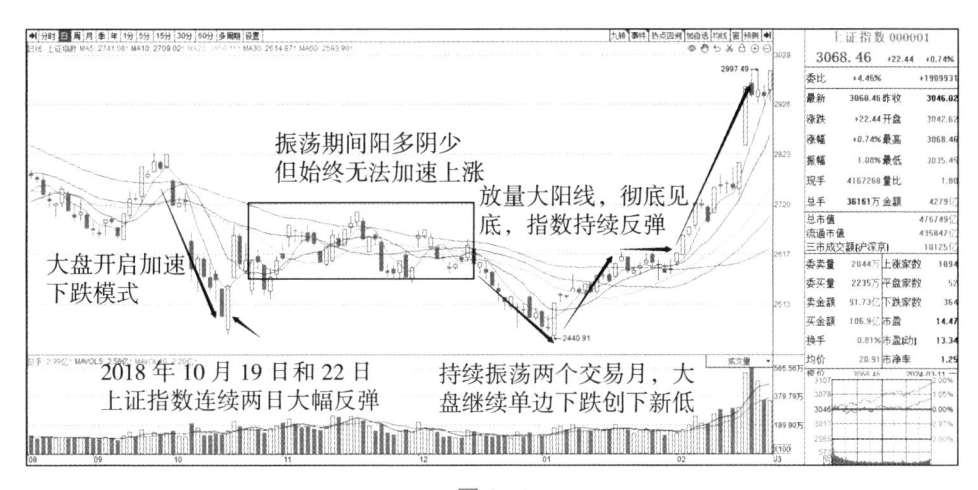

图 3-1

后面接近40个交易日的时间，股价既没有进一步探底刷新低点，也没有展开持续的反弹行情，而是在一定的幅度内起伏波动。在此期间我们可以发现，一来下跌趋势暂时终结了，二来阳线的数量明显变多了，而且阳线多为放量上涨的光头阳线。要知道市场在没有出现强势反弹或形成明确的上涨趋势时，散户是不敢进场交易或重仓参与的，依靠散户的购买力，不足以刺激市场放量上涨，所以这其中的放量阳线是机构大量买入的结果。此时来看大盘已经见底，且机构吸筹行为明显，市场处于相对安全的阶段，是建仓的最佳阶段，但后期走势出乎意料。

2018年12月14日，上证指数小幅放量下跌，随后又展开了近三个交易周的振荡下跌，而且刷新了前期低点。我经常和读者讲，一只股票尤其是市值较大的股票，经过机构的低吸建仓之后，股价必然会出现一定幅度的上涨。如果没有确定机构是否充分吸筹，准备就此启动多头行情，就尽量等待价格调整。因为机构在反复低吸以及试盘的过程中，有大量散户进场，或以投机为目的，或以持续跟庄为目的。

若散户抢筹较多，会影响机构的吸筹目标，机构必然会进行力度较大的洗盘，恐吓散户斩仓。股指的上涨，也是同样的道理。若大盘的反弹或反复的波段运行，累积了大量散户跟风盘或获利盘，此时主力机构还没有获得充分的低价筹码，而短期内市场也没有特别大的利好，机构就会连续集中抛售筹码，营造市场将要展开新一轮下跌的假象，达到洗盘的效果，然后在低位吸筹。

是否是大盘真正筑底前的最后一跌，或者是洗盘结束，作为投资者来说肯定是无从知晓的。不论是洗盘还是下跌趋势尚未结束，永远不要低估市场的下跌对净值带来的危害。所以如果市场走势与预期截然相反，持仓股票也已跌至回撤线，就一定要暂时离场，等待更明确的底部信号。

虽然可以通过机构建仓情况寻找市场的底部，但任何分析方法都只是对未来市场的预测，简单地说，就是不能对自己的判断太自信。为了确定市场不是一波小幅度的反弹，还要观察是否出现底部放量大阳线，且后续是否持续放量上涨。多次确认机构的低吸行为，可以更加确认底部的构成。如果指数筑底后，成交量没有明显增长，而是底部缩量振荡，这种看似暂时形成的底部，往往未来会酝酿更深的杀跌行情。

熊市结束后，在没有力度特别大的利好情况下，是不会马上转为牛市的。可能走出一波快速的反弹行情后振荡，也可能进行平台式上涨。所以指数企稳初期，不能进行大规模建仓操作，仓位上依旧要控制，保持谨慎，毕竟股票市场任何情况都有可能发生。至于需要跟随的机构类型，这个无法确切说明，因为每一次底部反弹时的表现不同，当前市场的消息面不同，热点概念不同，但基本情况可以分为以下两类。

第三章 机构面的量

1. 市场快速反弹且幅度较大

指数探底后马上出现幅度较大且快速的反弹，往往是因为市场突发利好，机构给予配合，采取盘中抢筹的拉升方式。例如2024年春节前后，上证指数回踩2635点后，仅8个交易日就重新回到3000点，19个交易日中仅有4根阴线，就是属于在政策利好的推动下产生的快速上涨行情。这种情况下，市场的潜在风险是机构没有经历充分的吸筹，没有足够的低价筹码和控盘度，拉升的高度可能比较有限。

不论投资者在什么位置进场，都要考虑到市场风险，进行保守与激进相结合的投资方式。一方面选择符合当前市场热点或业绩稳定成长的优质蓝筹股。这类个股会随着指数上涨，在一定程度上跑赢大盘，即便市场上涨结束，开始调整，股价的跌幅与跌速也不会很快，会给投资者足够的离场时间。另一方面用少量资金参与当前市场刚刚启动的热门概念股，如果没有热门股，或板块整体受益股股价已经处于较高位置，或每日热点快速轮动，可以选择近期机构增持且尚未进行轮动的个股，也可以选择未来存在被炒作可能性的滞涨股。这类个股因为在上涨过程中没有出现过度炒作，所以一旦市场调整，控盘机构也不会集中大量出货砸盘，会给投资者充分的反应时间。

2. 市场温和且上涨幅度小、速度慢

如果市场没有特别强劲的利好推动，一般见底后不会出现强度太大的上涨行情。或许指数会处于缓慢爬坡式上涨，但是个股还是比较活跃的。股指上涨力度不强时，投资者首先要排除对大蓝筹股的投资。如果市场的反弹经过了一两个平台后，部分行业或题材的大蓝筹股出现多次机构底部吸筹行为，且筹码高度集中，可开始对蓝筹股进行布局。

见底初期，投资者尚不能确认底部，所以当前炒作力度很大的热门概念，如果没有第一时间参与，就要予以规避，谨防市场再度反转下跌延续熊市，或遭遇大幅度洗盘。在过高的位置进场，一旦被套，等待周期会很长，所以这个阶段的首选是中盘优质股，比如下跌低价期间出现过明显放量上涨的机构增持行为，且前期或未来具有丰富炒作概念的个股，要优先投资，可在中证 500 中选择，此类企业市场活跃时具备一定的爆发性，市场疲软时也不会急涨急跌。

当大盘上涨告一段落（并非反转下跌）时，市场开始横向运行准备进行下一波攻势。在这个阶段，大蓝筹股自然不会有波动，而多数二线蓝筹股也处于振荡阶段，经历了前一轮上涨，机构会锁定部分盈利，制造购买低价筹码的条件。部分前期滞涨且蓄势充分的二线蓝筹股会进行力度较大的补涨行情。所以此时若市场波动较小，投资者可用少量仓位参与小微盘股的交易。因为这类个股往往是游资参与较多，这类机构不会对企业进行调研和基本面的深入研究，只要价位低，筹码分散，炒作空间充分，就会进行短线突击。投资者切记不可追高此类个股，一日游行情较多，只能提前布局。

熟悉了熊市行情中机构抄底的一些特点，可以知道风险一定是大于收益的，即便我们发现了一些底部信号，也不能过于激进地抄底，要三思而后行（思危、思退、思变）。想要做到这一点，就要多观察，再投石问路。用不大于一成的仓位浅尝辄止，随着企稳见底的信号逐渐明确，根据具体情况顺势加仓，其实机构投资也是如此。许多投资者认为底部就需要用金字塔的方式建仓，这是错误的。如果低位便大量建仓，判断准确自然会获得丰厚收益，但如果并非底部，市场继续杀跌，投资者可能就没有充分的增量资金补仓了，即便少量补仓，也无法有效降低持仓成本，一来会大幅亏损，长期被套，二来底部真正来临时，错过机会损失收益。

倒金字塔的抄底布局方式更是不可取，低价筹码少，反而高位打满仓位。前期股价涨幅虽大，但是账户整体利润很低，反而股价越高越加码，一旦高位套牢，轻则获利回吐，重则伤及本金，被市场套牢。所以抄底的仓位配置，要两头轻中间重，即底部初期确认时逐渐建仓至两成仓位，底部明确且持仓个股到达机构关键运作周期时加码至 5 到 7 成，加速时最后追加一次仓位，九成仓位封顶。记住，面对任何行情以及个股，永远不要孤注一掷。

第三节　机构在振荡市的交易策略

A股市场中多数是振荡行情。市场振荡阶段，不同类型的投资机构的运作模式，以及基金管理方式也有不同的策略。所以想把握住振荡市中各类投资机构的操作特点，跟随符合当前市场情况的"庄"，就要了解各类机构的特点。

一、机构的特点

1. 公募基金

公募基金，由于投资者可以随时进行申购与赎回，规模并不固定，而且要定期披露相关信息，对上市企业股票的投资数量有严格的规定，所以限制较多。当前在我国基金市场，公募基金是普遍的资金募集形式，对企业的间接融资起到了巨大作用。但是由于其流动性较大，所以并不利于长期投资。

当市场向好时，基金的募集比较顺利，规模增长明显，融资市场体量增加，会有效地推动市场的上涨力度。相反，一旦市场发生系统性风险，或出现其他因素的见顶信号，基金就会出现大量赎回行为。而公募基金必须通过抛售股票的方式，支付委托人的本金与收益分配。基金的经营宗旨是"客户至上"，一切以委托人的利益为先。所以当公募基金的管理人认为市场存在潜在风险时，会第一时间获利了结，保证委托人的利益最大化。

所以为了委托人的收益最大化，在获利了结时，就要早于其他机构以及个人投资者卖出。公募基金通常规模较大，持仓的上市企业数量较多，根据规定，单一股票持仓量不得超过10%或基金规模资金的10%，所以投资比较分散。还会有不同管理人管理着不同的基金，而持仓的是同一家企业股票的情况，为了保证每一个基金的委托人利益，需要协同减持，所以出货周期较长。而且要提前减持，避免其他机构率先减持导致市场跌幅较大，散户开始恐慌抛售，这时基民如果集中开始赎回，基金公司就会格外被动。所以目前公募基金的一大特点就是，不利于价值投资以及股市长期的牛市发展。

公募基金的类型很多，按投资标的的不同可以分为：证券类基金、债券型基金、货币基金、衍生品基金。本书主要讲的是证券类基金。证券类基金根据投资风格的不同也有许多分类：偏股型基金、偏债型基金、股债平衡型基金、成长型基金、收入型基金以及专门投资基金的基金。每种类型的基金，投资偏好都不同，需要投资者关注。

如何判断一只股票中参与的基金属于哪一种类型呢？这个主要有两种辨别方式：第一，根据机构选个股；第二，根据个股看机构。每一种基金会有相应的类型介绍，在基金网站中可以详细查阅，另外也可以通过基金公司定期披露的报表，根据投资标的确认其投资风格。在股票的看盘软件中按 F10 键查看基本面资料，查阅前 10 大股东，里面会有持仓机构的名称。

如图 3-2 所示，通过主力持仓信息，可以看到各持仓机构的类型，有些基金公司的名字会直接体现出类型，有些比较模糊的基金可以通过网站查询。

中科曙光 603019

最新动态 公司资料 股东研究 经营分析 股本结构 资本运作 盈利预测

新闻公告 概念题材 主力持仓 财务分析 分红融资 公司大事 行业对比

机构持股汇总 机构持仓明细 IPO获配机构

万家品质生活A	基金	565.13万	2.23亿	0.39%	↓-91.27万	6130/7721(不佳)
万家新兴蓝筹	基金	402.88万	1.59亿	0.28%	↑69.40万	3544/7721(良好)
民生加银成长优选股票	基金	380.00万	1.50亿	0.26%	↑30.00万	1014/3395(良好)
易方达中证人工智能主题ETF	基金	377.44万	1.49亿	0.26%	↑32.54万	960/3395(良好)
宏利转型机遇股票A	基金	368.71万	1.46亿	0.25%	↑62.45万	2795/3395(不佳)
诺安积极回报混合A	基金	363.72万	1.44亿	0.25%	↓-80.53万	6384/7721(不佳)
万家臻选混合	基金	350.10万	1.38亿	0.24%	↑105.14万	3658/7721(良好)
民生加银策略精选混合A	基金	280.00万	1.11亿	0.19%	↑30.00万	3802/7721(良好)
银河智联混合A	基金	250.00万	9872.50万	0.17%	新进	7076/7721(不佳)
中欧电子信息产业沪港深股票A	基金	234.58万	9263.37万	0.16%	新进	2681/3395(不佳)
万家价值优势一年持有期混合	基金	233.95万	9238.69万	0.16%	↑21.02万	4982/7721(一般)
计算机ETF	基金	208.02万	8214.58万	0.14%	↓-4.73万	2124/3395(一般)
国泰中证计算机主题ETF	基金	189.26万	7473.72万	0.13%	↑23.84万	2171/3395(一般)
富国中证大数据产业ETF	基金	181.78万	7178.68万	0.12%	↑8.31万	2761/3395(不佳)
融通中证云计算与大数据主题指数(LOF)A	基金	172.05万	6794.33万	0.12%	↑3.78万	1988/3395(一般)

图 3-2

下面介绍几种适合个人投资者关注以及跟投的基金类型。

（1）成长型基金。成长型基金的投资风格是比较注重上市公司的成长性，企业或行业具有比较好的发展前景，属于朝阳产业。既然是成长型企业，利润率必然很高，风险自然也会比较大，所以这类基金的净值变化幅度也很大，波动性很强。在证券基金中属于高风险高回报的类型。

成长型基金在选择投资标的时，会格外重视对企业的调研，如果没有一定的潜力与价值，基金公司是不会轻易投资的。投资者不确定哪些企业成长性更强，哪些发展更快时，可根据基金公司的持仓比例判断其偏好。成长型基金持有的股票一旦股价启动，爆发性与收益性较高，但是持续周期会比较短，如果投资者购买成长型基金持仓的股票，要严格做好风控，防止企业经营不善突然暴雷的风险。投资者可以将收益目标适当调高，出现机构减持行为应及时获利了结。

（2）收入型基金。收入型基金是证券型基金中比较稳健的类型，这类基金主要以追求基金当期收入为投资目标，投资目标不是具有潜力的成长股，而是绩优股以及债券。所投资的板块与行业也都为防守型，基金持有人主要以获得基金分配的利息与红利为主。现在许多投资者看淡了股海浮沉，变得非常佛系，更喜欢长期投资赚分红。

根据基金类型即投资风格的不同，投资者可以根据自己的投资需求选择投资哪一种基金所持仓的股票。大家都知道，如果想要完全控盘一只股票，就需要拿到这家企业40%到60%的流通筹码，但根据《证券投资基金运作管理办法》规定，一只基金持有同一只股票不得超过10%的基金资产，一个基金公司同一基金管理人管理的所有基金，持同一股票不得超过该股票市值的10%，公募基金持仓不得低于65%。该规定的主要目的是为了防止基金公司操纵股价，以及稳定股市，以防大起大落。

公募基金从来不涉及小微盘股，而投资的蓝筹股以及中盘优质股也都是经过专业研究以及实地调研后才会展开相应的投资。只要一家企业足够优秀，具备题材或潜在利好，就会让多个基金管理人自动达成默契，共同推动股价上涨。所以公募基金所投资的企业，往往都是长庄股，上涨的持续性以及累计涨幅都是不错的。

下面介绍一个判断基金公司持仓是否值得关注的小技巧。图3-3是中文在线（300364）年报中的前十大流通股持仓机构的数据。前十大持仓机构均为"新进"状态，三季度的时候还没有这些机构的身影，说明这些机构是近期才增持这只股票，并看好其未来的股价表现。

2023年报	2023三季报	2023中报	2023一季报	2022年报			
机构或基金名称			机构类型	持有数量(股)	持股市值(元)	占流通股比例	增减情况(股)
国联安优选行业混合			基金	192.36万	4949.40万	0.29%	新进
国联安科技动力股票			基金	178.19万	4584.83万	0.27%	新进
信澳成长精选混合A			基金	89.18万	2294.60万	0.14%	新进
国联安科创混合(LOF)			基金	69.74万	1794.41万	0.11%	新进
德邦福鑫灵活配置混合A			基金	25.00万	643.25万	0.04%	新进
德邦稳盈增长灵活配置混合A			基金	20.45万	526.18万	0.03%	新进
德邦科技创新一年定开混合			基金	20.00万	514.60万	0.03%	新进
兴银科技增长1个月滚动持有混合A			基金	17.26万	444.10万	0.03%	新进
国联安匠心科技1个月滚动持有混合			基金	12.87万	331.15万	0.02%	新进
嘉合睿金混合A			基金	7.14万	183.71万	0.01%	新进

图 3-3

另外前十大机构中，国联安基金管理有限公司独占四席，德邦基金管理有限公司占三席。这里就有很多问题值得我们思考，为什么一个基金管理人的多个基金产品会交叉投资，持仓同一家企业？至于投资这家企业的具体原因，我们不得而知，这是基金管理人的商业秘密。但可以肯定的一点是，基金管理人的投资目的是盈利，多个产品投资同一家企业，是为了让这家企业的股票为自己所有的基金产品都带来收益。基金管理人如此笃定一家企业，普通投资者是否要同行呢？事实也确实如此，2024年春节后，中文在线的表现始终处于跑赢市场的状态。随着科技股炒作情绪的增加，股价的上涨力度仍在增强。

但是也要注意一点，机构的持仓报告会在每个季度更新，不会出现在临时报告中。所以一旦发布公告，要第一时间关注，如果投资者发现机构增持或新进，但此时股价已经因为机构的入场而炒作较高，就不要继续追涨，与虎谋皮了。

2. 私募基金

目前我国证券投资市场私募基金的数量及规模也处于飞速发展阶段。私募基金由于准入门槛低一些，成为许多资本青睐的资金募集方式。私募基金的运作、监管等方面，相对公募基金更加灵活宽松，所以往往交易更加激进。但是私募基金对于参与者（基金份额持有人）的要求更高，按现行规定来看，投资者想要获得私募基金产品的购买资格，至少购买1份（100万元），且金融资产不低于300万元或最近三年个人平均收入不低于50万元，个人净资产不低于1000万元，这就将大多数投资者拒之门外了。最主要的是，私募基金募集投资者人数不得超过200人（200人以上为公募基金），这就极大地限制了私募基金的募集规模。

年化收益不错的老牌明星私募，整体规模会相对大一些。但目前私募产品数量众多，导致新进私募或历史年化较低的私募，整体的募集能力较差，规模较小，分化严重。作为一个机构投资者，若手上子弹不多，很难对股价形成控制力，或许还不如一个规模较大的游资。所以根据规模不同，私募基金的投资风格也不尽相同，如稳健型、激进型、灵活型。从投资风格划分可分为成长型、价值型、指数型、混合型、量化型，基本与公募类似。

在投资策略上，一来要看私募基金经理的投资风格，比如林园、但斌、李蓓的资产管理规模都在百亿元以上，投资风格比较传统、稳健，喜欢投资贵州茅台这种大市值蓝筹股或沪深300指数。规模在20亿元以下的基金经理如李育慧、杜可君等，投资风格相对激进些，投资偏向于中盘绩优股。由于私募的信息披露不完全公开，投资者很难看到他们的运作情况，不好追踪，所以只需要了解其风格即可。细心的投资者可根据私募的交易席位来判断，但这是一个较漫长的搜集过程，意义不是很大。

3. 国家队资金（养老金、社保金）

前面对国家队资金入市的意义进行了简单说明，此处主要讲一下国家队资金投资个股的影响。养老金、社保金入市，最主要的目的就是避险与稳定增值。既然提到了"稳定"，那所投资的企业就必然是在财务方面具有稳定性，在发展方面具有成长性，所以股价的波动自然不会特别剧烈，也不会具有较强的爆发性。所以追求稳健投资，以跑赢市场或主要以分红为主要盈利方式的投资者，可以多关注国家队资金持仓的企业。

2024年3月以来，上证指数在3000点附近反复振荡，未来方向模糊，很难判断。在一次直播中我向读者讲了一家攻守兼备的企业中材科技

（002080），这家企业的一个特点就是有大量国家队资金持仓。其中全国社保一一三、一一四组合以及基本养老基金八零二组合，都位于前十大机构持仓名单中，而且进入时间不超过一个季度，此时股价还没有明显上涨，依旧处于底部区域。我认为在市场不确定涨势及强度之前，跟随国家队资金进行保守型投资，符合我"进可投机，退可生息"的投资策略。在第二个交易日，中材科技逆势上涨，表现稳健且强势。

4. 外资与游资

外资和游资对市场的影响不大，这里放在一起说。首先来说外资，最近我在读者群跟读者提到过这个问题，不要相信外资砸盘或者拉盘的言论，目前境外资金对A股市场的影响很微弱。A股市场总市值中，法人股（企业持仓）占比最高，在45%左右，散户依旧是投融资市场的主力军，市值占比在30%左右。也就是说，A股市场依旧属于散户市场。公募和私募市值加在一起接近10%，境外资金占比在5%左右。所以从市值占比来看，境外资金想要影响A股市场的走势是很难的。

外资在A股市场的投资限制逐渐在放宽，但硬性条件不会放松。比如单一外资机构购买单只股票的流通市值不得超过10%，所有境外资金投资单只股票不得占流通市值的30%，目的是防止境外资金操控股价。按照国家引入境外资金的目标，是希望让A股市场逐渐向长期的价值投资方向发展，就必然会限制外资的短线炒作行为。很多境外资金的投资风格多以价值投资为主，所投资的企业多为未来具有较高成长性的企业，稳健型投资者可以重点关注。

游资因为运作的账户太多，资金规模不一，所以很难追踪。游资规模通常不大，主要以融资或配股形式达到对股价的操纵。我说过，游资最喜欢炒作小微盘股，也不会去进行调研，只要股价流通市值与自有资金相匹配，就会进场坐庄，股价往往爆发性很强，但如果游资开始出货，下跌会很猛，很多投资者被套在高位。

这里用许多文字介绍了主要的几类机构以及投资风格，在《股市投资100问》中我也有提到。之所以在此处再度提及，主要是为了让大家了解各类机构的投资风格与偏好，以便未来更好地判断操盘主力的行为，以及契合本节后面的内容。

二、机构的操作策略

话题回到本节内容，所谓股市的振荡行情，可以大概分为宽幅振荡阶段、低位平台阶段以及高位平台阶段。每一种振荡行情，机构的操作策略都会有所不同。

1. 宽幅振荡阶段

上证指数在 300 到 400 点振荡，可以称为宽幅振荡，如 2022 年 5 月到 2023 年 10 月。这个阶段因为缺乏重要的政策利好，国家经济相对平稳，所以指数很难走出更强劲的上涨行情，但也不会加速破位杀跌。此时市场波动规律性较强，只要不去追高大盘或追涨强势股，风险比较有限，所以对个人投资者来说是比较友好的。市场每一次回撤低位进行反弹，都会涌现出许多炒作题材和热点，个人投资者不论左侧还是右侧交易，都会有比较稳定的收益。

股市不会永远处于振荡周期，终究会在某个阶段展开向上或向下的单边行情，所以为了保证自己在振荡结束后的向上加速上涨中获得更多收益，以及在突然杀跌时降低投资损失，中长期配置一定比例的国家队资金或大型增长型公募基金持仓的蓝筹绩优股是必须要做的，不要将所有仓位都用来打短线，任何行情下都要做到攻守兼备。

大半的仓位可以分成两部分。

一部分仓位买入机构尚未展开炒作的中盘绩优股，以及价格区间比较明确的量化私募股和低价周期股。A 股市场大多时间都是区间振荡行情，单边的牛市和熊市并不多见。这个阶段也是各类机构的主要盈利阶段，尤其是第一到三季度，是政策最密集的阶段，也是各基金公司冲业绩的阶段。投资者可以大胆参与，主要就是跟着公募和大型私募等实力机构操作。

到了三季度末、四季度，消息面逐渐处于真空状态，基金公司开始逐渐锁定利润，热点概念的炒作会逐渐降温，不仅股价跌幅会扩大，股市整体也会进入振荡下跌状态。这时持仓的中长期大蓝筹股，若获利充分，可以适当减持。处于高位的优质中盘股清仓离场，尚未启动但主力也没出货的，若股价还没有触发补仓或止损信号，想必走势也会比较抗跌，可继续持仓，只要没有明确的高位放量下跌等机构出货的量价行为，都可以适当激进一些。

此时因为大盘仍处于振荡阶段，跌至下轨附近还会继续向上，所以此时的游资会比较活跃，依旧穿梭在各个未启动的小微盘股中反复拉升。此时投资者若想继续参与市场进行短线交易，可用另一部分少量仓位，参与滞涨且前期底部放量有明显机构建仓信号的小微盘股，等待游资补涨拉升。待指数回撤至振荡下轨，则继续把重心放在蓝筹股与中盘题材股的投资上。

2. 低位平台阶段

所谓低位平台，是大盘于底部企稳反弹后，在某一位置展开小区间（100点内）的窄幅振荡走势。这个阶段市场面临着几个问题。

（1）市场首次反弹，仍然比较恐慌，交易谨慎，后期发展具有不确定性。

（2）市场已经有一定幅度的反弹，一旦再度下跌具有一定空间。

（3）市场仅出现了一轮反弹，此时依旧处于相对低位，一旦突破，未来获利空间十分充足。

针对以上三个问题，各类投资机构的策略也必然有所不同。首先，国家队资金追求的是长期资本利得及股东权益，眼光长远，不会急于减持，所投资的企业股价表现也必然会比较稳定，即便是大盘向下回撤，也不会有太深的跌幅。而公募与私募基金，则是利用市场难得的稳定行情为自己创造最大的收益，一方面布局未来可持续性炒作题材及优质股，一方面到处编概念散播热点，让许多莫名其妙的题材突然爆起，成为当下热门，短期炒作过后快速离场。游资就更加疯狂了，虽然大盘滞涨，但是热点多，交易气氛比较活跃，游资都想利用难得的好行情赚一波大钱。所以每天都有大量的小微盘股突然暴涨，刺激散户的神经，迫使他们前去追高。

2024年2月底，上证指数由2635点涨至3000点后，开始滞涨。虽然指数还在不断刷新反弹高点，但力度与速度都明显减弱。尤其是到达3060点的技术压力后，波动更是进一步收窄，指数不断反复阴阳交错，既有突破迹象，又有回撤再破3000点的风险。

在这段时间，我在读者群与直播中反复强调应对策略，以及我个人当前的投资策略。首先控制仓位在三成左右，回撤有充分资金购买低价筹码，强势行情确认可以顺势增持扩大收益。在选股方面，一半仓位选择股价滞涨且国家队资金持仓的优质蓝筹股，另一半仓位购买机构底部筹码没有松动，股价尚未启动的小微盘股博补涨。当时中国中铁、科大讯飞、中材科技这些老读者们耳熟能详的蓝筹股与国家队持仓股后期都有明显的补涨及抗跌性。而华新新材、伟星新材等小微盘股也在短期内出现明显的补涨。那些被突然炒作的题材，在大盘回撤时跌幅最大，投资者一旦高位追涨，必将深套其中。

总结来说，低位平台阶段，在后市无法确定的情况下，最佳策略为左侧交易，以较低仓位布局优质蓝筹股以及小微盘股，这个阶段追涨热门概念与强势股是非常危险的行为。

3. 高位平台阶段

股市进入高位整理平台，说明之前市场在下方已经形成了一个或一个以上的平台。此时也说明有几个市场特征。

（1）股市已经有了相当大的反弹幅度，而A股市场走牛市的概率是比较低的，没有明确信号前追涨要谨慎。

（2）既然股市已经经历过两轮以上的上涨，说明市场人气活跃，看涨情绪必然进一步增加。

（3）经历过一定周期和幅度的反弹后，市场个股价格基本上也都有或多或少的上涨，此时想左侧交易捡便宜的机会很少。

此时机构投资者的持仓量已经很大了，手中的优质企业股票通常不会轻易出手，越是好股票，上涨过程中调整的幅度越小。此时的机构投资者和散户一样，一旦轻易出局，就很难低价接回，因为随时准备进场的机构也很多。除非是机构预测市场即将见顶，或者准备调仓炒作其他概念。前者可能性较大，后者可能性较小，因为此时只要有炒作价值的题材，基本涨幅都已经很高了，而且都有"重兵把守"，其他机构就算想入局也买不到足够的筹码。而游资依旧会寻找市场从启动以来涨幅滞后，且具有一点炒作题材的小微盘股，继续短线炒作。此时市场交易情绪高涨，散户交易积极，所以游资在小微盘股的短线炒作上力度也会加强，股价的上涨持续性和幅度也会更好。

对于普通投资者来说，高位平台阶段，最佳的策略只有两个字"捂股"。只要自己持有的股票，其企业没有发生经营风险，没有明显的庄家出货行为，不管是什么行业什么题材，尽量不要轻易换股。即便持有的股票价格涨势很弱，也要尽量持有，因为随时都可能有机构拉升补涨，也可能持仓机构因为没有吸筹充分而发起最终的冲刺。有太多投资者在市场强势时，总是想把握每一个市场热点，经常是"追的不涨，卖的涨"，市场上不错的一轮上涨行情全浪费了。这时候主要的仓位肯定还是要在趋势良好，主力机构底部筹码没有松动的大蓝筹股以及中盘优质股、概念股中。可以分出 1 到 2 成仓位，分成两份资金，在盘整阶段抢一抢筹码依旧处于底部堆积状态的小微盘股，争取利润最大化。

不论市场处于何种上涨振荡阶段，都说明此时大盘上涨陷入了瓶颈，此时主力机构开始谨慎，没有继续投入资金拉盘。投资者首先要判断，以当前市场的消息面，是否足以刺激市场扩大涨幅，突破振荡瓶颈。对于持仓的个股来说，获利较为充分且仓位较高的个股可以适当减持锁定利润，规避未知风险。严重滞涨未获得收益的个股，也不要补仓，更不要轻易换股，确定是否有机构增持和控盘机构同步低吸或向上增持。对于买入原则来说，市场横盘阶段切记追高，等待阴线买入。

振荡阶段不论整个市场还是个股，量价的变化都非常重要。一旦开始缩量，交易遇冷，尤其是中小微盘强势股短线会有较大跌幅。对于个股来说，不论投资者盈亏与否，只要没有主力资金大幅减持，放量下跌，即可持仓。如果机构减持量较大，不要有任何侥幸心理，一旦发现，及时卖出。

三、下跌趋势中的平台整理

在市场下跌趋势中，交易人气只会越来越差，如果没有重要的利好政策，指数只是暂时止跌企稳，随时都会再度展开新一轮下跌。我经常说，下跌趋势中不要轻易相信任何一次反弹与筑底。

当发现市场停止下跌，首先要确认以下三点。

第一，如果因为某种政策利好而止跌，应观察机构增持力度。若国家队资金以及公募基金出现明显增持，则后市向好。如果企稳过程放量不明显，机构增持不能持续，则继续保持谨慎态度。

第二，下跌企稳时若处于二三季度上涨后的下跌趋势，则持续时间较长，极有可能会进一步探底。如果企稳阶段已经处于一季度初，临近春节，市场整体位置较低，机构资金虽有增持，但持续性以及力度还不大，投资者可用一两成仓位低吸优质蓝筹股或中盘题材股。

第三，底部企稳阶段的量非常重要，下跌趋势刚刚结束，先不要急于追热点，抢收益。先判断市场稳定性，只要确保安全，赚钱的机会总会有。大金融等蓝筹行业、个股，有没有持续性的大资金增持，还是仅一日放量就不知所踪？市场整体的成交有没有稳步增长，还是时而放量时而缩量，特别不稳定？如果是各类机构展开低吸工作，市场底部成交的表现形式一定是先间接（多次）放量，后演变为温和放量，保持较高活跃性。

确认机构的持续增持行为，即便不确认后期是否会出现洗盘行情，但市场稳定性至少可以明确，此时投资者的低吸工作可以适当展开。但要切记一点，个人投资者应该耐心跟随机构的步伐进行投资，切勿追求抢在机构建仓前布局，因为我们的试错机会并不多。

第四节　机构的吸筹量

本节将讲解与个股相关的量价关系以及机构行为。从机构对个股的整个运作过程来看，主要有六个环节：建仓（吸筹）、洗盘、试盘、震仓、拉升与出货。至于前期机构的研究阶段，普通投资者也接触不到，不再赘述。不论机构在运作过程中运用什么手法进行交易，都绕不过这六个环节。

一、机构建仓时机

机构什么情况下会对一只股票展开吸筹建仓操作呢？

（1）企业突发性利好。

（2）未来即将公布利好：重组、高分配、新产品、优秀年报等。

（3）企业前期利好未被充分炒作。

（4）企业所属行业或概念将成为市场热门。

（5）股市即将企稳回暖，看好后市。

（6）（游资专属）市值匹配，且股价半年以上没有因其他机构炒作而暴涨，当前没有其他竞争机构大量持仓。

二、机构建仓环境及方式

多数机构会在市场即将向好前逐渐吸筹建仓，而许多投资者认为再差的股市环境也会有牛股，是因为有些企业确实存在重大利好，调研机构提前布局炒作，更多的则是游资的逆势拉升行为，但通常持续性和涨幅都很有限。

有些时候市场环境不佳，多数个股处于持续下跌状态，这时突然有个股逆势大涨，反而更容易吸引投资者的关注和追高。不过这时候庄家也知道市场还处于下跌趋势，对后市不看好，所以会利用有限的市场人气，高举高打然后快速出货，否则就会让散户捷足先登，为他人做嫁衣。

机构常用的建仓方式主要有以下几种。

1. 打压式建仓

之前说过，机构会在股价即将见底前建仓。是机构先建仓股价才会见底，而不是先出现底部才有机构建仓，这一点大家一定要搞清楚。在股价还处于下跌过程中，机构就已经开始少量吸筹了。但是随着机构的买入，股价必然会有所反弹，此时机构的建仓刚刚展开，持仓筹码还比较少，自然不能给散户营造一种下跌结束可以抄底的感觉。所以机构往往会在股价反弹之后，利用前期购买的筹码或者融券筹码集中卖出砸盘，导致股价再度爆发性下跌。一来可以让股价进一步探底，为后期买到更廉价的筹码做准备，二来可以利用股价新一轮下跌开启的假象，恐吓还在持仓的投资者，让其低价抛售。所以机构从开始建仓到最后出货，并不是每个阶段都是赚钱的。

打压式建仓最典型的量价关系很容易辨别，股价在下跌趋势中已经处于较低位置，且成交持续地量，突然某日股价出现力度较大的放量上涨甚至涨停，但后期并未延续多头强势状态，几个交易日后便再度拐头向下，继续缩量下跌，连续收阴并刷新低点。这时我们虽然发现了机构的建仓行为，但还不能参与交易。因为我们既不确定机构的建仓行为，更不确定机构会在哪一个价位上开始大规模建仓。这时可以一方面加入自选股，进一步观察机构后面的操盘行为，另一方面从年报以及其他可用途径寻找机构可能对股价炒作的原因。

2. 横盘与平台式建仓

股价跌至机构的目标价位，机构自然要展开大规模购买低价筹码的操作，一旦大量低吸，股价就会停止下跌并展开反弹。为了不引起散户大规模的跟风盘，机构通常会采取买多卖少、分散买入、集中卖出的方式，让股价处于低位横盘或重心小幅度抬高的走势。如果此时整个股市开始向好，其他个股表现强势，连续大涨，必然会有很多持仓者因为受不了股价长期横盘而斩仓换股，这样机构就可以用最少的成本买入更多的筹码。这也是我提示大家持仓的个股表现落后不要着急换股的原因，因为你想做的操作正是机构所希望的。

这种低位横盘的模式，往往在股市环境转暖或上涨的时候非常好用，我们经常看到很多股票在低位横盘几周、几个月甚至更长的时间，然后突然某日一飞冲天。很多机构资金比较充分，融资压力不大，不着急短期获利，更希望开张吃三年，一笔交易做足收益，所以为了爆发的几周，会用很长的周期来布局。

以上是针对游资和资金规模较小的私募而言的，而针对公募或规模较大的私募来说就不太适用了，因为这类机构持仓比例受限，竞争压力也比较大，所以看好企业就会在低位持续性大量吸筹，而股价自然会连续上涨，虽然也会集中卖出洗盘，但是成交量不大，下跌空间有限，股价整体依旧是上涨趋势。

此时机构掌握的筹码还不够，需要继续建仓，但是一直拉升股价会极大地增加建仓成本，所以必须构筑一个滞涨平台进行洗盘。这个时候机构会利用筹码集中的优势少量卖出，锁定部分利润，先让股价止住上涨势头，让散户变得谨慎不敢跟进。然后用时间换空间的方法继续以买多卖少或者根本就不进行交易的方式，让股价长期处于平台盘整走势。这时，散户看不到赚钱的机会，建仓欲望不强，持仓的散户也会因为长期赚不到钱，或者市场有许多亮眼热点而抛售离场。如果是中长线庄家，建仓千亿元级别的大蓝筹股，可能会在真正展开拉升前出现两三个这样的平台，而中线庄家建仓数百亿元的优质蓝筹股，至少也会有一两个这样的平台。

股价底部振荡或构筑平台的量价特征通常是"红肥绿瘦"，也就是上涨时力度较大，成交放量，下跌时虽然会连续几日，但累计幅度不大，依旧在振荡区间之内，且成交量往往是明显萎缩状态。机构吸筹时往往买多卖少，所以股价的重心会不断向上移动，在整个横向运动中，股价偶尔跌破下轨或突破上轨，但都难以持续，通常会在3个交易日内回到振荡区间之内，目的就是洗出那些在区间内投机做波段的散户。

股价在振荡和构筑平台阶段，是左侧投资者率先展开交易的阶段，此时若操作得当，可以买到低价筹码，为后期拉升创造更大的获利空间。投资者在建仓时首先不要在底部或平台刚刚构筑时进场，一来股价不稳，二来持仓时间会延长。另外，我们可能会错误判断机构建仓，遇到先拉升后砸盘的建仓方式，所以要等待底部或平台运行至少两周以上，在股价下跌至振荡以及平台下轨附近于阴线处买入。

止损的设置非常有必要，虽然确认了机构的建仓，但对于机构会在接下来哪一个价位或时间进行洗盘，我们不得而知。止损的设置是防止我们刚进场便遇到机构较大力度的洗盘，因为许多时候机构的洗盘幅度都会超过10%。我们购买的时机是平台底部，成本较低，止损设置为5%到8%即可。

3. 先拉升后砸盘式建仓

有时候机构的建仓操之过急，或者市场反弹比较强势，导致机构在建仓中出现了较多散户跟风盘，但此时机构筹码不多，控盘力度不够，就会采取先拉升后砸盘的交易方式。机构的目的很简单，反弹后砸盘可以锁定部分低价筹码带来的短期利润。通过连续的抛售导致股价连续杀跌，会让散户误以为上涨结束，主力出货，从而斩仓出局，而机构可以在股价低位重新开始新一轮低吸。这种建仓方式，主要是小型私募以及游资使用的比较多。如果是市值较大的蓝筹股或中盘概念股、绩优股，一旦机构抛售，可能筹码就会被其他对手全部接回。

这种建仓方式在量价方面的表现是，股价的上涨幅度不会太大，一般来说在10%到20%之间，不过也要看当前的股市人气，总之机构不会让跟风散户获得太多短线收益。在上涨过程中会突然出现放量下跌走势，后面虽然股价继续下跌，但成交开始大幅缩量。上涨后的调整力度通常比较大，甚至会为了制造恐慌，跌破起涨前的低点，技术形态上会出现双重底甚至三重底形态。但只要下跌后重新上涨，就一定会出现放量大阳线。

所以前面我强调，投资者在发现机构建仓后，一定要多次确认，不要追高，即便形成平台，也要在一段时间后逢低买入。其实一只股票的上涨，投资者很容易判断出机构的建仓是否充分，底部筹码是否密集。所有前期没有经过充分吸筹的机构拉升行为，都难以持续，即便是整个股市开始上涨，股价的表现也是一样的，除非有突如其来的重大利好。

4. 持续拉升式建仓

拉升式建仓其实比较普遍，不论是大型机构还是小型私募游资，都会用到。机构持续增持，使得股价振荡或快速反弹。这种持续增持的建仓方式，通常前期机构会大量买入低价筹码，所以量价齐升比较明显，越到后期力度越弱，逼空行为明显，而且会在关键技术压力或价格关卡进行暂时性洗盘。

采用这种建仓方式的主要原因有二：第一，股市或个股传出重大利好，机构没有太充分的时间购买大量低价筹码；第二，虽然建仓时有较多散户跟风，但机构不想放弃筹码，这主要针对规模较大的投资机构而言。

在量价方面的表现可以分为上涨前期与中后期。上涨前期，股价放量上涨，力度很强，或连续放量大涨，或直接拉至涨停。由于股价突然走强，必然会吸引散户关注，所以中后期机构的建仓力度开始减弱，会出现明显的价涨量缩的情况。由于股价刚刚筑底反弹，所以上方必然面临诸多重要的技术压力，如黄金分割线、30日均线、60日均线、周均线等。一旦遇到这些关键压力，机构也会适当卖出筹码，锁定部分收益，以刺激股价受阻回落，营造压力有效即将反转等空头信号。

投资者在遇到这种建仓方式时，如果此时市场环境安全，股价低位放量上涨，庄家吸筹力度较强，且此时距离上方关键技术压力还有比较充分的获利空间，可以少量参与。但是如果此时股价已经逼近压力位，又无法确定能否突破的情况下，要继续耐心等待机会。当股价涨至关键压力，有明显受阻回落的情况，可能是机构准备在此处暂时抛售部分获利筹码，准备进行一波洗盘。如果股价受阻，虽然暂时未能突破，但跌幅也比较有限，可能是庄家在此处正暗中吸纳技术派散户的抛盘，一旦吸筹充分，会再度展开拉升行情。如果遇到技术压力直接放量突破，那就很有可能说明机构筹码充分，准备开始拉升了，投资者虽然可以适当跟进，但要控制仓位，设好止损，防止被诱多。

三、机构建仓周期及数量

机构建仓没有固定的周期，会根据市场环境，结合投资标的，提前进行规划。排除市场因素，个股炒作题材的爆发周期以及流通市值，是主要影响建仓周期的因素。其次就是投资风格，机构是想长期控制股价做大收益，还是中线炒作题材概念，或是短线突击小微盘股，都会决定建仓难度以及建仓周期。

中大盘蓝筹股往往是公募基金等大资金参与投资，因为公募基金在运作方面有诸多限制，所以建仓周期反而要短一些，因为他们不需要购买特别高比例的流通筹码。市场一旦回暖，或企业未来有较强的增长趋势，会有多个基金管理人以及多个基金品种同时或相继建仓，所以底仓建仓周期不长，往往3到6个月即可完成。一般公募基金管理人不会持有超过一家企业5%的市值，因为一旦超过就会触发举牌机制，会暴露自己的意图。但是如果此时股价位置够低，或者坚决看好企业未来的成长，也会持股达到10%的市值上限。

对于监管相对宽松、交易更加灵活的投资机构来说，往往是独立控盘，这样一来，建仓的周期会相对较长。对于强庄来说，要在一只股票中获得长期且充足的利润，则需要拿到上市企业40%到60%的流通市值。想要获得充分筹码，有足够的控盘度，建仓周期必然很久，很多时候建仓周期在半年甚至一年以上。所以投资者常说"横有多长，竖有多高"，也是有几分道理的。

对于想炒作一波中线题材或利好行情的机构来说，至少也要拿到25%到40%的筹码，建仓周期一般不会超过1年。游资即使只炒作短线爆发行情，也要拿到企业不低于10%的流通筹码。至于吸筹周期则非常短，因为提前吸筹少量仓位也没有意义，这类小型机构资金有限，打的就是出其不意，所以一旦决定狙击哪家企业，就会集中资金直接抢筹拉股价。对于大型投资机构来说，每次投资标的具体拿多少筹码，要结合上市企业的具体情况，以及是否有其他竞争对手和对手持有的仓位比例而定。

四、建仓结束信号与交易要点

没有任何一个局外人可以判断出庄家对一只股票的建仓时间。投资者只能通过机构开始建仓后的量价表现以及其他盘口信号来判断建仓进程，所以必然会存在较大的误判概率。对于普通投资者来说，可以通过两个显而易见的信号来判断庄家的建仓是否接近尾声。

（1）该涨不涨，该跌不跌，走势独立。当庄家吸筹比较充分，就会对股价展开强势控盘。投资者会发现股价的表现比较独立，比如大盘下跌，而该股上涨或微跌；大盘大幅上涨，该股反而逆势下跌或表现非常落后。"看涨信号不涨，看跌信号不跌"，这是机构控盘度已经非常高的信号，既然控盘度达标，那距离下一阶段的操盘周期也不远了。

（2）股价大涨或者涨停，已经没有放量情况了，因为大多数筹码都在机构手中，所以不需要调用太多资金买入，就可以将股价推上去。

投资者若在机构建仓时跟庄，要考虑好自己是否愿意与庄共进退，打持久战，想机构买完就拉升的短线投机客，肯定不适合在这个阶段进场。如果准备进行左侧交易，只要注意不追高、不获利就跑，严格设置止损，做好股价下跌后的撤离或补仓规划，合理安排资金投入，基本可以做到万无一失。

下面用建科院（300675）的实盘交易案例，来总结机构的建仓行为与交易事项，如图3-4所示。

2021年5月，建科院止跌后出现了明显的机构吸筹行为，股价连续收阳，有两个交易日更是放量上涨。由于股价的趋势反转，均线系统形成多头排列，所以此时散户跟风盘比较多，机构自然不会让散户和自己抢低价筹码。于是，7月16日和7月19日股价开盘直接放量下跌，两个交易日跌幅超过10%，随后股价继续保持下跌，本次洗盘幅度超过20%。我反复强调，机构首次建仓，如果股价已经启动且涨幅较高，追高一定要谨慎，而且止损要严格。

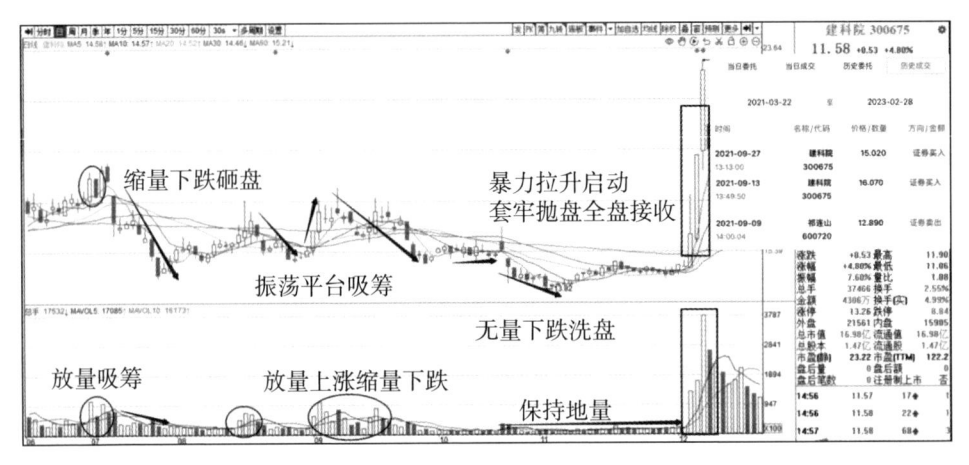

图 3-4

随着卖盘量能的持续减弱，股价逐渐见底反弹，并开启了长达 3 个月的底部振荡走势。振荡过程中股价并未刷新低点，但也没有突破前期高点。振荡过程中阳线多而阴线少，上涨时总是放量，下跌时总是缩量。正是因为看中这一点，我在 9 月 13 日首次建仓建科院，但是机构并没有直接启动主升行情，而是开始洗盘。9 月 24 日和 27 日两个交易日，股价再度杀跌，其中有小幅放量，不过呈减弱趋势，与 7 月 16 日和 19 日有异曲同工之处。于是我在 9 月 27 日最低价处进行了第一次增持交易，但股价盘整过后进一步下跌，并且创下了近 9 个月以来的新低。

从这一轮振荡行情与两轮低位平台来看，都有一个相似之处，那就是上涨的时候放量明显，下跌多为缩量，仅有跌破平台的两个交易日有所放量，但很快就缩量止跌。而当时低位筹码逐渐集中，但股价并没有特别亮眼的表现，不至于吸引大量投资者参与抢筹，所以机构吸筹行为已经昭然若揭，持续打压股价，就是为了拿到更多低价筹码，为主升阶段创造更大的收益。12 月 3 日，建科院的主升行情终于还是启动了，直接拉升股价，将前期的套牢盘全部吃掉，连续三个交易日暴力拉升，涨幅超过 55%。

整个底部的运作时间超过了半年，这和机构的操盘策略有关系，先做波段降低持仓成本，然后反复吸筹洗盘，很明显机构对建科院的操作不是很急。不管怎样，我的这一次左侧交易算是有惊无险地完成了，虽然其中也有许多波折，持仓周期也比较久，但是发现机构行为坚定持仓，也是对控盘机构的

第三章 机构面的量

一种认可。

庄家在对建科院的操盘中，先后使用了先拉升后砸盘的建仓方法、振荡建仓法与平台建仓法。机构在建仓过程中，通常不会只用一种方式，尤其是非公募基金。

在建仓过程中投资者最大的风险有两个。

（1）持仓周期风险。如果投资者介入过早，会让自己的持仓时间延长，从而影响心态，做出错误的决定。另外也会占用资金，错过其他场内可以盈利的机会。

（2）机构洗盘风险。多数机构在启动拉升行情前会进行洗盘，但也不是所有机构拉升前都会洗盘，这取决于此时散户的持仓量。如果即将启动拉升行情前，短线散户已经离场，机构吸筹充分，利好即将公布，机构可能不会洗盘，而是直接展开拉升。这一点散户是很难确定的，如果建仓位置不太好，且机构洗盘力度比较大，散户容易倒在黎明之前。

针对这两种主要风险，其实也不难应对，只要投资者做到轻仓布局，制订好股价回撤时的止损或者补仓计划，就可以极大地避免这些风险。

既然机构已经建仓，那么启动拉升行情就是早晚的事，我们只要保持关注，就不会踏空行情。比如2024年春节后首轮上涨接近结束时，我进行了清仓操作，随后指数保持在3000点上方运行，我也看好了几家未来有潜力且机构有建仓尚未启动主升的个股，但我既不确定市场是否持续强势，也不确认机构是否会逆势走强，所以我只用3成仓位布局了两家企业。当时我的计划是回撤到2910点时，在低位加大购买力度，或市场重新放量开始二次拉高时顺势加仓。接下来股价均有不同程度的上涨，不过还是抵挡不住大盘下跌带来的拖累。这时市场上许多投资者都很紧张，因为许多持续看好市场的投资者皆已重仓甚至满仓。我只有三成仓位，再加上股票比较抗跌，机构护盘力度较强，所以对账户的整体影响微乎其微。

如果股市进一步下跌，轻仓的投资者就会有很充分的低吸资金，一旦市场重新上涨，利润将是丰厚的，而重仓的投资者还在期待着早日解套。

第五节　机构洗盘与震仓

本节对机构的洗盘与震仓行为进行讲解。洗盘与震仓有相似之处也有不同，对于投资者来说，震仓较容易规避。

洗盘和震仓是投资者非常不喜欢的机构操盘行为，明明自己选择的个股非常有潜力，但还是被控盘主力诱导性卖出，只能眼睁睁地看着卖出的股票突然有一天开始大涨，曾经的亏损还历历在目，所以不敢轻易追高，到手的牛股和利润最终都化作了梦幻泡影。

洗盘与震仓都会将持股不坚定的散户或者说不稳定筹码清理出场。不同的是二者运作的阶段，洗盘往往出现在机构的建仓期，而震仓多出现在股价的拉升期。另外，洗盘的目的要更复杂一些，主要包括以下几种因素。

1. 配合大势

当股市下跌或主力机构认为市场的下跌会有较大幅度或持续性时，会顺势打压股价，迫使散户进行恐慌性抛盘。如果市场下跌，机构托盘，散户就会认为抗跌性强，可能不仅不会抛售，反而还会增持，这是主力不想看到的局面。

2. 创造低吸机会

如果机构持续吸筹，股价必然会出现持续性上涨，而机构接下来若继续吸筹，必将以更高的价格购买，所以机构必须主动卖出，以筹码集中优势压低股价，为自己创造低价买入的机会。

3. 清洗浮筹

机构持仓的筹码可以称为稳定筹码，散户持仓的筹码为浮动筹码。机构的筹码没有达到既定目标前不会轻易放弃，但是散户的浮动筹码具有很大的不确定性，涨跌都容易流动。如果机构在拉升过程中，浮动筹码皆获得利润，然后全部逢高卖出，必然会给庄家的拉升带来影响和压力，也会提高整体的操盘成本。但是庄家又不可能把所有筹码都买到自己手中，所以就会用洗盘的方式，让持股不坚定的散户离场，看好后市的人进场。

4. 降低持仓成本

机构都想以最低的价格买到更多筹码，让平均成本到达较低位置，这样在拉升过程中才会有更大的收益，即便市场出现预料之外的风险，需要降低拉升目标，也可以保证自己获得充足的利润。所以每次主力机构在吸筹过程中，都会有部分筹码是在低价建仓的，当股价上涨后会获得一定的利润。机构高位卖出低价筹码获得资本利得，并导致股价下跌，当跌至关键位置会重新低价买入，反复多次，整体的持仓成本会明显下降，手中的筹码也会更加充实。

5. 调整机构持仓结构

资金规模稍大一些的投资机构，通常不会只运作一只股票，所以有限的资金布局在多只股票的话，资金优势会被分散，如果资金规模不是特别庞大，是难以同时进行拉升的。所以机构会将已经建仓且有一定涨幅的股票，高位抛售锁定利润，打压股价起到洗盘效果。然后用离场资金对其他处于低位的股票进行建仓，再度提高股票价格，最终哪一只股票运作充分或即将到达拉升周期，则会集中资金优势对其展开拉升。

一、洗盘方式及量价特征

机构洗盘的方式有很多种，任何一种都会让投资者错误判断形势，惜售离场。下面主要介绍几种投资者比较容易辨别的洗盘方式，如果碰到没见过的洗盘方式，最好直接出局。做交易，尤其是跟庄，就要去跟那些自己比较熟悉的庄家，才能做到知己知彼，提高交易的成功率。

1. 顺势洗盘

前面讲到过，一旦庄家看空后市，即便已经有了部分仓位，依旧不会贸然展开拉升行情，反而会在股市调整阶段集中卖出砸盘，既可以制造恐慌情绪，又可以降低自身操盘成本，一举多得。想要规避庄家的顺势洗盘，首先要对股市的未来发展做出判断，从而决定是否参与市场交易。

比如 2024 年春节前一个月，我很看好两家企业，都是 200 亿元流通市值的中盘股，而且机构前期建仓行为明显。但观察了一段时间后发现，股价始终未能展开预期的上涨行情，反而逆势下跌，当时我就在想：是否控盘主力认为接下来大盘会跌呢？果然没过一周的时间，大盘开启下跌走势。因此我们可以通过机构对个股的运作态度来判断整个股市的后期表现。

如果无法判断市场是否会下跌，以及下跌力度，最简单的方法就是设好止损，即便并非因为大盘的原因导致股价下跌，只要到止损线还是要离场。洗盘的最大特征就是股价该涨不涨反而下跌，不过一般因为大盘下跌的顺势洗盘行为，是不会放量的，而是会持续缩量阴跌。一旦股市企稳，个股出现放量上涨明显的机构增持行为，投资者即可再度进场建仓。

2. 打压洗盘

这种洗盘方式是机构常用的手段，中盘绩优股、概念股洗盘力度稍微弱一些，小微盘股、绩差股洗盘力度往往比较大，而大盘蓝筹股通常不会采取这样的洗盘方式。题材股、小微盘股向来都是短线投机散户的最爱，一旦获利，散户会毫不犹豫地离场。以投机为目的的散户，也是机构主要针对的目标。

既然是打压洗盘，不论当时整个股市的表现如何，股价必然会持续下跌，甚至是大幅快速下跌。如果是绩优中盘股，通常有公募以及阳光私募或券商坐镇，受欢迎程度较高，虽然也会洗盘打压股价，但是卖出量不会太大，跌幅也比较有限。打压洗盘主要针对的是绩差股，这些股票盘子很小，业绩又差，没有其他机构参与。一些市场热门概念的中小盘股，如果没有其他机构和自己抢筹，也会被机构打压洗盘。

打压洗盘的目的，就是庄家想要在短期内快速制造恐慌情绪，所以股价的下跌方式往往力度较大，大阴线甚至是跌停洗盘。所以成交量必然是放大状态，不过最多持续1到3个交易日，而且放量情况呈逐渐减弱趋势。这种洗盘多出现在机构试盘或即将展开主升之前，机构可以快速清理短线投机者，实现低位吸筹。

股价毫无征兆地快速杀跌，会让大多数投资者措手不及，在低位补仓、持仓硬扛、斩仓之间犹豫不决。大多数散户的仓位管理是非常不科学的，有的首次建仓即重仓，有的小幅亏损补仓，有的资金比较分散，没有资金补仓。

所以往往洗盘过程尚未结束，散户就已经弹尽粮绝。谨慎一些的第一天洗盘就已经出逃，而犹豫不决的散户必然被深套。

一旦股价跌至庄家的目标价位，即开始低位吸筹，将散户低价抛售的筹码照单全收。此时还在持仓的散户主要分为三类：第一类是逆势建仓看好后市的；第二类是等待解套卖出的；第三类是誓与机构共存亡的。此时机构会根据散户结构数量以及自身筹码控盘度来决定展开主升还是低吸，之后展开下一轮洗盘。

云天化（600096）经历了9个月累计跌幅50%的下跌行情，终于在2022年1月28日止跌企稳，随后机构采取连续建仓的方式，将股价推高，然后展开阶段性的振荡行情。在整个上涨和振荡过程中，阳线数量明显更多，且多为放量上涨，符合前面讲到的机构建仓信号。

我在3月31日股价调整收实体阴线时逢低买入，随后股价连续小阳线上涨。但此时我感受到了一些风险，首先股价始终保持上涨，机构底部吸筹必然不充分，而且一直没有出现过力度较大的洗盘。其次经过两轮上涨，机构已经有了较高收益，随时可能进行阶段性的获利减持，而且此时机构的低价筹码开始松动，筹码主峰向上汇集。4月7日盘中股价继续上涨，但出现了分时图逐波缩量上涨的短线诱多信号，所以我决定卖出。卖出后不久，也就是4月20日，机构果然开启了洗盘行情，连续5个交易日的急速下跌洗盘行情，跌幅超过30%，如图3-5所示。

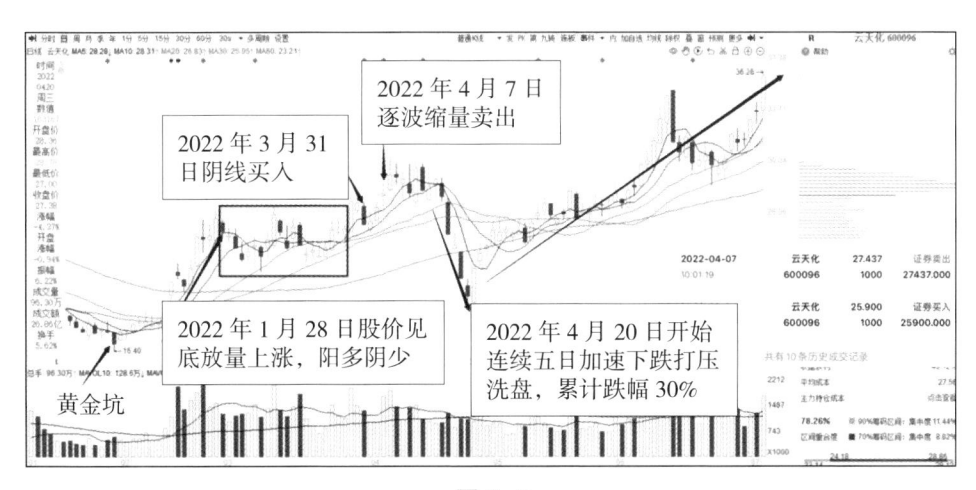

图3-5

这一笔交易如果我没有及时离场，结果必然就是止损，因为洗盘的力度太大了。如果说我卖出的原因，一部分是我对风险的嗅觉，另一部分就是我对机构操盘的了解以及及时发现了股价高位筹码堆积的信号。在这 5 个交易日的加速下跌中，出现了两个跌停板，任耐心再好的散户恐怕也很难承受这样的下跌力度。可以发现，股价在洗盘初期并没有明显放量，也就是说机构并没有大量抛售。经过前期几个月的运作，累计涨幅并不大，此时市场环境也并不差，机构在没有真正展开拉升行情前便持续砸盘，其实是没有任何利润的。所以唯一的解释就是打压洗盘。这笔交易也很可惜，逃过一劫后，我并没有继续关注，错过了后面超过 80% 的主升行情。

机构洗盘的力度经常是很大的，和震仓相比，幅度至少在 2 倍以上。所以投资者在建仓期间进场，一定要合理分配好仓位，做好风险控制，即便明知是洗盘，只要股价跌穿止损线，都应该暂时离场，等待洗盘结束。

3.关键价位洗盘

这是所有类型的机构都经常使用的洗盘方法。例如，当股价上涨至关键技术压力或前期高位平台，机构集中卖出导致股价突破失败放量下跌，误导散户认为压力有效，股价即将下跌。股价连续回调至关键技术支撑或低位平台支撑，机构集中卖出，使股价跌穿破位，让散户认为股价即将破位加速下跌。

公募等资金规模较大的投资机构，会采用关键价位洗盘与振荡洗盘相结合的方式，在关键压力位置横盘，或者会少量卖出刺激股价下跌，在盘口挂巨额卖单恐吓散户离场。而中小型私募、游资会采取关键价位洗盘结合拉升洗盘的方式，在股价到达关键压力后集中抛盘，刺激股价急速下跌。

机构对中大盘股，通常采取缩量阴跌的洗盘形式，主要还是让散户自己失去持仓的耐心，对后市上涨行情失去信心。对小微盘股则比较凶狠，会以较大的力度抛售，股价放量下跌，让散户对压力或者跌破支撑的有效性深信不疑，恐慌性出逃，股价跌速跌幅较强，散户来不及静下心来思考，往往会做出不理智的选择。即便散户选择继续持仓，也会对起跌点的压力深信不疑，当价格再度反弹至起跌点的时候，大概率也会逢高出局。

交建股份（603815）持续了 2 个月的低位振荡，而且当时流通市值只有

50 亿元，从时间来看，我认为机构建仓基本成熟，因此我一直在寻找机会进场。2022 年 1 月 5 日，股价突然放量下跌，我认为这是一个低吸的好机会。当时高位浮筹基本已经被洗光，全部集中在当前价格区域，我在此价位买入，如图 3-6 所示。大家可能发现，很多交易我都是等待阴线时才买入，希望读者也能养成这样的习惯。买入后股价短期确实有所上涨，但是我要的是跟随机构做主升。

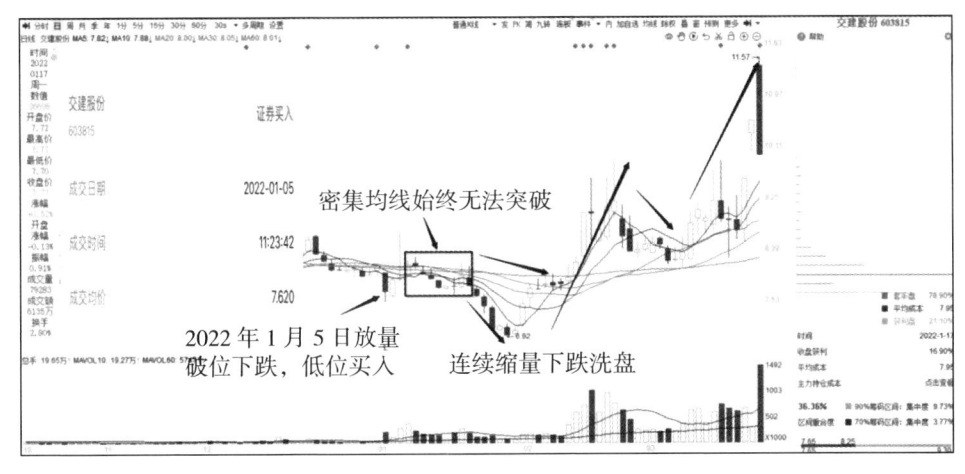

图 3-6

此时均线系统处于黏合状态，尚未形成多头排列，密集的均线也对股价形成了较强的压制，机构也没有主动进行突破。但是这样是不足以让跟庄者放弃筹码的，1 月 20 日当股价再一次受到均线压力突破失败后，开启了连续阴跌行情。虽然每日下跌力度不大，但累计跌幅达到了 10%。这个幅度的洗盘其实很令人头疼，虽然我的进场位置比较低，但最大亏损也达到了 8%，刚好是止损线。正当我考虑是否补仓时，股价也止跌企稳了。

当股价再一次反弹至上方密集均线压力位置时，再次滞涨。经过前期多次受阻回落，持仓散户已经对此处的压力深信不疑。而这一次股价受阻后，机构并没有再度洗盘，而是直接吃掉所有散户抛盘，展开拉升行情。本次机构的洗盘结合了关键价位洗盘与打压洗盘，从筹码分布情况来看，几乎所有的筹码都汇集到了一处，上方几乎没有太大的筹码集中区域，所以后期的拉升也十分顺利。在洗盘的过程中，我们依旧可以发现，股价的下跌没有太大的卖盘出现。

既然是建仓期间洗盘，尤其是中后期，机构怎么可能舍得把来之不易的筹码大量抛向市场，这会极大地延长操盘周期，增加运作成本。

4. 平台式洗盘

此方式常用于大资金的投资机构在中大盘股中的运作，游资对小微盘股的操盘使用不多，通常会采取比较凶狠的洗盘方式。大资金机构投资于优质蓝筹股或中盘题材股，既要面临其他基金公司的抢筹，又要面临小型机构以及散户的跟风，筹码来之不易，所以不会用抛售的方式去洗盘，但又不想让太多散户参与到建仓环节和拉升环节，就只能不进行买卖，然后利用盘口压盘，让股价处于长期的窄幅整理行情。

这种洗盘方式时间很久，但是对大型机构来说影响不大。而对资金较小，追求短期快速增值的散户来说，就很难接受了，只要股价一段时间没有起色，而整个股市又比较活跃，热点、牛股层出不穷，散户自己就卖出了。而小型机构资金实力不足，不敢让股价在建仓周期涨太多，提高操盘成本，所以会采取横盘的方式，高抛低吸降低持仓成本，慢慢吸筹。区间振荡期间，会虚假性地突破诱多，卖出自己的低价筹码，也会偶尔使股价破位，迫使投机者止损，将筹码低价卖给自己。在主升前还会结合打压洗盘，将那些做波段的投机散户清洗掉，然后展开主升行情。

这种洗盘方式很好辨别，不论是股价低位，还是上涨中枢的洗盘平台，或是区间保持固定，或是底部小幅抬高，阳线多而阴线少。不论向上突破还是向下破位，都无法持续，最多一两个交易日，破位后很快又会回到平台区间内。整体成交比较平稳，如果持续地量，则说明机构的吸筹工作接近尾声。另外就是筹码情况，如果底部振荡期间筹码持续集中，筹码峰较大，接下来庄家可能会直接展开拉升行情或进行一轮洗盘再开启拉升。上涨中枢的盘整，要关注下方庄家的低价筹码是否出现明显松动。如果机构把底部筹码都变现了，那么投资者就要防止随时而来的拉高出货行情。

中材科技（002080）是我在 2024 年 3 月底开始关注的一家企业，关于基本面的问题不多表述，主要从机构面和量价关系来说明。这家企业的持仓机构实力不俗，有社保基金、养老基金、北向资金以及知名公募，完全可以保证股价的稳定性。

中材科技的股价从 45 元一路跌至 12.26 元，直到 2024 年 2 月 6 日，开始随着 A 股市场的反弹而企稳。从 2 月至 4 月中旬，股价更多的是进行横向振荡运行。虽然整体涨幅略跑赢大盘，但算不上强势。我们可以从盘整的过程发现，股价上涨时经常出现较明显的放量（机构增持），而下跌时一来幅度有限，二来成交多为缩量，而且整个过程阳线数量大于阴线。随着机构多次增持，筹码逐渐集中，机构也很难让股价保持在固定区间，底部开始抬高。截至截图时，股价刚好突破周线技术压力，如图 3-7 所示。

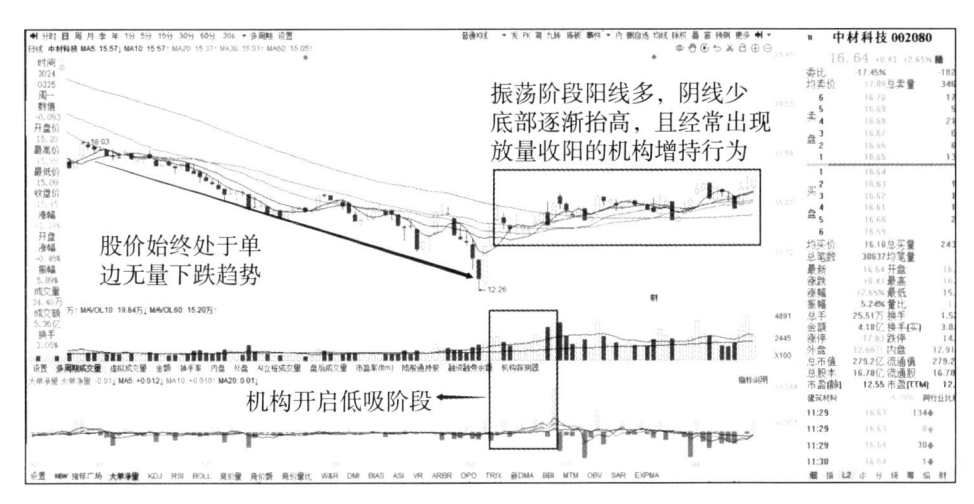

图 3-7

当我们发现个股正处于洗盘阶段时，不要急于进场，也不要采用过大的仓位。这不仅会导致我们持仓的周期加长，更可能会遇到机构后期操盘策略带来的亏损。如果此时投资者尚处于关注阶段，可以待股价在波段区间处于较低位置或阴线时少量布局低价筹码，如果此时已有持仓，则按兵不动。振荡洗盘结束后，有些庄家会衔接打压式洗盘，然后再开启主升，但也可能直接向上突破，投资者要确定机构操作方向后再选择进场。对于中、大盘股，更多的是整理后直接拉高，对于小微盘股来说，可能会先砸后拉。另外，如果此时 A 股市场处于比较安全甚至是强势的状态，直接拉升的概率也会比较高。

主要仓位应该何时进场呢？还是要先确保市场的安全，在确保大环境没有问题的情况下，振荡洗盘的个股若突然砸盘，则按照打压式洗盘方式进行操作，如果直接拉高，刚刚突破关键技术压力或短期内上涨空间打开，可以采取顺势加仓的方式进场。

二、主升行情震仓

机构洗盘的目的是为了迫使散户斩仓，将筹码低价卖给自己，以便获得足够的控盘度。而震仓的目的略有不同，是为了让散户之间进行换手，让投机者获小利离场，留下持续看涨的人，让之前没进场的散户入局，提高平均持仓成本，这样机构才敢继续抬高股价。此时机构已经有了充分的筹码，已然成为绝对的控盘主力，不会刻意地去购买散户的筹码。

有时因为市场突然上涨或某题材突然受到政策利好被炒作，机构没有充分的时间提前运作，只能集中资金进行抢筹。所以股价会出现连续放量大涨，而题材的炒作需要趁热打铁，控盘主力没有时间进行洗盘，所以只能在上涨途中进行短暂的诱空震仓行为。

北方铜业（000737）在2024年3月下旬的有色金属大爆发中一马当先，在整个反弹过程中，出现过几个交易日的小幅缩量调整，就是机构在震仓，但很快便再度冲高且力度更强，如图3-8所示。

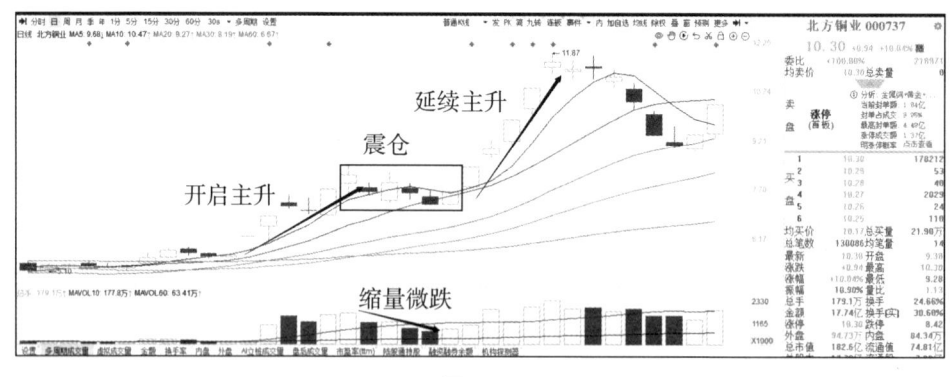

图 3-8

洗盘和震仓在力度和时间方面不同，洗盘阶段股价的下跌力度更大，持续时间也会更久，但是震仓往往周期比较短，通常在5个交易日左右，而且幅度不会超过10%，如果我们在股价上涨过程中于阴线买入，即便遇到震仓

第三章 机构面的量

行情也不会轻易被迫止损。

量价表现方面，震仓和洗盘也有一定的区别。洗盘阶段，或许会出现1到3个交易日的放量下跌，但是震仓阶段从头至尾成交都是缩量状态，如图3-8中北方铜业在上涨过程中，主升行情已经开启，就意味着机构已经获得了比较充分的筹码，而市场利好也将随之而来。所以控盘机构没有必要再大量抛盘打压股价，去接散户的低价筹码，而且如果震仓周期拖得太久，可能会被其他机构捷足先登，影响自己的最大收益。

通过机构在主升行情的震仓目的及方式，个人投资者也就有了明确的应对策略。

（1）技术方面多头排列已经形成，上涨平稳运行，没有异常放量，股价缩量调整是顺势交易最佳机会。

（2）右侧进场一定要设置8%的止损，在震仓阶段通常不会达到止损，除非投资者追高买入，并非阴线进场。

（3）震仓阶段，股价通常不会跌破操盘线，即便破位，也会在1到3个交易日内收复。

（4）震仓结束的重要信号，是股价重新上涨，突破调整前的最高价位。当日成交或有小幅放量，但如果异常放天量或巨量，要防止股价在短期内见顶，获利后要及时锁定利润。

不论是洗盘还是震仓，控盘机构的目的都是为了后期能够更好地拉抬价格，整体风险是可控的。但是为什么会有许多投资者被机构清洗出局，倒在黎明之前，主要原因还是投资者对于机构操盘方式不了解，以及对持仓个股信心不足，加上较高的进场价位以及面临短暂亏损的恐慌，就会造成投资决策失误。

要解决这个问题，首先，投资者要有耐心，不能冲动进场，等待信号明确，等待最合理的价格出现，秉承"宁可错过，也不做错"的原则进行投资；其次，投资者对持仓的企业，尤其是控盘的机构要有信心，否则就没有跟庄的必要了；最后，不能盲目持仓，股票市场任何意外情况都有可能出现，投资者的资产有限，一定不能激进投资，不管庄家如何强势，止损设置都是必须要做的。

第六节　机构试盘

庄家的试盘阶段对投资者的误导性非常强，因为试盘阶段的量价等技术表现，与主升行情初期非常相似，或者说试盘其实是主升行情前的一次演习过程。投资者无法确认是否是主升行情的开启，贸然进场，最终短暂的上涨行情结束，将投资者短线套牢，甚至到达止损位置。

其实并不是所有股票在庄家的运作过程中都会经历试盘，这主要根据机构的操盘需求而定，尤其是资金实力不强的庄家，试盘的使用会比较常见一些。那么庄家试盘的目的是什么呢？

1. 观察个股市场形象

测试操盘个股是否在市场中具有较高人气。一旦庄家开始拉升，散户追涨抬轿子的情绪是否高涨，决定了机构对股价炒作力度的大小。如果试盘阶段股价上涨，散户并没有太大的追涨情绪，主要还是靠机构去抬高股价，那么庄家就会着重提高个股热度和市场形象，为后期拉升做铺垫。

2. 测试场内卖压

庄家测试个股的抛盘压力分为机构层面与散户层面。所有的股票，都会同时有多个机构以及一些专业性和资金量比较大的大户持仓。许多持仓的机构是上一轮炒作行情中出货时留下的尾仓，就等着其他机构重新操盘高位了结。所以庄家试盘拉升，就是要测试其中的其他机构剩余仓位的多寡，然后进行换手。从散户层面来看，股价处于低位时，更多持仓的其实都是被套住的散户。所以庄家利用试盘小幅拉高股价，测试散户的抛盘压力以及底部筹码松动情况。如果散户抛压很强，庄家会借此机会洗盘，如果持仓散户都不愿继续持仓，不看好后期走势，庄家可以借机买到大量相对低价的筹码。如果散户不愿卖出，稳定筹码较多，那么庄家就要考虑是以更高的成本进行后续操盘，还是进一步打压股价加大洗盘力度。另外，在股价上涨试盘阶段，投资者可以通过散户集中抛售的位置，判断出散户更加关注哪些技术压力，为后期有针对性地在此处进行洗盘或者照单全收做好准备。

一般庄家试盘分为向上试盘和向下试盘两种，向上试盘主要是测试跟风盘以及关键压力位抛盘，向下试盘则主要测试底部筹码稳定性以及恐慌性抛盘。

一、试盘方式及量价特征

试盘与主升初期都会有较大的放量情况，但不同的是，试盘阶段往往放量更加明显，因为此时庄家筹码尚不充分，拉升股价需要带动日内更大的交易量。有时候我们可能看到市场的盘口没有太多抛压，成交量却大幅放量甚至是天量，给人一种庄家出货的假象。这种情况主要是庄家对倒放量所致，一方面说明庄家不希望有太多跟风盘，另一方面也说明控盘庄家的操盘风格比较凶狠。

向上试盘一般分为温和试盘和快速试盘。

（1）温和试盘的周期通常在一周以上，虽然持续时间长，但累计涨幅并不是很大，多在中大盘股的操盘中使用。上涨过程多为温和放量上涨，K线形态以小阳线为主，而且经常出现较长的上影线；下跌时幅度不大，成交较弱，累计幅度也十分有限。

（2）快速试盘就简单粗暴很多，一般持续周期在一周以内，连续几个交易日放量暴力拉升，看起来很强势，放量也非常巨大。试探跟风情绪，为未来的主升行情造势，是对普通投资者诱惑性最强、风险最大的一种试盘方式。这种试盘来去匆匆，追高者稍有不慎，必会套于阶段性高点。之所以采取这样强势的试盘手法，或许是庄家因为某些因素急于进行后期的操作流程。

向下试盘通常比较温和。此时机构已经有了比较充足的筹码，也进行过洗盘操作，所以通常没有必要为了刻意打压股价去大量抛售筹码，这样会非常浪费筹码和时间。向下试盘通常是缩量小幅下跌，累计跌幅比洗盘要小得多。另外，向上试盘过后的向下试盘，股价往往不会跌破前期起涨点，会形成一个倒 V 字形，因此向下试盘阶段，也是普通投资者又一个比较好的左侧交易逢低建仓的机会。

同为股份（002835）在主升行情启动前，就经历了较长周期的试盘阶段。

2024年4月同为股份开始振荡上涨，即便面对密集的均线压力，依然能逐渐突破，说明此时机构托盘明显，否则依靠散户力量是很难突破技术压力的。在上涨过程中，符合前面所讲的阳多阴少，初期放出较大量能以及出现较长上影线的特征。从图3-9可以看出，该股向下试盘后，在没有任何征兆的情况下直接连续一字板展开了最终的主升行情。

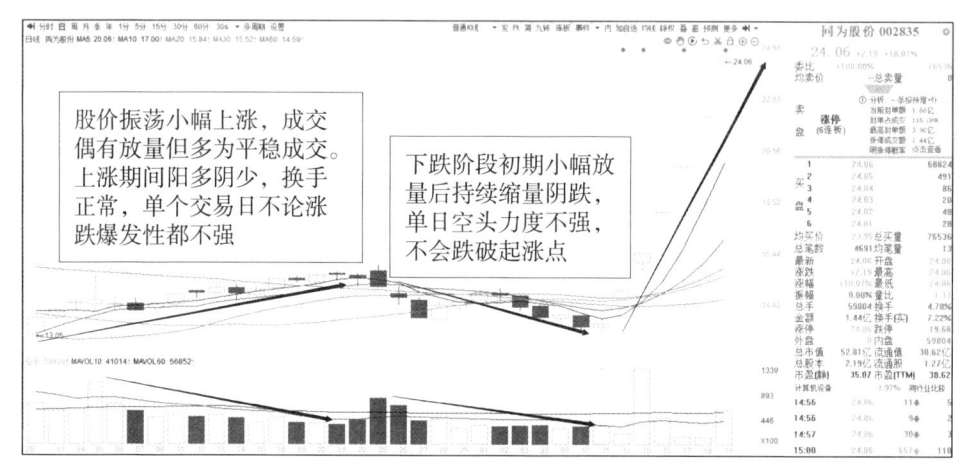

图 3-9

当试盘中后期遇到更强的压力时，往往不会突破，庄家可以选择集合竞价集中卖出，或者保持横盘等方式测试卖压或者进行洗盘，但直接突破可能性不大，否则就变成了主升行情。

拉升试盘结束后的向下试盘，投资者可视其为洗盘行情，因为下跌的目的都是为了后续的主升行情做伏笔，都属于虚假性下跌。而且在表现形式上也均为初期的小幅放量下跌到缩量阴跌，不同的是洗盘力度较大，往往会超过10%，而向下试盘的力度较小一些，但向下试盘后是否会进一步洗盘，主要取决于庄家试盘过程中所反馈的信息。如果庄家筹码已经充分，具备主升标准，且下方散户筹码又很坚固，就没有必要继续洗盘。反之，如果庄家此时筹码尚不充分，或者散户的抛盘量依旧很大，则可能会进一步洗盘打压。

遇到股价蓄势后的上涨行情，投资者一定要先观察再进场，要左侧交易与右侧交易相结合。庄家在试盘阶段，如果投资者已经在前期建仓阶段购买了少量低价筹码，那么此时已经处于获利状态，操作空间会更大一些。如果依旧是空仓，那么试盘阶段该不该跟上呢？主要还是看庄家的试盘策略，如果是短线爆发型试盘，股价突然连续大涨甚至涨停，且成交量巨大，那就不要跟，等待后期成交稳定后，观察股价是否坚挺且站稳关键压力，以及筹码的变动情况，确认是主升行情再轻仓跟进。如果是温和的向上试盘，安全性会更高一些，在上方空间充分的情况下，于某日阴线低位少量进场。

要注意设置好止损，试盘阶段进场主要是为了防止判断失误，万一是主升行情，以免踏空，但如果真的是试盘行情，则股价后期必然还会经历一定程度的下跌，所以必要的风控还是要做的。

二、其他试盘信号

除了量价关系以外，还有很多其他的方式来判断庄家的试盘行为，但本书主要讲述的是量价关系，所以其他技巧只做简要讲解。

分时量价关系也可以在一定程度上判断试盘行为，下一章会详细讲述。另外也可以根据盘口的挂单数据进行辨别，如某日股价"买2"到"买5"的某一位置出现大量挂单，这是庄家在测试有没有人在前面的位置抢筹，由此可以判断出日内除了自己以外的市场买单。当股价涨至某一价位或关键压力位，下方大买单突然撤回，并且少量集中卖出，刺激股价下跌，这是庄家在测试卖压，以及观察有无其他竞争对手与自己抢筹。除此以外，试盘阶段，庄家还特别喜欢在临近收盘的30分钟内突然展开拉升或者打压动作。

第七节 主升阶段的量价表现

本章最后两节内容主要讲述庄家主升和出货阶段的量价表现，这也是庄家在操盘过程中最重要，对个人投资者影响最大的两个阶段，所以内容较多，大家一定要反复、认真地阅读。

说到主升行情，那一定是庄家和散户最喜闻乐见的操盘阶段了，因为大家都有钱赚。但庄家赚钱是一定的，散户能不能搭上车不被甩下去就不好说了，毕竟在主升行情前庄家会释放许多烟雾弹，制造假象。庄家对控盘标的进行主升行情前，需要做大量前期准备工作，而且市场环境以及企业本身也要配合，可以说是"天时地利人和"缺一不可。

一、不同市场环境下的主升策略

1. 市场处于牛市

当股票市场处于牛市，或力度较强的上涨环境，是庄家主升最活跃的阶段。此时市场人气充足，散户追高以及持仓意愿更强，各大机构都在抢购优质企业或者无庄股。所以个股的主升行情启动得会更早，不会经历太多前期运作。如果运作周期较长的话，市场的散户都被其他机构吸引到其他个股中，后期的拉升高度以及出货难度都会被影响。不仅如此，市场环境好的情况下，庄家会把主升行情的最终股价目标制订得更高一些，因为股市强势，抢筹行为非常普遍，交易都很激进，庄家不担心出货阶段无人接盘。

2. 市场处于振荡市

如果市场处于振荡环境，个股主升的前期准备工作会比较久，庄家要确保万无一失以及控制平均筹码成本，在确认未来市场不会出现太大风险的情况下，会启动主升行情，但是整体的持续性和幅度会大打折扣。除非是控盘标的确实有巨大的利好值得炒作，或整个板块概念将受到政策或其他方面刺激形成重大利好，才会将主升行情的目标位制订得高一些。

3. 市场处于熊市

股市处于熊市或者低迷期，庄家展开主升的意愿就更弱了。所谓低迷期，就是市场处于消息面的真空期，市场交易活跃度很差，整体成交水平处于冰点，甚至指数还会不断地挑战或刷新低点。这时庄家贸然展开主升行情，以当前的市场人气，虽然可以把股价炒高，但是出货难度会非常大。不仅操盘成本大幅提高，而且收益低，甚至操盘失败的风险也会提高。即便是企业或行业有大利好，展开了主升行情，幅度和持续性也会非常差，对于追高的散户来说非常危险，主升个股数量也会非常少，可遇而不可求。

二、不同的主升方式

庄家展开主升行情，根据个股市值大小以及控盘力度，从狭义上主要可以分为快速主升法、稳健主升法。

1. 快速主升法

快速主升法，顾名思义，就是庄家快速且大幅度拉高股价，不给散户反应和跟风的机会，持续周期相对会短一些，通常在15个交易日以内，具体要看炒作理由与市场环境，也有一些大利好强庄股成为几倍涨幅的大黑马。大多数快速主升的个股都是小微盘股，虽然拉升速度快，但是一旦庄家出货，下跌速度也很凶，短期内跌幅会超过涨幅的一半，将追高散户闷杀其中。

快速主升法的具体表现形式，可以参考图3-9中同为股份K线图的主升行情。一般小微盘股在主升前，庄家一定是拿到了非常充分的筹码，并且不希望也不需要场外的散户跟风抬轿子，所以爆发性都很强。通常会采取一字板涨停拉升法或集合竞价高开，开盘后短时间内急速封板或开盘大幅冲高持续横盘。

快速主升法的过程中，成交量多为无量涨停或者大涨，因为大半的流通筹码都在庄家的手中，所以每个交易日不需要购买太多筹码就可以轻松将股价拉至涨停。偶尔股价会涨至一些关键压力位，出现较大的散户或其他机构抛盘，上涨量能或许会有一定放大，但不会出现天量或巨量现象。放量基本只有一个交易日，出现在主升行情的初期阶段，一旦压力突破抛盘被消化，又会继续无量大涨或涨停。如果股价已经上涨一倍以上且高位出现放量，就要小心机构在高位出货。

这种主升方式其实对散户非常不友好，因为庄家根本不会给散户进场的机会，直接一字板，只能排队购买，基本排不到，即使真的排到了，也是庄家撤单在诱多。能买入的方法只有两个：一个是集合竞价挂涨停板价格买入，另一个是高开之后不断以市价买入或提前挂涨停板排队购买。

不论用什么方式去打板，投资者必然已经追高，风险和收益空间被压缩，所以一定要确认主升阶段，且庄家没有任何出货迹象时寻低价进场。首先要关注的就是上涨量能，一定是越小越好；其次就是价格，一般主升启动后均线系统一定是呈多头排列，那么主要的技术压力就是黄金分割线、前期的套牢区以及盘整平台。在遇到强压力时，股价丝毫没有受到阻碍，直接突破，封死涨停，主升行情基本确认。

在面临关键的技术压力时，主升行情一般不会被阻碍，庄家会将抛售筹码照单全收。凡是遇到压力，股价滞涨并且放量出现调整，就是庄家对主升不够坚决。这时就要注意庄家在压力位置是否进行洗盘，还要判断这是不是一次假主升的试盘行为。

如果主升力度不强，投资者需要暂时离场，或者降低持仓锁定利润，等待有效的突破重新回到主升阶段。不可以在压力位置去追涨买入，风险非常大。另外，一般快速主升阶段，股价即便短线调整震仓，幅度也非常有限，通常不会跌破操盘线，一旦破位就很可能说明主升已经到了后期出货阶段，一旦某个交易日出现放天量或巨量的拉高出货形态，即可明确顶部，要及时清仓离场。

2.稳健主升法

稳健主升法是对散户非常友好的主升方式，也是散户应该去主动追求的形态。这种主升形式持续周期长，爆发性不强，累计涨幅大，容易参与，多出现在中大盘股的控盘过程中。需要注意的是，中大盘股的主升往往会配合市场的上涨趋势，当大势不佳的时候，若行业、概念或企业本身没有特别大的利好刺激，庄家是不会贸然展开主升的。

稳健主升法的特点也比较明确，从阶段来看可分为前期、中期、后期。在前、中期阶段，股价会贴合多头排列的均线系统向上运行，上涨时基本不会跌破操盘线，即便是上涨阶段的洗盘行情，也不会跌破生命线。MACD或KDJ等指标也是金叉后持续向上延伸，并且始终处于高位钝化状态，也就是指标涨到顶部超买区域后开始横向运行，不进行调整。而量价方面，多为放量小阳线或中阳线，不会出现爆发性的天量或巨量，涨停板几乎没有，即便有涨停也是主升后期的最后冲刺拉高出货阶段。在主升趋势中，或许会遇到较强的技术压力，但若市场相对强势，虽然可能会短暂受阻，但也会在3个交易日左右进行突破，也可能会直接形成突破。

在主升过程中，如股价涨幅已经达到30%或40%，有些庄家会采取高位震仓策略。一方面清洗持股不坚定的浮筹，另一方面让散户之间进行换手，

第三章 机构面的量

提高平均持仓成本。所以股价会出现一段时间的横向振荡或振荡下跌走势，结束后展开新一轮上涨，散户通常把这种上涨称为波浪式上涨，而庄家在操盘中称为平台式主升或振荡式主升。

稳健主升法对散户来说最大的问题就是容易下错车，认为股价可能要见顶或者大跌，或认为爆发性不够强势而调仓换股，过了一段时间回头再看，发现股价已经到了一个更高的位置，因此懊悔不已。采用稳健主升法的个股多为长庄股，表现形式也是长牛、慢牛。投资者选择跟这样的庄家，就要提前做好打持久战的准备，一旦跟上就不要轻易退出。一旦卖出，只要股价保持不变或继续上涨，基本上投资者不会重新买入，因为怎么看都觉得是一个具有较大风险的高位。

下面用一个真实的交易案例来进一步讲解稳健主升法以及参与要点。我在2023年7月28日对长安汽车（000625）进行了一笔交易，因当时长安汽车稳定的经营业绩以及新车型上市在即等诸多看涨因素而买入，如图3-10所示。最重要的是，长安汽车前期机构运作充分，蓄势待发，对于前期建仓、洗盘等过程，此处不做介绍，读者可以自行在看盘软件中根据前面的内容进行观察和研究。

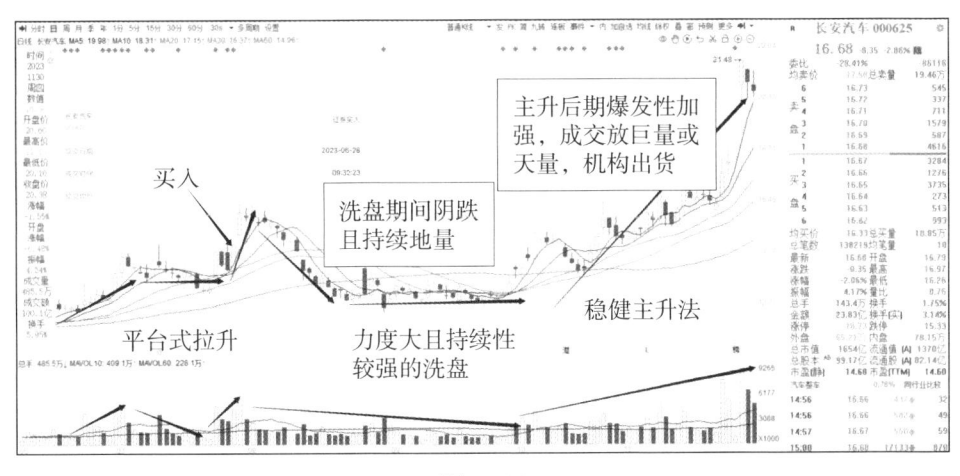

图 3-10

这笔交易如果从当时的环境来看是一笔右侧交易。当时市场环境不佳，而且股价已经有了一定的涨幅。从后续效果来看，又是一笔左侧交易，因为主升行情很久之后才展开。建仓之时，长安汽车尚处于试盘阶段，股价刚刚突破前期建仓期平台的高点，且连续放量。很幸运，股价短期内便小幅上涨，逐渐脱离了成本价格。随后股价开始振荡回调，进行洗盘，构筑平台，与洗盘阶段的量价关系描述一致。虽然出现放量下跌，但持续性不强，下跌力度有限，很快股价再度开启地量阴跌状态，K线多以十字星为主。

当股价再度放量上涨时，又一轮上涨行情开启，很明显价格的上涨力度以及放量力度，较上一轮上涨都有一定程度的提高，此时我的利润也达到了25%。但是好景不长，上涨持续了5个交易日后开始滞涨横盘。这个阶段我的判断出现了一定的失误，认为股价会再度形成平台整理，然后开启更大幅度的上涨行情。但股价稍做整理后，出现了缩量收阴持续下跌的表现，再次回到了我的成本价格，实实在在地坐了一次两个交易月的过山车。

这段时间上证指数也下跌超过了200点，从这方面来看，长安汽车的股价表现已经算是比较抗跌了。后面一个月左右的时间，上证指数又跌了100多点，但是长安汽车始终保持底部横向整理，每日主力单托盘行为非常明显，这也是我一直持仓的原因。既然机构护盘如此坚决，一旦大盘止跌企稳反弹，长安汽车或许会有更强的表现。从低位横向整理这段行情来看，除了前期出现过单个交易日的放量收阴外，后面近1个交易月的时间都是收阴缩量，上涨放量。虽然股价没有逆势突破走强，但是顶住了大盘下跌的压力，也没有出现过跌破盘整平台的风险信号，这是当时唯一支撑我继续持仓的理由，另外就是企业本身的业绩以及行业发展也着实不错。

最终大盘止跌企稳横盘，长安汽车符合预期，逆势放量上涨，并刷新了前期高点。在最后的主升阶段，大家可以发现，虽然成交量也有增长，但相比前期的试盘阶段，放量力度明显小了很多。那是因为通过前面长期的运作，机构本身已经有了很多筹码，而且在后面的托盘阶段又吸收了大量散户抛盘，所以控盘度很高，主升阶段抬高股价已经不需要进行大量的买入。

长安汽车主升行情最后的四个交易日，也就是主升后期，量价方面的变化值得我们关注。2023年11月23日，长安汽车涨停烂板，而且出现巨量，让我觉得有庄家出货迹象，首次进行了减持。但随后几个交易日股价的表现还算强势，最值得注意的是11月28日的量价表现。这一交易日股价大幅高开后振荡走高，分时走势却呈逐波缩量的看空信号，日内整体成交急剧增加，

第三章 机构面的量

日内放出天量已经是板上钉钉。这一交易日的量价表现更加让我确认庄家在出货。我反复强调，只要股价高位出现天量或巨量，不论涨跌，几乎都是庄家出货的信号，要重点去规避。

下面对主升行情的量价关系以及长安汽车的交易案例进行总结。

（1）在主升阶段，如果市场环境稳定，个股只要没有出现庄家出货信号，就要坚定持仓。许多投资者获利后便会担心获利回吐，急于了结，结果错失了后期更大的涨幅。

（2）在主升阶段，若遇到大盘调整，首先要判断大盘的下跌力度，如果判定为技术调整，而非系统性风险引发的下跌，此时周期也并非是第四季度，可以选择继续持仓。另外若个股抗跌性较强，每日盘口庄家托盘行为明显，则可以更加坚定地持仓。

（3）主升后期一旦发现成交量暴涨，形成天量或巨量，不论价格涨跌，都要警惕，防范庄家出货。即便当时股价表现得再强势，至少要适当降低仓位，锁定利润，如果当时股市处于比较平淡甚至是弱势的情况下，更应该及时获利了结。

（4）主升阶段虽然也会价涨量增，但过犹不及，平均成交水平为主升前2到4倍即可。

（5）主升行情中，股价在关键压力位受到阻力时，不要急于平仓，尤其是压力突破失败出现放量时。庄家不会在压力位置出货，这会刺激散户的恐慌情绪，会给出货工作带来很大的压力。所以压力位置放量可能是庄家的换手量，也可能是对倒诱空量，只要没有到达止损线，就可以继续持仓。

（6）主升阶段虽然是获利期，但是止损的设置仍然必不可少。这主要是防止庄家突然出货，以及过大力度地洗盘或被疲软的大盘所拖累跌幅扩大。主升阶段止损的设置，一定要随着获利的扩张而不断向上移动，区间维持在8%到10%即可，当我们的收益超过10%时，止损就可以设置在10%，这样可以有效地防止庄家上涨洗盘带来的风险。或许有些朋友会认为，如果被扫止损岂不是坐了过山车？我们跟对了庄家，是一件非常难能可贵的事情，所以要尽量跟到底，也就是跟到庄家要出货的时候。如果见利就走，或者股价下跌不予理会任其下跌，就会面临抓大牛股、赚小利润、被深套的风险。

鱼与熊掌不可兼得，这种上移止损在保证不亏钱的情况下，博最大化的收益是最理想的操作。

（7）对于右侧投资者来说，机构前期运作没有低价筹码，面对正在稳健主升的个股，首先不要在关键压力位附近进场，其次不要在上涨最强势时入场。尽量在股价阶段调整或平台时，等待价格企稳且于缩量阴线买入。如果没有给到比较合适的进场机会，也不要强求。如果股市大环境不佳，贸然追涨风险很大。如果市场整体比较强势，处于主升的个股数量一定有很多，也一定会有符合我们投资标准的个股和理想的进场机会出现。

（8）主升行情与试盘行情有些时候量价表现非常相似，但是后期表现大不相同。一般试盘周期比较短，而且K线经常出现很长的影线，成交量会大起大落，放量持续性很差，换手和振幅都比较高，给人一种不稳定的感觉。而主升行情规律性较强，放量温和，股价波动也不会特别剧烈，每日换手稳定。

第八节　出货阶段的量价表现

出货对于庄家来说是最重要，也是最复杂的阶段，不仅要依靠控盘技术，还要有很多外在因素配合，比如利用互联网造势、上市企业配合等。对散户来说，这个阶段也是损失最为惨重、风险最大的阶段。

庄家最终的出货，就是和散户在进行你死我活的最终博弈。按照常理来讲，这个阶段对散户是非常有利的，因为散户持仓量少，船小好调头。我经常非常纳闷，为什么庄家出货的信号如此明显，散户却视而不见，还是会被套呢？我始终认为，投资能力不足是次要因素，最主要的还是心理层面的影响。多数个人投资者皆以右侧交易为主，而且从众心理比较强，追涨强势股行为时有发生。所以一旦出现问题，巧遇庄家出货，获小利离场不甘心，止损更是难下决心。即便认识到庄家在出货，意识到面临的风险，也总能找到理由安慰自己继续持仓。更有甚者，明知是庄家的二次拉高行为，仍执意博短线利润，最终偷鸡不成蚀把米。

建仓或试盘阶段，投资者若出现了损失被套牢，至少市场环境相对安全，庄家对个股还在持续运作，即便亏损较大，尚有解套甚至盈利的机会。但是许多被过度炒作的个股，庄家一旦出货，1到2年甚至更长的时间都不会再有其他庄家进入，散户除了低价斩仓严重亏损外，别无他法。

一、出货时机及市场环境

庄家对整个操盘环节都已经提前做好了详细的规划，包括对未来市场的预期、股价的最终目标、出货的节点，以及出货前相应的准备工作。最佳的出货环境一定是整个股票市场处于强势或人气旺盛之时，此时散户追涨接盘情绪较高，出货比较容易。那为什么股市环境好，庄家还是要出货呢？这个问题很简单，任何题材、行业与个股的炒作都有个限度，如果涨幅过大，估值过高，散户也会更加谨慎不敢再跟。股市其实就是"博傻理论"，所有人都在赌有比自己更傻的人以更高的价格从自己手中买走筹码。但是庄家手中筹码太多，就需要更多的"傻子"为自己接盘，但如果股价过高，就会降低"傻子"的数量，最终庄家会作茧自缚，导致出货困难。所以庄家在制订操盘计划时，对未来股市的环境以及散户的最大股价涨幅接受程度，都会有比较精确的预估。

尤其是对概念以及上市企业利好消息的炒作，也要根据基本面的炒作价值去判断可操作性。有些利好炒作价值高，庄家的主升强度也会更大。有些利好价值比较低，庄家炒作的力度就会比较小。有些个股只是擦到了一些概念的边，自然不能过度炒作，现在散户的警惕性和专业性都在提高，无脑拉抬股价已经很难获得成功了。

2024年年初，英伟达的业绩大涨，掀起了美国股市科技类企业的炒作热潮。很快A股市场相关行业也受到了庄家的炒作，许多龙头企业连续大涨甚至涨停。当时我的观点是：不要追高！这一轮炒作很快就落幕了，于是资本又编造出了另外一个故事，美国的OpenAI大模型自动生成的视频内容超过了60秒，技术获得重大突破。为此国内的一家AI大模型新秀企业KIMI，一瞬间成为科技领域与资本市场炒作的重心。这一轮人工智能的炒作，很快也退潮了。

每一个故事出现后的炒作，都有一个共同点，那就是炒作初期涨势凶狠，不给散户反应和追高的机会。随着炒作的进一步加剧，上涨力度开始减弱，给散户充分的上车时间，然后集体闷杀。2024年4月，几乎所有前期被炒作过的相关行业与概念，主力资金都处于持续大量流出状态，跌幅更是遥遥领先。为什么庄家炒作的这么急功近利呢？因为有些利好或者热门概念都是凭空编造的"故事"，是人造热点，庄家也知道根本站不住脚，如不快刀斩乱麻，等待市场反应过来，受伤的就是自己。

所以多数庄家在出货前都会编造许多故事，与一些知名财经人士联合发布看涨言论，营造看涨氛围。所以当我们看到某个概念或行业利好频发的时候，股价基本上都已经到达了顶峰，此时散户追高，极大可能会直接买在最高位。投资者一定要记住一点：所有公开的消息都不能作为主要的投资参考。所有已经公布的利好消息，都已经失去了炒作的价值。就像迷雾理论中说："想要获得超额收益，就要找极少数人甚至是只有自己才知道的金色石头。"

市场比较弱的时候，对于庄家的风险是最大的，出货难度也是最大的。投资者不要认为庄家赚钱很容易，拉高卖出就可以了，其实许多时候出货是无法有效完成的，或者整个交易下来只有蝇头小利。如果市场环境不佳，庄家边拉边出，散户可能卖的比买的还多，最后套住的反而是自己。直接打压式出货，很可能导致散户恐慌抛盘，股价暴跌，最后庄家的利润付之一炬。而逆势拉高出货，是一种极为冒险的出货方式，看起来股价走强很有吸引力，但如果操作不当，散户不买涨，庄家也只能自食恶果。

所以我们经常看到，股市不好的时候，各大基金的净值也都很惨，倒闭的机构很多，私募牌照的转让费也直线下降。

二、常用的出货方式

从庄家的操盘角度来看，主要有三种出货方式：拉高式出货、打压式出货、振荡式出货。根据股票市场的环境不同、机构的规模不同、个股的市值不同、炒作的价值不同，庄家会采用有针对性的出货方式。

1. 拉高式出货

拉高式出货多在中小微盘股的炒作中出现，私募、游资常用此方式。由于个股市值较小，庄家可以独自操控股票价格，所以运作起来掌控性较强。

第三章 机构面的量

市值较大的企业，多为公募基金等大型投资机构持仓，受限于持仓比例，无法对个股形成绝对控盘，所以很难使用这种出货方式。

拉高式出货是一种应用很普遍的出货形式，同时也是很容易被分辨的一种出货方式。庄家在出货前，通过拉高股价，制造股价正在加速主升的假象，利用人性的贪婪与冲动交易，吸引散户追高，庄家借此进行派发。具体表现在盘面中的量价形态主要有以下几种。

（1）放量冲高回落。早盘股价依旧呈现强劲态势，放量快速冲高，但看似强劲的上涨，却无法封住涨停，反而开始快速回落，分时图中股价很快回到均价线下方。最终 K 线形态上收出较长的上影线，可以是阴线，也可以是阳线。最主要的是成交量与前期的放量行为相比，明显呈巨量甚至是天量。这是庄家日内先买后卖，买少卖多的拉高出货行为，也是常见的股价见顶表现。

（2）高开低走放量大阴线。这也是庄家先买后卖，买少卖多的一种表现形式。前一个交易日，股价还处于强势上涨的良性状态，次日股价高开后直接大量出货，股价单边放量下跌，收出较长的实体阴线。在 K 线图上的表现形式相当于乌云盖顶，同样伴随着巨大的成交量。拉高出货与打压出货都有一个共同点，就是出货初期都会出现巨量或天量。

（3）涨停板出货。庄家尚未开始出货时，股价的多头情绪还比较强烈，市场浮筹不多，庄家控盘度较强，散户跟风盘也比较积极，所以少量资金就会使得股价封死涨停。而价格优先、时间优先的交易规则，会导致投资者无法以高于涨停板的价格买入，所以若想追进，只能排队购买，但排在前面的买单多为庄家所为，持仓散户面对如此强势的涨停，很少会抛售手中筹码，所以排队购买的散户很难买入。

在封板的买单中，散户完全不知道有多少是散户买单，有多少是庄家买单。但是庄家很清楚，将当前封板买单量减去自己的买单，剩下的就是散户买单。然后庄家撤回排在前面的买单，这样排在后面的散户就可以成交了，庄家继续在涨停价排队买入。一旦排在前面的散户已经完成接盘，庄家便会再度撤单，让排在后面的散户接盘，同时再挂涨停买入。

庄家利用这样的障眼法，刺激喜欢打板的散户进场接盘。如果投资者没有一直盯着盘口，很难发现问题，如果一直盯盘，可能会发现个股的封板量经常会发生变化。在量价方面，投资者会发现，明明股价很快就涨停了，也没有开板，成交量却出现了巨量增长。

（4）多次拉高出货。控盘庄家手中握有至少40%以上的筹码，而且主升行情过后，股价处于较高位置，虽然追高的散户大有人在，但更多的是望而却步的观望者。所以庄家很难在短期内将所有筹码派发，而且在出货时股价必然会出现大跌走势，这会导致观望的散户不敢进场，也会让持仓的散户开始恐慌，与庄家抢着出货。所以庄家想要让筹码卖到一个好价钱，让自己的利润最大化，就需要营造一种股价下跌是机构洗盘的假象，让散户认为此时股价下跌是抄底的好机会，未来还会走出更强劲的上涨行情。想要达到这个目的，庄家就需要集中买入股票，将股价重新拉起来，当市场人气恢复后重新展开派发操作。

至于庄家是一次性拉高出货，还是反复多次拉高出货，主要取决于庄家手中的筹码数量，以及对利润的要求，最重要的是市场环境以及个股上涨时营造的形象能不能有效地吸引到大量跟风盘。许多个人投资者，明知庄家正在二次拉高出货，却偏要玩火去抢短期上涨，成功的话短期内确实会获得不错的收益，但如果失败，轻则损失惨重，重则长期被套。

2021年9月7日，我于11.72元买入了中交设计（600720）。这笔交易虽然只有两个交易日，算超短线，但是刚好卖在了庄家出货的前一天，出货方式以及信号非常鲜明，如图3-11所示。

至于当时建仓的原因，已经没有复盘的意义。总之在购买后的第三个交易日，股价平开后振荡上行，下午开始加速到达涨停价位，经过多次开板，收盘前半小时封死涨停。而我则是在涨停开板后卖出的，原因主要有两个：第一是股价高位涨停却放大量，符合庄家拉高出货时的量价特征；第二是封板时间过晚，属于弱势涨停。

发现了庄家出货信号，而且这笔交易我又是右侧进场，价位较高，所以选择离场。次日股价虽然进一步冲高，但是在大幅度冲高后回落，最终收出超长上影线，而且成交量进一步放大，符合天量标准，出货信号进一步显现。从这一个交易日开始，庄家展开了全面的出货行情，股价持续下跌。虽然9

月 17 日到 9 月 23 日的三个交易日中，股价小幅反弹，有重新冲高的迹象，但上涨没有放量，诱多信号十分明显。

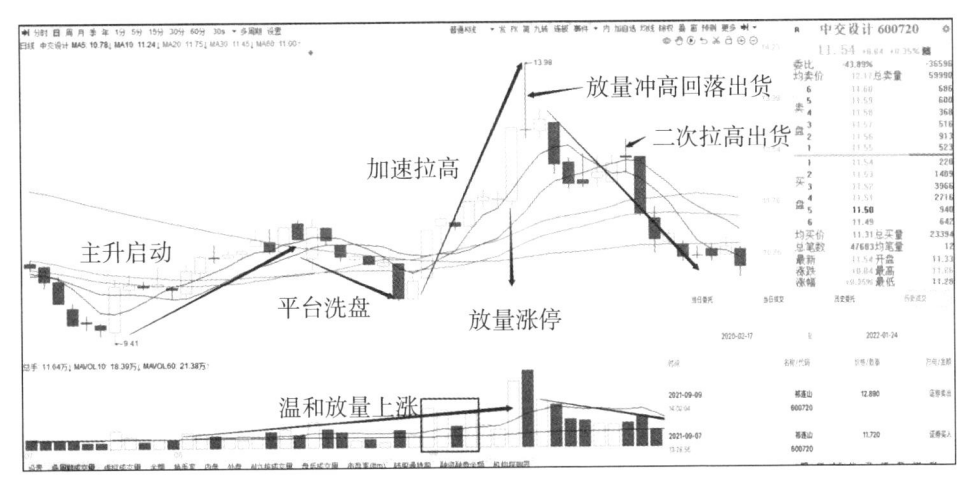

图 3-11

其实庄家的行为很多时候非常好观察和理解，我们多去发现市场中不合理的表现，再去思考原因，就可以发现许多问题。比如，股价处于下跌趋势后较低位置，突然某交易日股价放量大涨，在空头趋势中又无明显利好，散户唯恐避之不及，那集中的买盘量能会是散户突然集中买入造成的吗？肯定不是，那么集中交易行为的主体必然是机构。反观股价在高位放量上涨，机构投资者会追高去买股票吗？特定情况下或许会，但大多数机构更愿意挖坑低价吸筹，所以最大的可能是机构在高位派发与散户换手，且量能较大，这是机构的出货行为。只要是机构的集中交易行为，必然会出现很大的成交量，投资者结合股价位置与股价近期表现，其实不难发现机构交易的目的。

2. 打压式出货

这种出货方法最为凶狠，对散户的伤害也最大，虽然很好辨别，但需要很快的反应速度，稍有犹豫，就可能面临重大亏损甚至严重套牢。通常使用打压式出货方式的机构以游资以及小型私募为主。

庄家在进行打压式出货时，不会维护盘口的稳定，托盘基本不会出现，目的就是要以最快的速度进行派发。之所以庄家出货如此急切，主要有以下几个原因。

（1）判断股市即将走弱或已经有走弱迹象。

（2）题材炒作即将结束或股价涨幅已到达极限，此时为最后出货机会。

（3）利好即将兑现。

总之，庄家因为某些原因必须要在短期内出货。一般个股出现庄家打压式出货前，一定会受到庄家强烈的炒作。打压式出货时，股价必然会连续大跌，若前期没有超高的涨幅及收益，庄家出货后利润很少甚至还可能亏损。所以暴涨的黑马股，通常最终都会采用打压式出货，一般庄家在进行打压式出货前，会把股价拉升到超过既定目标20%到30%的位置，为出货及最终收益打开空间。

打压式出货的特点非常明确，就是高位突然放量大跌，或者放量冲高回落后持续放量大跌。正是因为多翻空的速度太快，而且短期内跌幅过大，所以风险也很大。因此我经常告诫读者，小微盘股尤其是小微盘的绩差股，如果我们看好未来发展或者发现庄家建仓，可以参与投资，但是绝不能追高买入。因为散户不知道庄家最终的拉升高度以及具体出货时间，追高就是一种赌博行为，而且这类个股往往采取的就是打压式出货法，一旦买在顶部，止损又不够坚决，可能一次失败就会让资产大幅缩水，得不偿失。

投资者可以观察那些连续一字板涨停或急速拉高封板快速主升的个股，在主升阶段完全不给散户参与的机会，结束涨停后，开始给散户充分的买入时间，这一日成交量一定很大，这就是庄家要出货的前兆。所以连板强势股，要么不开板，开板即出货。

2023年，信达雅（600571）因为其实际控制人的女儿在美国创业成功，备受资本市场的关注，受到了庄家的快速炒作。信雅达的市值不到50亿元，11月30日信雅达股价大幅高开后不到15分钟就直接封死涨停，在未来的5个交易日内不是一字板开盘，就是高开后快速封板，完全不给散户进场机会，如图3-12所示。

12月8日，信雅达股价高开6.92%，但这一次并没有直接涨停，而是振荡下跌，成交量较上一个交易日放大超过20倍。稍加思考不难得出答案，一定是庄家在这一天进行了大量派发。随后三个交易日股价连续上涨收阳，并刷新高点，但成交量也保持着较高的放量状态。此时我们可以思考一下，

第三章 机构面的量

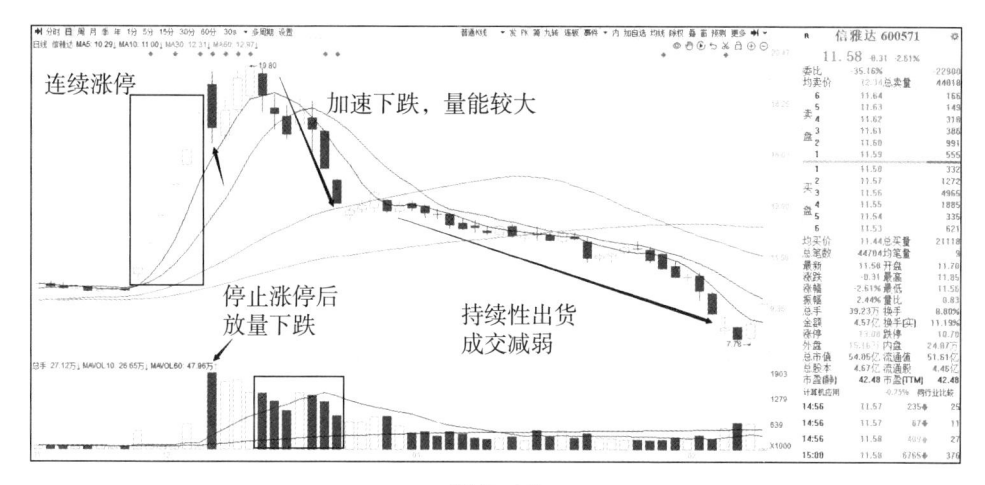

图 3-12

如此高位会不会有机构投资者进场接盘大量买入？该股的炒作噱头是否足以支撑股价进一步炒作，吸引机构不惜高价吸筹？很显然，高位放量就是一种庄家与散户之间的换手。

正如我前面所讲，这种快速炒作连续封板的拉高主升法，一旦结束涨停开始给散户进场的机会，就是庄家出货的开始。所以信雅达自12月14日起开启了连续杀跌模式，其中包括三个跌停板，最终股价不仅将这一轮炒作的涨幅全部吞没，甚至还刷新了前期新低，跌幅近60%。如果投资者一直捂股，可以想象会有多少亏损，承担多大的心理压力。信雅达的打压式出货方式非常符合标准，其实大多数暴涨黑马股的出货方式都非常相似。

投资者在追高这种急速主升个股时，不仅要判断短期内可能带来的收益，更要判断一旦庄家出货会带来的损失，以及这样的损失是否是自己可以承受的。如果真的认为股价还会持续这种强势，就要提前做好风控管理，制订退出机制。在信雅达的出货阶段，我们可以看到庄家在进行打压式出货前，还进行了拉高出货。很多时候庄家不会用单一的方式出货，也会结合其他出货方式派发筹码。对于小微盘股，庄家往往是独自控盘，手中筹码比重很大。如果不计成本地持续出货，股价跌幅太快，收益会受到很大影响。如果时间充分，市场环境相对稳健，庄家不急于派发，即使主要采用打压式出货法，也会结合振荡出货以及拉高出货，争取操盘收益最大化。

如图3-13所示，左边是中科曙光（603019）主升及出货的量价走势，右边是2024年年初的大黑马克来机电（603960）主升及出货的量价走势。当时我持仓的是中科曙光，没有参与克来机电，从价格走势可以看到，该股没有给散户参与的机会。这两家企业我当时都格外关注，在股价高位首次出现放量的情况时，我在雪球和其他媒体平台发表了见顶看空的言论。当时两只股票都是市场排名前10名的热门股，看涨情绪很浓，当时我看空，可想而知被骂的有多惨。但从实际情况来看，两只股票在首次放量后不久庄家就开启了出货模式，股价持续大幅下跌。

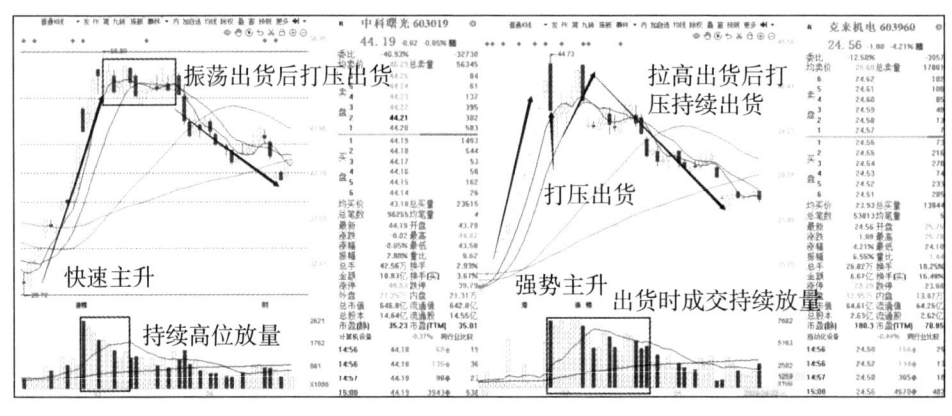

图 3-13

不同的是，中科曙光因为市值较高，庄家先采用的是振荡式出货，然后才是打压式出货。而克来机电因为市值较小，所以采用的是二次拉高出货与打压式出货。两者都有一个共同点，就是在出货阶段成交量始终处于放量状态，这就是庄家持续大量派发导致的。

高位放量是庄家开启派发的第一个信号，投资者即便不全部离场，也要适当减持。很多朋友或许遇到股价高位放量后进一步冲高的走势，但这是少数情况，大多数情况下首次高位放量后短期内就会开启下跌模式，即便再度拉高，空间也很有限。如果投资者为了博弈最后拉高的利润，错过最佳的离场机会，而庄家没有进行最终拉高，而是直接选择打压出货，那么各位读者想一下，收益和风险哪一个更大一些？如果股价高位出现了庄家派发现象，利润充分的话，对于顶端利润不要也罢；利润有限的话，可以在庄家出货信号发出时进行减持，若后期股价仍有冲高，逐渐抛售剩余筹码，即便庄家直接打压出货，以稍低价格卖出，至少能保住本金不失。唯一不能进行的投资，就是庄家已经明确出货，还去博弈二次拉高的利润，这是非常危险且不划算的行为。

3. 振荡式出货

振荡式出货是公募基金的常用出货方式，私募及游资出货时也会结合应用。这种出货方式相对温和，对散户更加友好，风险度较低，但辨别也比较困难。振荡出货时，量价表现有时和上涨平台或洗盘比较相似，容易误导投资者，但是会给投资者比较充分的离场时间。

对于振荡式出货来说，业绩优秀的中大盘股应用最为广泛，出货时间也更长。因为业绩优异，市场形象较好，因此会抵消高价给投资者带来的恐惧，庄家可以维持高价，等待源源不断前来接盘的散户。相比之下暴涨的黑马股，往往因为缺乏业绩支撑和站得住脚的炒作理由，庄家不敢将出货周期延长，所以即便结合振荡式出货，也不会持续太长时间。

振荡式出货虽然隐蔽性更强，诱导性较强，但是盘面特征也是比较明显的，主要可以从以下三个方面进行判断。

（1）从成交量判断。中大盘慢牛股在振荡出货阶段，整体成交量会略小于主升行情。机构要维持股价的波动幅度，不敢集中大量卖出，引发股价放量下跌，造成市场恐慌，所以会持续性少量派发，每日量能比较平均。中小微短线爆发股，因为庄家控盘度较高，且筹码集中，所以主升阶段往往没有成交，出货阶段成交放量会特别明显，若出现振荡出货行为，会集中放出相比于主升阶段数倍的量能。

（2）从价格趋势判断。虽然振荡出货的特点是横向振荡，但也并非固定的价格通道。通常庄家在高位出货，必然是买少卖多，或者先买多卖少，再买少卖多，类似拉高出货。股价重心必然在不断下移，也就是振荡的高点和低点呈向下趋势。振荡出货初期，股价或许还会保持强势，偶有新高出现，甚至还会结合拉高式出货，但是在出货中后期，可以很明显地发现，高点和低点都在不断向下移动。

（3）从筹码分布来看。筹码的变化是振荡出货最明显的一个特点，庄家出货期，底部的获利筹码必然会逐渐抛售，而散户会源源不断地在高位接盘，机构与散户之间持续换手。表现在筹码分布图上，就会出现底部筹码峰开始收缩，而高位振荡价格区间的筹码会形成新的峰值。

需要注意的是，有些个股在出货时底部筹码会全部出掉，而有些个股则是在出货时仍有大量底部筹码，这主要取决于股票市值以及庄家的操盘策略。比如，之前举例的中科曙光，在振荡出货阶段底部筹码就全部集中在了顶部，这是庄家完全出货的表现。而有些绩优大盘股，公募基金只是获利减持，并非全部清仓，也有可能是机构依旧看好个股未来表现，准备低价继续运作，所以底部仍会保留较多筹码。如果股价上涨，高位出现新的筹码峰，但是底部筹码没有明显松动，则构筑平台继续上涨概率较高。若股价涨至高位且形成较大的筹码峰，且底部筹码出现明显松动，则更大可能性是庄家在振荡出货。

工业富联（601138）是2023年A股市场中热度很高的一只长牛强庄股，其中有诸多明星基金大量持仓，备受市场关注。在2023年3月之前，工业富联经历了极为漫长的建仓周期，筹码在9元至9.9元之间高度集中，超过了50%。最终在3月3日，工业富联以一个涨停板拉开了主升的帷幕。经历了17个交易日的持续上涨，股价涨幅已经超过了70%，上涨力度开始逐渐减弱，并且在17.0元到18.5元之间形成了新的筹码主峰。这时最低位9元到10元之间的筹码并没有松动，略有减弱的是11元到12元区间的筹码。说明庄家确实减持了低位筹码，但是大部分筹码还在，如图3-14所示。

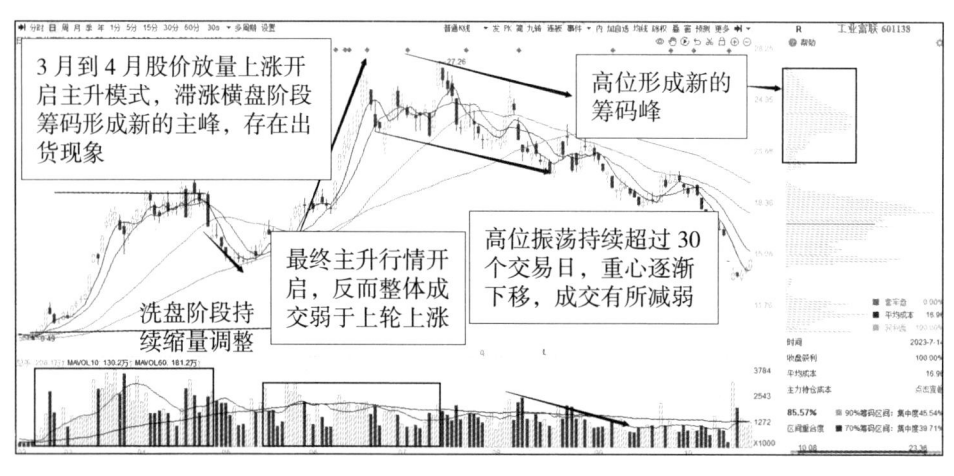

图 3-14

第三章　机构面的量

即使低位大部分筹码还在，投资者也不能大意，因为我们不确定接下来机构会不会进行更大力度的派发，既然机构已经在减持，至少股价短线存在调整的风险，所以依旧要暂时离场，锁定利润，规避风险。

工业富联在振荡期间，整体的成交量是比较大的，此处换手较多，风险信号很强，股价也进行了超过20%的调整，出货信号明显。不论庄家用怎样的出货方式，只要高位出现放量甚至是持续放量，都应该防范庄家出货的风险。但此时位于最低位的筹码峰值，以及次低点筹码峰值，始终没有发生变化，庄家存在进一步炒作的可能，如投资者已经离场，可以继续观察庄家是否会进行下一轮拉升。在止跌企稳的14个交易日中，阴阳交错，上涨放量下跌缩量，买多卖少。之后工业富联在5月25日到30日连续四个交易日拉出放量阳线，开启了新一轮主升行情。

工业富联第二轮主升行情持续性更强，速度更快，涨幅更大。当股价涨至26.50元的时候，股价开始滞涨回落，并再度开启高位振荡行情。这一次高位振荡，股价最低位以及次低位的筹码均有一定松动，并在盘整区域形成新的筹码峰。依旧是常规操作，只要筹码高位形成主峰，高位的涨跌出现放量，就要规避风险，离场或减持。这次高位振荡持续时间更久，前中期股价多空争夺还是比较激烈的，股价甚至还能再刷新高点，但很快便会回落，到了中后期，重心开始下移，高点与低点都在降低。8月7日，股价再度放量冲高回落且没有破前高，股价开启了持续下跌行情，最大跌幅超过50%。

或许在发现庄家出货离场后，股价还会出现一定的涨幅，甚至还有一轮更大幅度的上涨，我们会觉得卖"飞"了。把股票卖"飞"，只是让我们少赚了利润，但如果参与到庄家的出货，获利回吐加严重亏损，是非常不划算的。工业富联直到股价开启持续下跌行情时，价格低位依旧保持着两个筹码主峰，很显然其中的公募基金以及其他投资机构并没有全部卖出，说明这些持仓机构未来很有可能会再次对其展开炒作。直到2024年的1月中旬，工业富联真的又开启了一轮主升行情，股价又涨了一倍才开始回落，这一次的减持比较明显，因为高位出现了大幅放量涨跌的出货信号。虽然低位和次低位的筹码全部出现松动上移，但依旧有大量低价筹码按兵不动，机构仍有一定筹码在场内，所以我判断后期庄家可能还会进行一轮炒作。

当我们遇到个股在高位盘整时，一方面观察量价的变化，盘整期间量越大，庄家派发力度越强，振荡出货周期越短，未来股价跌幅也就越大越快，有可能是全部抛售。但如果出货阶段成交只是小幅放大，则出货周期较长，短线风险相对要小一些。另一方面观察筹码变动，所有底部筹码全部向上堆积，说明机构是一次性出货，投资者离场后也没有必要继续关注了。但如果机构派发后，低价区域依旧有密集的筹码主峰，则后续股价下跌后，机构很有可能会重新低吸，再次进行拉升，投资者离场后依旧可以关注，等待合理价格再次进场，观察庄家何时抛售低价筹码。

其实判断庄家出货一点都不复杂，信号特征非常明确，只要我们不被个人心理因素所干扰，患得患失，就一定可以有效规避庄家出货带来的风险。

以上就是庄家在整个操盘过程中各个阶段的量价表现及市场信号的讲解，虽然我纵横资本市场近20载，有着丰富的资本运作经验，但也不可能了解所有机构的操盘方式和特点。不过机构投资万变不离其宗，都会经历这几个必要环节和阶段，只要大量买卖就必然会出现放量情况或其他盘口信号，运作方式或许会有调整，但大同小异，无非是几种方法的使用顺序换一下、操盘风格更加激进或稳健一些。只要投资者牢记庄家操盘各个阶段的特点，并调整好心态，交易果断，能够举一反三，我相信，假以时日，大家会对机构的运作模式有更深刻的了解，在与机构的对抗中会逐渐建立起优势，真正做到知己知彼。

第四章
分时量价分析

分时量价分析是判断股价短期价格波动以及机构行为的分析方式，通过日内量价表现，可以对当日机构的操盘目的以及短期内的股价涨跌进行预判。分时量价分析主要应用在已经确认庄家在操盘的情况下，如何寻找最为理想的买入或卖出点位。所以在使用上一定要结合庄家的操盘阶段，以及股价当前的位置。

本章所讲述的分时量价关系，均为常见的庄家操盘时所形成的交易信号，只有在特定环境下才会出现，准确性才能达到最高水平。一般分时图中所触发的多空信号，兑现周期会比较短，通常在1到5个交易日内，若庄家操盘力度较大甚至次日就会有所显现，一旦超过5个交易日，有效性会大打折扣。所以这种分析方式也适合短线投机者使用，同时要结合其他辅助指标共同分析。

第一节　高开低走真假阴线

股价大幅高开，甚至以涨停板开盘，说明集合竞价阶段，控盘机构在高于前一日收盘价位置大量买入，是一种强势信号。但开盘后股价持续下跌，并且回到前一交易日收盘价附近，回补了跳空缺口，说明开盘后发生了持续性的抛售行为。为什么股价强势高开却出现了大量卖单呢？虽然有在最强势时离场的散户，但大多数散户不会集中在股票强势时抛售，所以这是控盘机构的行为。为什么控盘机构会在集合竞价阶段高价买入证券，开盘后又进行卖出呢？主要原因有两点：第一是拉高出货，第二是诱空洗盘。想要辨别这两者的区别，主要从日内的量价方面以及当时股价所处的位置来判断。

高开低走的分时量价关系，通常出现在庄家高位的出货阶段和低位的洗盘阶段。成交一般都会出现明显的放量现象，如果是低位，放量力度会小一些，因为庄家的目的只是恐吓散户抛售，并不愿意大量抛售自己的筹码。如果是高位出货，那必然会出现更大的卖盘放量了。

股价高开低走时，有时也不会单边持续下跌，中间会出现短暂的拉升行情，尤其是高位出货阶段，庄家通过盘中拉升来传达给散户股价即将拉升重新走强的假象。实际上也确实是庄家的集中买入行为，只不过相比开盘后的卖出量要小很多。这种盘中诱多性质的拉升可能会出现多次，但每一次拉升所产生的买盘量能都是很小的，日内股价重心持续下移，而且直到收盘都无法突破日内的分时均价线，最终日线收出放量且实体较大的阴线，收盘价格会在前一个交易日收盘价格的附近，缺口完全回补或几乎完全回补，如图4-1所示。

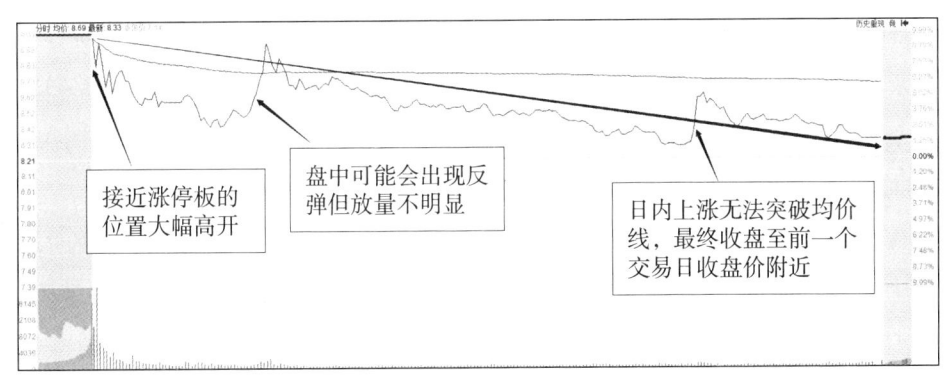

图4-1

如何判断这种分时走势是庄家洗盘还是出货呢？主要看当前庄家的操盘阶段。如果股价此时已经处于主升阶段，高价区域出现大幅高开放量下跌，这必然是庄家的出货信号。试想，如果庄家要在高位洗盘，却做出如此形态，必然会让场外散户产生恐慌心理，未来庄家还想继续拉升，会极大地影响散户跟风追高的情绪。如果股价此时尚处于低价区域，且发出了多次放量建仓信号，股价突然高开杀跌，或经历了短期的反弹后出现这样的分时表现，则诱空、试盘的可能性较大。

如果是出货行为，投资者自然要及时避险，即便是股价低位诱空，也不能马上进场，因为此时空头情绪正盛，短期内股价仍然可能会受到空头情绪的影响，缩量阴跌。也有可能会因为整个股市大势不佳被拖累或庄家借此洗盘造成股价下跌，所以即便看好该股票，也要继续等待更低价格，进一步观察市场表现以及庄家行为。如市场表现稳定，股价地量阴跌且力度减弱，在逼近关键支撑区域时，若此时投资者处于空仓阶段，可以少量建立底仓。

第二节　逐波放量上涨与下跌

1. 逐波放量上涨

逐波放量上涨是一种短线多头信号，适用于所有市值类型的股票，经常出现在试盘以及主升初期。在分时图中主要的表现形式是：日内股价出现1到4个波段的上涨，通常为2到3波，每一波股价上涨的量价都会刷新日内高点，也就是分时图中的量价突破。上涨后股价或保持在高位横盘，或振荡回落，但最终收盘价保持在分时均价线上方，日K线形态为放量光头中阳线或大阳线，即便有上影线，也不会过长。

逐波放量上涨的分时走势，说明庄家在主动买入。庄家在日内多个时段集中买入，而且购买量逐渐增加，目的很简单，就是为了做高股价或抢购筹码。需要注意的风险是，在庄家试盘与主升初期，市场有大量浮筹，散户看涨情绪不稳定，庄家拉升需要消耗较多资金，如果股价已经处于试盘或主升行情的高位，此时散户已经不需要再大量购买筹码，但依旧出现多次放量买入，投资者需要谨防庄家出货前的诱多行为。

说到此处，我们来说一些题外话。之所以技术类投资者很难在股市中获得稳定收益，在与庄家的博弈中总是落入下风，很大的原因是技术类投资者很难找到有效、固定的分析方式。在股票市场中，没有任何一种指标或者方法，发出看涨信号后股价一定会涨，发出看空信号后股价一定会跌，都是有概率性的。主要的因素就是投资者常用的技术分析方法，其实庄家更为擅长，加上手握大量资金，可以利用散户的常用指标与方法引导其进行交易。本书中我们讲的量价关系也是一样，价涨量增，散户都认为是后市继续看涨的信号，但庄家利用这样的量价规律在出货前集中买入，造成看涨信号，当散户进场后庄家反而出货，股价大幅下跌，那么价涨量增反而成了看空信号。

第四章 分时量价分析

任何技术分析方式得出的结论都不是绝对的,投资者要活学活用,结合多种因素综合判断,最主要的还是要换位思考,以庄家的角度,根据操盘阶段以及当前股价位置,判断发出信号的真实性。

高争民爆(002827)在2023年10月13日开盘后,三波放量上涨直接封死涨停。在这三波上涨过程中,股价刷新日内高点,而且每一波上涨伴随的成交量都比上一波上涨的量更大一些,如图4-2所示。这里要注意,逐波放量上涨在分时图中不是股价振荡上涨,而是盘中某一个时间点突然加速上涨,成交量突然放大。

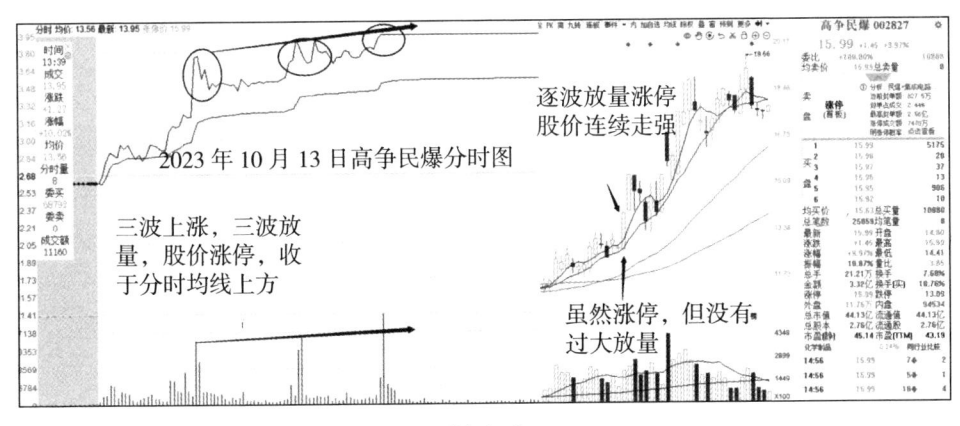

图 4-2

在 K 线图中,当日逐波放量上涨正处于股价上涨的初期阶段,所以看涨信号更加强劲有效,后期股价走出了一波主升行情。可以看到在主升行情后期,即便股价创下新高甚至日内大涨,成交反而没有更大的放量。所以逐波放量上涨的短线看涨信号,仅在股价上涨初期有着比较强的指导作用,若出现在高位或者出货阶段,则参考价值大打折扣。出现逐波放量上涨短线看涨信号后,股价通常会在1到5个交易日内做出看涨反应,如果超过这个时间,股价依旧没有上涨反而下跌,则信号失效。

如果逐波放量上涨,看涨信号出现后短期内又发出了比较明确的看空信号,则以后面发出的交易信号为主。个人投资者很难判断出庄家的每一步操作,若庄家虚晃一枪,反手砸盘,只要我们能及早做出反应,进行避险,也算是一次正确的投资与交易。尤其是短线技术操作,失误率更高,欺骗性更强,判断错误时有发生,能否及时纠错是投资者成功的关键。

2. 逐波放量下跌

逐波放量下跌是一种典型的短期空头分时量价形态，通常出现在底部的洗盘初期以及高位出货初期和二次拉高出货初期。在日内分时表现中，股价出现2到4波快速下跌，每一波下跌时股价都会跌破上一波下跌的低点，且较上一波下跌相比有更大的成交量。收盘时K线形态多为光脚阴线或略带下影线的中阴或大阴线，成交量有明显放量。

出现这种分时走势说明日内庄家集中派发力度较大，如果股价处于机构建仓期或小幅上涨的试盘阶段，则洗盘诱空的可能性较大，后续没有进一步抛盘的话，股价开始地量阴跌，重新出现机构建仓行为时，则可以逢低跟进。但如果逐波放量下跌出现在主升阶段后期，或已经有明显的庄家出货信号后的二次拉高行情中，则风险较大，庄家高位出货概率较高。逐波放量下跌的分时表现出现在任何阶段任何位置，投资者都要在短期内规避风险。连续的放量下跌会带来恐慌情绪，造成持续性抛盘，这种风险会在1到5个交易日内释放。

真视通（002771）在2023年10月走出了一波快速主升大涨行情。庄家在10月27日开始拉高出货，股价见顶。但庄家并没有采取连续打压出货的方式，而是以振荡出货为主。11月、12月两个月的时间股价都处于横盘出货阶段，其间股价也没有刷新前期高点，就在庄家完全出货前，股价还制造了两次放量冲高回落的拉高出货行情。虽然两次冲高都有放量，但一来没有突破前期高点，二来股价冲高回落收出较长上影线，这完全符合前面讲的庄家二次或多次拉高出货的量价表现，如图4-3所示。

2024年1月10日股价低开后还出现了一波小幅冲高行情，但临近中午休市前股价振荡跌破分时均价线。下午开盘后不久，股价便迎来了日内第一波快速放量下跌走势。这次下跌显然没有引发散户集中抛盘，接下来股价虽然振荡下跌，但成交开始缩水。直到下午13:50，股价的下跌力度开始加大，且成交量明显增加。14:25股价突然大幅跳水，这一波下跌不仅刷新了日内下跌低位，而且相比前期快速下跌时的成交量更大。最终股价没有反弹至均价线上方，甚至直接以日内最低价收盘，日K线形态以光脚大阴线报收且成交量也比较大。很明显这一交易日的抛售量是极大的，至于是谁在几个时段

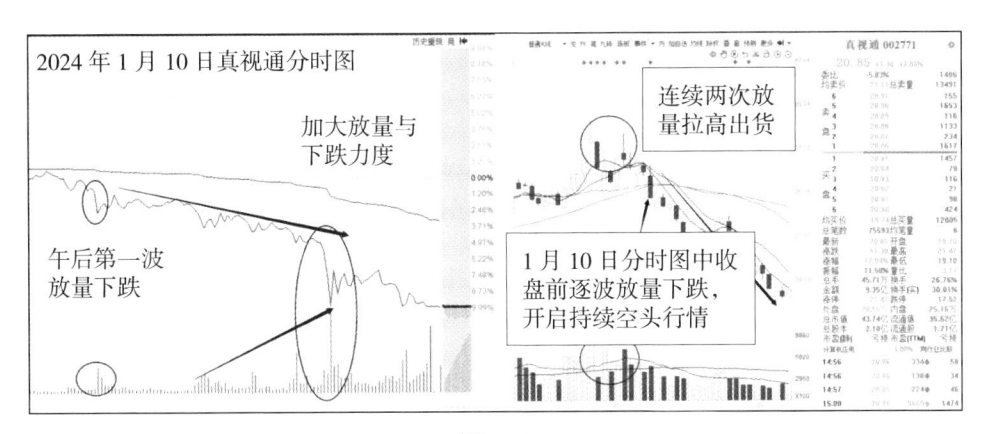

图 4-3

突然集中抛售，答案也显而易见。

日内分时的逐波放量上涨或下跌，通常可以体现出庄家真实的交易目的（抛售或买入）。处于不同的操盘阶段，对短期内股价的影响是一致的，都是短期下跌信号，但对于长期，则意义不同。比如，逐波放量下跌，在庄家洗盘阶段，对于短期来说是下跌信号，但并不影响长期看涨，因为庄家洗盘后没有突发意外或系统性风险的话，未来在某个时间点依旧是要展开主升的。

第三节　逐波缩量上涨与下跌

1. 逐波缩量上涨

逐波缩量上涨同样是日内分时走势中出现两波及两波以上的盘中快速冲高行情，但每一波上涨时所伴随的成交量，较上一波上涨有明显的缩量，股价方面有时会创下日内新高，有时无法创下新高，类似于价涨量缩，如图 4-4 所示。不论是分时图还是 K 线图的价涨量缩，都没有绝对的方向性信号，所以要根据庄家操盘的阶段以及股价位置综合判断。

（1）试盘阶段。此阶段庄家的主要目的并不是拉升股价，所以不需要大量集中买入，尤其是试盘阶段股价上涨至关键技术压力时，庄家更不会大量买入散户抛盘。所以这个阶段股价日内出现逐波缩量上涨，说明庄家拉升

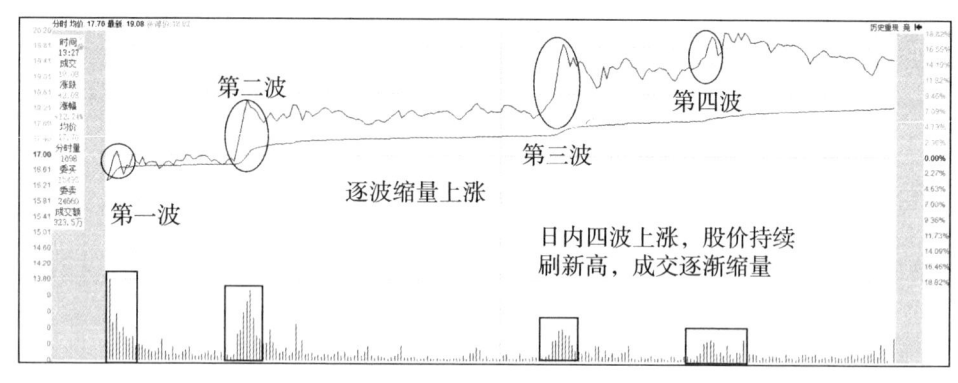

图 4-4

意愿不强，甚至存在诱多的可能性，短期 1 到 5 个交易日内股价冲高回落展开下跌风险较大，不宜短期追高买入。

（2）主升阶段。主升阶段初期，逐波缩量上涨并非是一个空头信号，此时庄家筹码较多，不需要大量买入去推动股价上涨，盘中放量主要是带动市场人气或在某关键价位吸纳散户抛盘。在主升阶段初期，即便逐波缩量上涨后短期内股价小幅调整，空间也比较有限，通常不会跌破回撤线。主升阶段后期，庄家已经开始出货，且股价位置较高，再出现放量上涨本身就是极不合理的行为，所以盘中的两波上涨极有可能是为了诱导投资者，是出货前的拉高行为。如果收盘前股价大幅回落且跌破均价线，即可视为股价见顶，是庄家出货的空头信号。

（3）振荡阶段。股价处于振荡期，不论是低位振荡吸筹，还是振荡出货，出现逐波缩量上涨的分时走势，都说明庄家运作不充分，短期内不会展开上涨行情。若在低位振荡吸筹阶段，逐波缩量上涨后，可能会出现洗盘行情，运作充分后股价会展开主升。但如果是庄家振荡出货阶段出现逐波缩量的上涨行情，则属于诱多拉高出货行情，需要持续避险。

（4）出货阶段。股价在出货前、中期阶段，如果分时图出现逐波缩量上涨的量价走势，基本可以断定为诱多行情。庄家经常会采用集中买入来刺激股价短期拉高，从视觉上刺激散户追高买入。而上涨过程中的持续缩量，也说明庄家的购买力在减弱，如果收盘时股价跌破均价线，短线加速下跌风险较大。

2. 逐波缩量下跌

逐波缩量下跌则比较温和，只要是缩量下跌，虽然短期内股价仍处于下跌状态，但说明市场的抛盘压力正在减弱，未来存在变盘的可能性。所谓逐波缩量下跌，即日内分时图中股价出现 2 到 4 轮快速下跌行情，但每一波下跌的成交量较上一波下跌有明显缩量，也就是价跌量缩。逐波缩量下跌的分时量价关系主要出现在建仓初期以及洗盘阶段，通常是股价即将见底的后市看涨信号。

2024 年 2 月 5 日，通用股份（601500）开盘后就走出了一波放量下跌行情，随即价格逐渐平稳，围绕均价线波动且成交量也趋于稳定。随后在 10:15、10:40 股价又走出了两波下跌走势，虽然股价均刷新了日内低点，但成交量均比上一轮下跌有明显的缩量，符合逐波缩量下跌的量价关系，如图 4-5 所示。

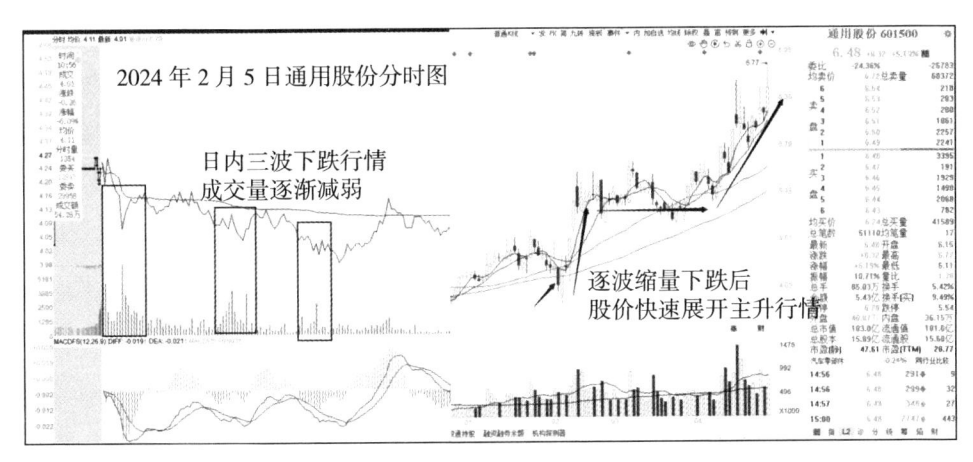

图 4-5

在此之前，通用股份已经持续了超过一年的低位振荡，虽然其间出现过多次明显的机构吸筹行为，但主升行情始终没有出现。2024 年 1 月，通用股份振荡上涨，到达前期振荡高位时开始放缓并缩量调整，然后就在 2 月 5 日出现了逐波缩量下跌的分时表现，但次日股价并没有顺势下跌，而是直接阳线拉升，开启了主升行情。

在股价依旧处于空头趋势时，分时图出现逐波缩量下跌，说明庄家要开始为后期的建仓"铺路"了，也就是打压式建仓。如果在此之前的某个交易日出现过放量上涨，更能说明机构的洗盘行为。想要控盘的机构没有理由在股价处于低位时进行大量集中抛售，当然不排除庄家因为某些原因继续低价抛售尾仓，但更多的情况是新进机构为了进一步打压股价，制造恐慌，而集中卖出砸盘诱空。

那么机构建仓初期集中抛售的筹码是从哪里来的？机构要先买入，才有筹码去卖。这就需要在砸盘之前，机构先持续购买少量筹码以及融券配售少量筹码，然后在某日盘中集中卖出。因为筹码不充足，所以卖出时无法持续放量，反而会逐渐缩量，这也与前面所讲的庄家建仓阶段的量价表现吻合。机构在已经有了较多筹码的前提下洗盘，集中卖出致使股价下跌，是为了制造恐慌情绪，机构不需要持续加大力度抛售来之不易的筹码，所以股价下跌不会连续放量。

首次集中卖出导致股价下跌，已经可以刺激一部分散户卖出筹码，后续只需要集中少量筹码卖出，火上浇油即可，达到目的后，庄家自然要低价吸筹或者展开主升。分时走势的逐波缩量下跌，预示着股价即将在 1 到 5 个交易日内有所反弹，具体时间需要看机构的运作情况以及具体安排，但此时投资者可以做好低价进场的准备了。

第四节　突击式放量上涨与下跌

在任意交易日中，只要盘中突然出现集中的放量行为，都可以认定是机构投资者正在进行大笔集中交易。在某一交易日，股价始终处于平稳的量价波动（多为小幅振荡）中，突然在某时段成交量快速放大，持续时间在半小时以内，即为突击式放量。如果此量能为集中抛盘量能，股价便呈加速下跌状态，若为买盘量能，股价则出现加速上涨状态。突击式放量上涨或下跌结束后，量价重新回归平稳状态，直至收盘，如图 4-6 所示。

1. 建仓期突击式放量上涨

在机构建仓期，由于个股的股性不活跃，持仓者多为散户，购买活跃度较差，所以机构在盘中突然集中买入必然会刺激成交量以及价格大涨，同时

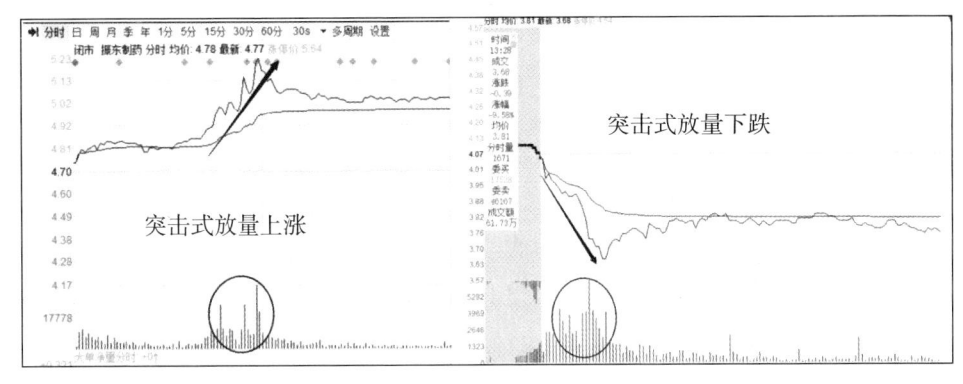

图 4-6

会试探股性和持仓散户的耐心。在低位横盘阶段，若股价日内出现集中的价涨量增，然后开始窄幅缩量整理直至收盘，投资者不要急于跟进，短期内股价会有所回落或持续振荡。

2. 试盘期突击式放量上涨

在试盘初期，股价长期处于低位横向振荡吸筹阶段，已经吸收了一定程度的筹码，突然某日突击式放量上涨或开启一轮试盘性的上涨行情，说明机构在测试场外的跟风情绪，以及正在持仓的投资者会不会出现拉高出货的悲观交易。如果机构集中买入刺激股价上涨，然后停止交易，此后若股价依旧保持振荡上涨，说明场外跟风情绪较强，个股形象不错，可以增强机构未来操盘的信心和底气。如果股价持续保持横向运行直至收盘，股价仍然保持在均价线上方，也可以看出持仓散户不会轻易抛售手中筹码，看涨比较坚定。如果没有特别强烈的散户抛盘出现，机构将进一步向上拉升，试探持仓散户的卖出底线，如果短期内股价面临较大的技术压力，可在此处进行洗盘。

在试盘初期，也就是低位横盘结束后，日内出现突击式放量上涨，且日内没有较长上影线，说明短期内获利空间充分，投资者可以参与短线交易。

3. 主升阶段的突击式放量上涨

主升阶段初期，股价必然会面临许多强劲的技术性压力或者套牢集中区，这些位置可能会出现散户的集中获利了结盘或者是套牢盘的离场。虽然此时机构已经有了比较充足的筹码，已然是货真价实的控盘庄家，但面对大量散户抛盘还是需要大量资金接盘。

集中式的买入，直接将价格突破关键压力，可以有效遏制散户抛盘，也会吸引场外投资者追涨抬轿子。这种做法通常是中大盘股的操盘方式，而小微盘股在运作上会更加激进。投资者经常可以发现，许多强势的小微盘股在主升时，开盘后马上就会展开一波10分钟左右的突击式放量拉升行情，直接封板或大涨，让散户不敢追，追不进。这是游资常用的快速主升手段，目的是不给散户反应和买入的时间，这种分时走势非常危险，尤其是股价已经处于主升行情后期，有很大涨幅的时候。

在主升阶段后期，庄家开始着手出货，会做很多铺垫，在消息面与技术面都会制造许多陷阱，诱导散户。投资者可以注意一下，有些强势股交易日直接高开突击式放量拉高，但是并不封板，或封板后开板，就是利用这种看似很强势的拉升方式，刺激场外散户的看涨热情，然后高位派发。如果开盘放量冲高不封板或烂板，股价振荡下跌，最终收盘时跌破均价线，日K线收较长的上影线且成交量较大，则说明日内庄家在进行高位派发。

早盘开盘后的一小时，散户的积极性和注意力是最高的，交易也是最活跃的。很多散户认为开盘股价就放量冲高，是庄家拉升的信号，是涨势很强的表现，尤其涨幅榜前3页是散户重点关注的对象，这个阶段只要机构演技足够逼真，就可以吸引到大量散户进场追高。

4. 出货阶段的突击式放量上涨

这里主要说的是二次拉高出货，庄家的出货行为已经很明确了。在二次拉高时，庄家的筹码已经派发了许多，控盘力度明显减弱，此时多数散户处于套牢状态，很多人幻想着庄家洗盘后展开幅度更大的主升行情。在二次拉高时，套住的散户不敢加仓，场外的散户不敢抄底，庄家的控盘度减弱，所以想要拉升股价必然要大量买入。如果持续大量买入，庄家就需要把止盈的资金重新在高位换成筹码，这很不划算，所以只需要在盘中某一个时间段，集中一次大量买入，拉升一波行情就可以了。庄家不交易，靠散户之间进行换手，成交量是很低的，股价波动也很弱，平均每分钟的交易量非常小，所以利用这一点，庄家在10分钟左右的时间突击式扫货，就可以让股价快速冲高。看到股价又重新走强，成交也放量了，想斩仓的散户也放心持有了，准备跟进的也可以大胆买入了，这时庄家会继续出货。一旦确认庄家已经出货，投资者最好不要参与后面拉高出货阶段的短线投机交易，因为我们不确定庄家出货的阶段，以及最终什么时候开始打压式出货。

5. 建仓期突击式放量下跌

前面讲过，机构的建仓在股价还处于下跌趋势尚未见底前就已经开始了。在机构真正建仓前，必将会让股价进一步下跌，这样就会让被套持仓的散户在低位斩仓，机构从而买到低价筹码。在股价尚未见底前，机构便逐日买入少量筹码，加上券商的配股融券，所持仓位已经累积到一定的数量。当机构准备建仓前，在某交易日借助利空消息或是大盘的下跌，盘中突然将筹码集中性抛售砸盘，便可刺激股价快速放量下跌，在形态上极易造成散户的恐慌。如果此时没有其他机构乘虚而入，股价短期内会出现持续下跌，投资机构的融券部分获利，又可以低价购买筹码，可谓一举多得。

如果在下跌低位出现分时图突击式放量下跌，我们可以关注短期表现，若后期出现连续放量上涨，股价见底企稳，可以确认之前的突击式放量下跌是机构建仓前的洗盘行为。

6. 洗盘阶段突击式放量下跌

不论是建仓阶段还是试盘、主升阶段，都可能出现庄家洗盘的情况，而盘中的突击式放量下跌就是其中一种技术洗盘方式。如何辨别分时中突击式放量下跌是洗盘，主要关注两个方面：第一，突击式放量下跌后股价的表现，如下跌后股价并没有持续下跌刷新低点，而是振荡反弹，并在收盘前回到均价线上方，则洗盘可能性较大；第二，突击式放量下跌后的3到5个交易日，若股价重新放量上涨发出继续看涨信号，或即便股价继续下跌也是无量小幅阴跌且不跌破关键支撑，一旦某日重新价涨量增，即可认定为洗盘。

7. 出货阶段突击式放量下跌

在高位，如果突击式放量上涨是机构拉高出货的诱多信号，那么突击式放量下跌就是机构真的开始不加掩饰地出货了。一般都是股价开盘后直接放量加速下跌，甚至是大幅低开后放量下跌直接封死跌停。多数情况下放量下跌后股价不会有太大幅度的反弹，要么是窄幅盘整，要么是振荡下跌，直至收盘都不会重新回到均价线上方。机构出货要的就是出其不意，攻其不备，在股价还处于强势状态，散户看涨情绪高涨时一次性出掉大量筹码，否则当市场开始谨慎时出货难度就大了。所以在股价主升阶段的高位或者二次拉高时，出现突击式放量下跌，都属于典型的庄家强势出货信号，投资者一定要尽快采取避险措施。

2023年12月，正当A股市场持续下跌之际，有一只股票逆势连板，成为市场关注的焦点，它就是ST世龙（002748）。这只股票从12月12日展开强势主升行情，连续四天开盘涨停。我记得当时许多读者都在准备开板后追涨，按照我一贯的观点，个股一旦连续封板，若有一天不再涨停，给散户充分的追高机会，大概率是诱多陷阱。12月27日，股价依旧是一字板开盘，但仅过了9分钟，突然集中放量开板，股价直线下跌。突击式放量下跌后，虽然成交量逐渐缩量平稳，但股价持续振荡下行，收盘前最后一分钟到达跌停板，庄家的强势出货行为使股价当日完成了天地板。从这一日起，股价开启了单边下跌模式，30个交易日累计跌幅达到了60%。

本书内容讲到此处，各位读者已经掌握了许多量价关系的辨别方法以及机构操盘方式。在任何交易信号发出时，为了进一步确认有效性，我们可以进一步观察股价的表现，等待更明确的信号出现后再进行交易，唯独出货信号不可以。不管是哪种分析方式，只要判断出庄家有出货意图或实质性行为，都应该立即采取避险措施。如果一定要在可能少赚钱与可能亏损之间选择的话，那一定是前者。

第五章
涨跌停板量价分析

涨跌停板制度实际上是一柄双刃剑，它的初衷是防止股价波动幅度较大，给投资者造成过大的损失，是为了保护普通投资者而制订的一种交易规则，但涨跌停制度也使得当日股价无法反映出真实信息与市场价值，原本需要一天完成的波动要分几个交易日来释放。

第一节　涨跌停板一般理论

散户的交易无法影响股价涨停或跌停，所以涨跌停是对机构投资者的一种限制，反过来，机构也会利用涨跌停引导散户。

市值越大的企业，股价涨跌停难度越大，因为这类企业的监管力度更大，需要的资金更多，机构间竞争也大。若要对市值大的股票绝对控盘，至少要掌握其流通市值的40%以上，这对于大多数机构来说是很难的。操作最为灵活的游资是涨停板的主力军，一二线蓝筹股通常为多家机构共同持仓，所以只有在一致认为股价短期存在较大爆发潜质时才会统一买入，刺激涨停。

一、涨跌停板量越小，持续性越强

涨跌停和常规上的量价关系有所不同，放量并不一定是持续性信号。前面的内容中多次提到，当庄家展开主升行情时，就代表着已经获得了足够的筹码可以有效控盘，所以每日不需要用太多资金买入就可以刺激股价大涨，所以涨停板的量越小，说明庄家的控盘度较高，也说明市场的抛盘压力较弱。跌停板也是一样的道理，如果跌停量能很小，说明当日几乎没有主动买盘，投资者都在争先恐后地卖出，只有卖盘没有买盘，股价很快封死跌停，而且没有成交量。但是不同位置的涨跌停板，不同的量能表现，也会给市场带来不同的影响。

如果庄家还在低位运作阶段，不论是建仓期还是试盘阶段，涨停板都没有连续性，而且成交量也会大一些。在这个阶段涨停板的放量，一部分来

第五章　涨跌停板量价分析

自庄家高抛降低持仓成本的卖盘量，一部分来自持仓散户投机式止盈量以及套牢盘的斩仓量。如果是喜欢打板的投资者，在这个阶段追板成功的概率会很低。

如果是小微盘的黑马股，在主升阶段连板的概率是很大的，多为无量涨停板，这类个股多由庄家绝对控盘。放量的涨停板只会出现在两种情况下：第一种情况是股价遇到前期的关键平台或技术压力，此处有较多前期套牢盘需要较大资金去接盘，另一种情况就是拉高出货。如果是中大盘股，若非极大的利好，一般不会连板。主升阶段的涨停不会是无量的涨停，成交量基本与前期上涨时的量能水平相差不多。同样的，如果成交量过大，也是机构拉高出货的信号，蓝筹股一般很少采用涨停板出货的方式。

跌停板主要出现在出货阶段，也会出现在洗盘阶段。洗盘阶段的跌停板量会比较大，因为这个阶段场外的浮筹比较多，机构的筹码集中度低，而且股价已经企稳，抄底的散户也比较多，所以需要较大的卖盘才能让股价跌停。

小微盘黑马股的散户投资者多为短线激进投机者，对风险敏感且有一定的短线分析能力，这类个股一旦高位出现滞涨或释放出些许风险，都可能造成散户集中出逃，而控盘庄家筹码又比较集中，所以出货难度较大。出货初期，庄家就要趁着看涨热度还在，大量抛售获利筹码，庄家抛盘量大，散户追涨情绪高，所以下跌或跌停会出现比较大的量能。若机构出货不顺利，投资者接盘情绪不高，庄家又急于离场，就会在庄家集中卖出时导致股价跌停，所以只能连续打压式出货，股价会连续多个跌停且成交不大。另外在出货后期，庄家已经将大部分筹码变现，少量仓位不惜成本地低价集中卖出也会出现无量跌停。此时空头情绪强烈，没有任何反转企稳迹象和利好传出，抄底资金极少，庄家大量卖出，自然会跌停且无量。

当市场突发连机构都始料未及的利空消息时，不论股价处于何种位置，都会出现连续的无量跌停。如天邦食品（002124）自2021年2月开始股价单边下跌，直到2024年2月，股价跌幅已经达到了75%。同年5月，天邦食品被风险警示处理停牌，复牌后连续无量跌停，就是因为各类投资者都在抢着卖出，而几乎无人接盘。所以无量跌停代表着几乎没有买盘，无量涨停意味着几乎没有卖盘。但要注意，这只是意味着当日的买卖盘情况，并不代表下一个交易日也是如此,很多时候,当日无量涨停看似很强势,但下一个交易日庄家就拉高或直接打压式出货。因此要结合当前市场环境以及股价所处位置判断股票连板的可能性。

二、涨跌停时间越早,持续性越强

我们经常会看到许多小微盘黑马股,主升阶段都是连续的一字板或开盘后短期内封死涨停,这都是庄家强势控盘的结果,目的就是不想让太多散户参与。

一般来讲,9:30 到 10:00 之间个股涨停都属于强势涨停板,时间越早,连涨的概率越高。跌停板也是如此,开盘短时间内跌停,说明庄家有大量筹码要卖出,而且采用打压式这种激进的出货方式,不仅股价跌幅大,还会造成投资者恐慌,自然连续跌停的概率会更高。

10:00 到 14:30 之间的涨跌停板属于正常的封板时间段,不论涨跌停都不会给次日带来特别大的方向性指引。但是我们可以从当日封板的过程、封板的买盘数量和变化、庄家操盘的阶段等方面,对后市进行进一步判断。流通市值偏大的个股,由于机构的控盘度不高,所以多为在这个时间内涨跌停,即便趋势得以延续,连续涨跌停的概率也不高,只是在趋势延续的过程中夹杂着屈指可数的涨跌停板而已。

14:30 到 15:00 之间的涨跌停板,一般称为弱势涨跌停。从涨停板的角度来看,多为小微盘股,而且控盘庄家实力不强,上涨多为一日游或短期上涨行情。机构资金实力不足,非常担心在拉升过程中遇到对手盘的打压或散户的高位了结盘,如果量能过大,自己无力护盘,必将被套其中。所以在收盘前,股价几乎尘埃落定之际,庄家突然集中买入,快速拉升股价达到涨停板。若当日市场整体比较强势,市场看涨情绪较高,必然也会有许多踏空的散户在尾盘寻找机会,此时看到提示"XX 股票急速拉升",也会盲目跟进。跌停板也是如此,如果开盘庄家就出货砸盘,必然会有许多散户也跟着抛盘,最终吃亏的一定是庄家。临近收盘,持仓的投资者觉得当日股价已经稳定,失去盯盘耐心后,庄家再进行集中出货,会减少许多抛盘竞争压力。

以上对三个时段涨跌停板的描述只是理论上的,并非所有在指定时间段

第五章 涨跌停板量价分析

内的涨跌停板都会按照理论定义进行后市波动,很多时候庄家都会反其道而行之,误导投资者。在股价主升高价区域,当日股价在开盘后不到30分钟的时间就已经封住涨停板而且成交较低,这样的涨停板几乎符合一切强势涨停的条件,除了股价位置过高以外。次日股价高开或开盘后快速冲高,让那些激进的投机者验证自己的看涨观点并积极追高时,庄家开始大量抛售出货。对此我一贯的做法就是,在股价的主升高位,不要轻易相信任何一个涨停板。

2024年5月7日,怡达股份(300721)高开后2分钟的时间内便封死涨停,而且当日放量不多,不论从量价关系还是涨停时间来看,这都是一次强势的涨停板。次日股价高开后继续快速冲高,但未能再次涨停,反而是振荡回落。最终K线收出较长上影线,成交量巨大,且股价处于较高位置,一切都符合我们前面所讲的顶部庄家出货信号,如图5-1所示。

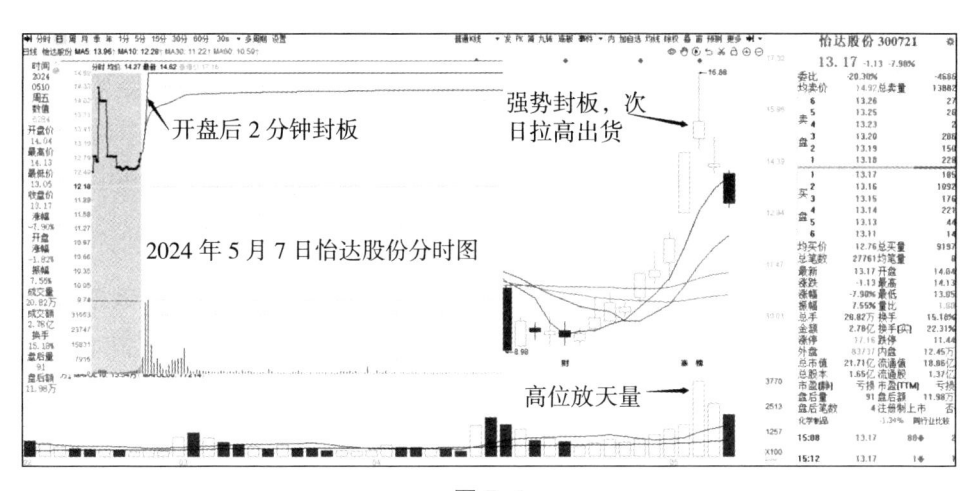

图 5-1

后面两个交易日的时间,股价跌幅超过15%,下跌仍在持续。庄家可以在多头与空头之间随时切换,演技越是逼真,利润也就越高。以怡达股份来说,之所以拉高出货当日成交量很大,最终还能收出阳线,就是因为庄家前期营造的强势股形象深入人心,刺激追高的散户趋之若鹜,深信不疑,最终达到了非常好的出货效果。有时候越是强势的表现,越有可能是庄家为我们制造的陷阱。就像谍战剧中经常说的,一切都太过完美,找不到漏洞,就是最大的可疑之处。

许多喜欢打板的投资者其实成功的概率很低,而且风险与收益不成正比。

我们经常会听到有人说自己打板获得了多少收益，但是亏钱时候的心酸、损失的资本我们是不知道的。在路边我们看到某个奶茶店人头攒动排起长队，觉得奶茶店的生意真好做，却无法发现更多因为没有生意而倒闭的店铺。在股市中也一样，许多人对外报喜不报忧，不愿意承认自己在股市中的失败。所以投资者要稳扎稳打，对于涨停板不要强求。如果遇到了各方面都非常优秀的涨停板，想要适当参与，一定要考虑以下几点。

（1）损失与利润空间是否成正比，是否值得冒险？

（2）股价的主升理由是否足够支持股价连板大涨？

（3）当前市场环境是否允许庄家激进操盘？

（4）当下股价处于庄家的试盘阶段还是主升初期或中期阶段？

（5）若3个交易日内出现明显的庄家出货行为，能否毫不犹豫地斩仓离场？

（6）因为科创板与创业板的涨跌幅限制均为20%，所以股价更容易在当天反映时机价值，连板概率要更低一些。

跌停板也存在许多误导性，庄家在建仓过程中的某一个周五交易日，股价全天保持稳定波动，即便下跌也是振荡形式。在临近收盘前的半小时股价快速下跌封死跌停，此时持仓投资者还没来得及做出反应，便已经收盘了。人一旦种下怀疑的种子，就会生根发芽不断地膨胀扩散。周五收盘后连着周六日，经历跌停板的散户会一直沉浸在恐慌之中，到周一开盘，只要庄家进一步砸盘，散户就很容易在低位割肉出局。

当散户投资者看涨某只股票时，任何一个微不足道的利好都会成为他们追涨或持仓的理由，而且会自动屏蔽其负面消息或股价表现。相反，当投资者开始看空某只股票时，任何一个不利因素都会让其更加恐慌。而涨跌停板，可以让散户的主观情绪最大化。

三、封板量不是越大越好

许多投资者判断股价涨停力度的依据是看封板量大不大，从理论角度出发，的确封板的买一、卖一单量越大，代表后期持续性越强。但是任何理论上的行为都会变成一种假象，庄家越是想让散户看到什么，就越是不真实的。

股价涨停后，竞价原则就仅为时间优先，投资者想要买入就只能与其他人在相同的价格排队购买。看似买一挂单很多，多数都是出自庄家之手，这让散户看起来股价未来将有更大的上涨潜力。

庄家在买一位置大量买入，主要有以下几点原因。

（1）准备继续主升阻止散户进场。这是符合理论的封板行为，小微盘股展开主升，庄家手中已经有充分筹码，外部浮筹很少，庄家不需要挂太多买单，就可以保证不开板，不会让散户成交。大市值个股流通性更强，所以需要大量买单封死涨停，才能确保不开板。

（2）为后期出货做铺垫。即便明知散户无法从涨停板中获得任何筹码，但庄家依旧要大买单封板，目的是保持个股的强势形象，让散户看到股价每日强势涨停，封板量巨大，从而在庄家出货时才能有更多的散户高位接盘。

（3）涨停出货。这是投资者经常忽略的问题，以及最具有风险的涨停板，许多投资者看到股价涨停就不再观察，只关心当天有没有开板。股价涨停后散户与庄家都在排队买入，有先有后。当排在前面的散户已经成交，即将轮到庄家的买单成交时，庄家就会撤销排在前面的买单，让后面的散户先成交，而且还会继续大量挂单买入，保持封板挂单的数量。这样就会让不细心的散户认为封板单量依旧很大，卖盘很少，等待买入的资金很多，其实当日卖出最多的就是庄家。有时候我们看到股价涨停，封板量没怎么变，分时图中涨停板虽然没有开板却经常出现放量，当日涨停板整体量能较大，这就是庄家利用涨停板出货的信号。

跌停板同样如此，股价跌停卖一位置单量越大，给投资者的感觉是卖盘很凶，后市继续下跌的可能性极大。但是换个角度思考，巨大的卖单不是恐吓散户斩仓最好的方式之一吗？所以封板的挂单量，不仅仅代表市场的情绪，也代表庄家的各种操盘意图。

第二节 涨跌停的量价关系

股票价格的涨跌停一定是由庄家发起的强势股价表现，庄家或是起到了引导和带动情绪的作用，或是完全掌控，这对于股价封板当日的成交量会造成不同的影响，股价后市的表现也充满了不确定性。所以通过封板当日成交量的观察，结合庄家操盘的阶段，可以帮助我们判断股价短期内的运行方向以及庄家的操盘意图。股价的涨停行为，多出现在试盘和主升阶段。跌停行为多出现在建仓期的洗盘阶段以及出货初期。

一、无量涨跌停

无量涨跌停并不代表当日无成交，而是当日股价虽然强势涨跌最终封板，但是成交无放量甚至是大幅缩量的量价关系。

股价涨停且无放量或大幅缩量，一方面说明庄家控盘度高，另一方面说明当日抛盘压力弱，也称为强势涨停，当日分时表现或是直接一字板，或是大幅高开后开盘5分钟内封板。无量跌停也是同样的道理，日内直接一字跌停板，或开盘后5分钟内跌停，没有放量甚至是缩量，说明当日庄家虽然集中抛盘，但是因为买盘太弱，导致没有大量成交便封死跌停。

如图5-2所示，分别是南京商旅（600250）和济民医疗（603222）的K线走势图。南京商旅在主升过程中，刚开始两个交易日的涨停板还有些许放量，是因为股价突然上涨，许多散户不看好未来行情进行获利了结。随着不坚定散户的离场，抛盘压力减弱，庄家也准备继续进行强势主升，没有任何出货行为，所以后续的涨停量能持续减弱，主升行情得以延续。济民医疗在第一个拉高出货的交易日，成交出现天量，且当日股价高开低走收阴。这一交易日的量价表现，很明显让市场感受到了恐慌，次日无人敢抄底，持仓者争相卖出，所以股价开盘即跌停，成交量大幅缩量。一般情况下，庄家出货不会过量抛盘，一旦量价形态特别恶劣，造成场内外散户恐慌，后续的出货难度是很大的。如果个股出现这种缩量或无量的一字跌停板，第一种情况是庄家因某些原因急于清仓，第二种情况是庄家知道该企业即将突发重大利空，比如前面提到的天邦食品变 ST 天邦的例子。

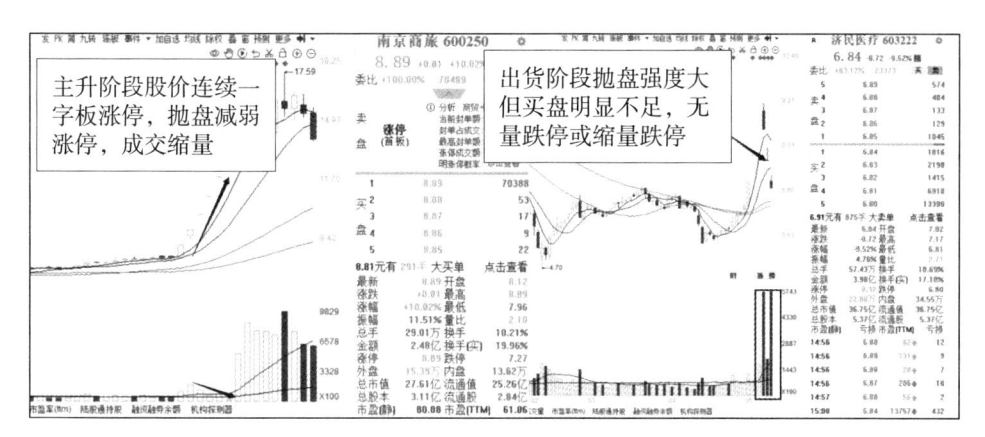

图 5-2

这种跌停板出现的概率不大，但是杀伤性很强。如果投资者持仓的个股出现了无量或缩量跌停，此时股价正处于主升后的出货初期，短期内庄家可能还会有一两个交易日的拉高出货行为，但只是可能，不建议投资者博弈这种不确定性。如果庄家前期拉高阶段出货已经比较充分，则打压式出货阶段就不会再度拉高。

无量涨停基本都出现在小微盘股中，试盘阶段即便出现涨停，也不会大幅缩量或无量，所以基本都出现在主升阶段。无量涨停是一种强势的主升信号，通常会刺激后市股价继续上涨，直到开始放量。如果控盘庄家筹码充分且散户无抛盘，可能主升首日就是缩量涨停，所以在整个主升过程中，连板的成交量变化是：缩量（无量）—缩量（无量）—放量或小幅放量—缩量（无量）—放量。我经常和读者说，一旦缩量连板的个股在高位开始放量，就是庄家利用涨停出货的信号，也就是到了主升的后期阶段，投资者要随时防止庄家拉高出货，更不能轻易进场。

如果股价没有经历主升，只是在振荡阶段，这时候股价突然无量跌停，那投资者真的只能自求多福，尽快在次日集合竞价时顺利卖出。没有量的跌停板可能会在短期内对股价造成持续的下跌刺激，投资者可以摆烂持仓，但解套时间必然会遥遥无期，甚至因为企业经营问题最终被风险警示，持续刷新低点甚至退市，这不是危言耸听，因为我曾经就经历过一次。

二、温和放量涨跌停

温和放量指的是当日涨跌停板的成交量较上一个交易日有小幅度放量，一般情况下不超过一倍，但上一个交易日无量的涨跌停除外。温和放量的涨跌停可以出现在庄家操盘的各个阶段，尤其是市值较大的个股，基本都是这样的涨跌停方式。单从涨停的量价来判断后期的股价表现，几乎没有任何参考价值，必须结合庄家操盘阶段进行分析。

1. 主升初期温和放量涨停

股价经过长时间的底部运作，整体振幅相对稳定，此时投资者主要分为做波段的投机者和长期捂股的套牢者。这些投资者绝大多数没有想到股价会突然展开主升行情，随时准备获利了结或一旦解套马上离场，所以抛盘力度比较大，主升初期的涨停板会有些许放量，但绝不会出现巨量或天量。

以温和放量涨停的形式开启主升，多为小微盘黑马股，像亚振家居（603389）市值只有十几亿元，非常容易出现涨跌停板，很受游资青睐。亚振家居在一年的时间内出现了多次冲高与杀跌行情，非常活跃。每当股价启动第一个涨停板或遇到关键压力进行突破时的涨停板，都会有温和放量。一旦压力突破，主升确认，市场抛盘减弱，涨停板就会缩量或无量。庄家为了留住持仓散户，也会刻意做出强势涨停现象。虽然散户担心风险，急于获利了结，但看到股价一字板涨停，基本都会认为后市将继续上涨，因此不会轻易卖出。随着股价进一步冲高，涨停板开始逐渐放量，说明市场抛盘正在加大，如图 5-3 所示。

股价涨势如此强劲，散户为什么要大量卖出呢？很显然，这里面大多数的抛盘都来自庄家，所以我常说：一旦连板开始放量，或者结束封板，就要随时防止庄家拉高出货。小微盘股主升启动很强势，一旦庄家出货，下跌力度很大。

对于温和放量的涨停板，投资者需要注意以下几点。

（1）中、高市值个股连板能力较弱，甚至涨停都难得一见，所以连板概率较低，但连涨还是可以的。

（2）启动涨停板如果成交量过大，可能是场内抛盘压力过大，庄家借

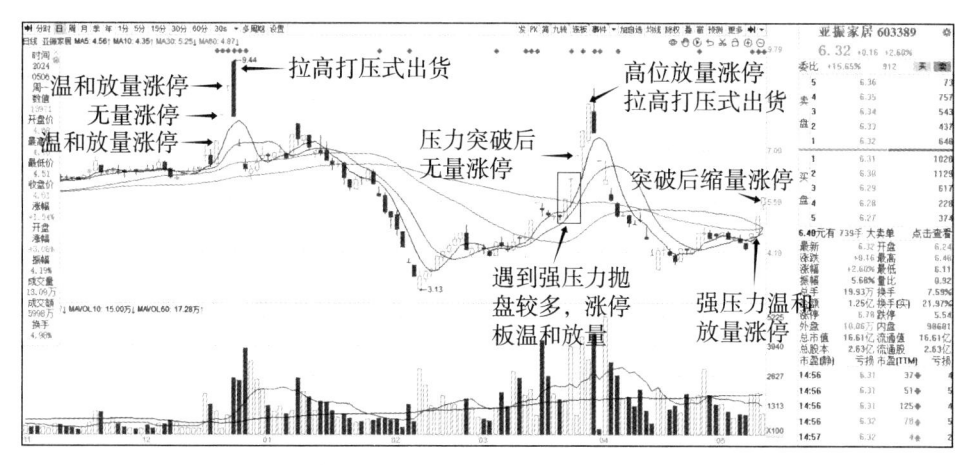

图 5-3

机洗盘，重新蓄势等待下一轮上涨，也可能是庄家尚处于建仓期，做波段拉高减持降低成本，这时追板风险很高。

（3）当日涨停量价较好，但次日遇到关键压力或套牢盘区域，则连板概率下降。若次日抛盘压力不大，成交没有出现天量或巨量，以较小的量、较早的时间封死涨停，说明主升力度较强，后市连板或连涨的概率较高。

2. 出货初期温和放量跌停

股价无量或大幅缩量跌停，代表抛售力度强且买盘乏力。如果成交量较大，又不是天量或巨量，则说明此时具备一定的抄底人气，庄家出货量较高，但派发与股价的下跌还将持续一段时间，所以有一定成交量的跌停板通常是一种延续信号。温和放量跌停，一方面指的是上一个交易日有缩量跌停或缩量涨停等情况；另一方面指与主升行情启动前的成交水平相比，没有放天量。

通常小微盘股的股价见顶第一根 K 线，一定是巨量或天量的巨阴或超长上影线的 K 线，所以中度成交量的跌停板一般是第二或第三根 K 线，此时股价已经累积了较大的跌幅。如果买盘很弱，庄家派发困难，又不愿意不计成本地出货，可能会出现二次或多次拉高出货。但投资者尽量不要去搏后面的拉高出货，以免错过最佳离场时机。如果没有及时离场，可以通过观察前期下跌庄家出货是否顺利来判断二次拉高的可能性，前期股价跌幅较大，但整体成交较低，庄家可能大多数筹码还在持仓，则存在拉高出货的可能。还可以观察筹码变动情况，如果股价低位还有较多筹码，顶部筹码峰不是特别集中的话，庄家为了高价出掉低廉筹码，有可能二次拉高出货。

三、巨量与天量涨跌停

正所谓过犹不及，不论是涨停还是跌停，只要出现巨量甚至是天量，基本上都是极为危险的量价表现，对后市来说变盘多翻空或加速杀跌的可能性大大增加。

1. 顶部放量涨跌停

中、大市值企业涨跌停出现的概率都比较低，这类企业股价跌停只有一种原因，就是所有持仓公募都认为股价见顶而集体派发。当公募基金集体看空且急于抛售，那股价就真的是见顶了，而且二次拉高都不会出现。多家公募基金共同持仓，出货时一定是先走为上，谁卖的晚谁的利润就会减少，所以谁都不愿意拉高为竞争对手创造高位派发的机会，股价会持续下跌。

中南建设在 2023 年 8 月 4 日高位放量下跌后基本没有反弹过，持续下跌了 4 个月，跌幅达到 40%。所以一旦中、大市值股票高位出现跌停，一定要果断离场，不要抱有任何幻想。而小微盘股出货时放量跌停就比较普遍了，股价还处于单边下跌尚未见底时，庄家就已经开始暗中吸筹了，相反，在主升阶段庄家就已经陆续高位派发了。当主升行情高位突然出现放量下跌，很可能是庄家出货比较顺利且已接近尾声，干脆就不装了。我们想一下，股价高位放量跌停，一定会给场内外散户带来极大的恐慌，而庄家不顾忌散户的心理活动，说明庄家对出货非常有自信，不担心筹码卖不出去。

如果是因为出货顺利放量跌停，接下来股价的下跌力度可能会减弱，但也会持续，而且二次拉高幅度很弱，通常不会破前高。如果是庄家因为某些原因急于离场而采取不计成本的打压式出货，那就更危险了，股价可能会连续暴跌。从 2024 年 1 月 24 日开始，特发信息连续 3 个一字板涨停，1 月 29 日拉高出货放天量跌停，然后又连续 3 个一字板跌停，7 个交易日股价跌幅 45%。之所以庄家这么急于出货，是因为不久之后特发信息被实施风险警示。

高位的放量涨停与放量上涨是一样的道理，唯一不同的是涨停板可以被庄家用来进行隐藏性出货。小微盘股基本都是庄家绝对控盘，一定会压榨最后一丝炒作价值，中途不会对敲给其他机构，庄家高位接盘可能性极低。所以我们不需要假设太多种可能，高位大涨或涨停，就当作庄家在高位派发，只不过此时的派发量不大，个股炒作非常成功，追涨情绪高涨而已，所以没有导致股价大跌。

放量大涨或涨停是庄家开始出货的信号，次日可能高开直接放量下跌，也可能高开后冲高放量下跌，都是常见的连续出货方式。当投资者所持个股出现高位放量大涨或涨停时，可以留一定仓位，不需要全部离场，保留少量筹码博弈庄家的进一步拉高出货，可以让利润最大化。

2. 试盘阶段巨量涨停

庄家在底部吸筹期间，为了防止股价出现过高的涨幅，会通过降低每次的购买量、盘口压大单压盘、分散买入集中卖出等方式，将价格控制在振荡区间。这个阶段，股价的波动空间相对比较固定，且成交较平稳，极个别的交易日庄家吸筹量较大，导致价涨量增甚至涨停，但很快量价会回到前期的平稳状态，不会持续保持强势的上涨状态。这种因为庄家建仓量过大或尝试拉升导致的股价上涨，持续性必然不会持久。

许多投资者看见股价涨停就兴奋，也不管庄家的真正意图以及潜在风险。沧州大化（600230）在2024年5月6日出现了一个涨停板，但是这种涨停板并不是股价主升的信号。首先这个涨停板较前一个交易日放量超过1倍，说明庄家控盘度不高，还有吸筹需求，另外也说明散户的抛盘比较多，因为在振荡平台前期高位累积了一部分套牢盘，此时解套后或多或少会有一定的斩仓筹码。其次，涨停次日股价虽然仅收了一个小阳线，成交量却是天量，较涨停日放大了三倍以上。最后，股价不仅到达了套牢盘更密集的区域，而且刚好在30周均线压力位，这就更加刺激了持仓散户的抛盘情绪。股价没有展开主升，反而振荡回落，但这是必然的结果，如图5-4所示。

投资者未来遇到吸筹期的放量涨停，不要急于买入，虽然试盘阶段股价也有一定的蓄涨能力，但要具备一些条件。如果涨停后距离上方的套牢区域或关键技术压力还有较大的获利空间，轻仓博一个短线多头，获利概率还是比较大的。技术分析四要素有量、价、时、空，其中空间总是被投资者忽略。

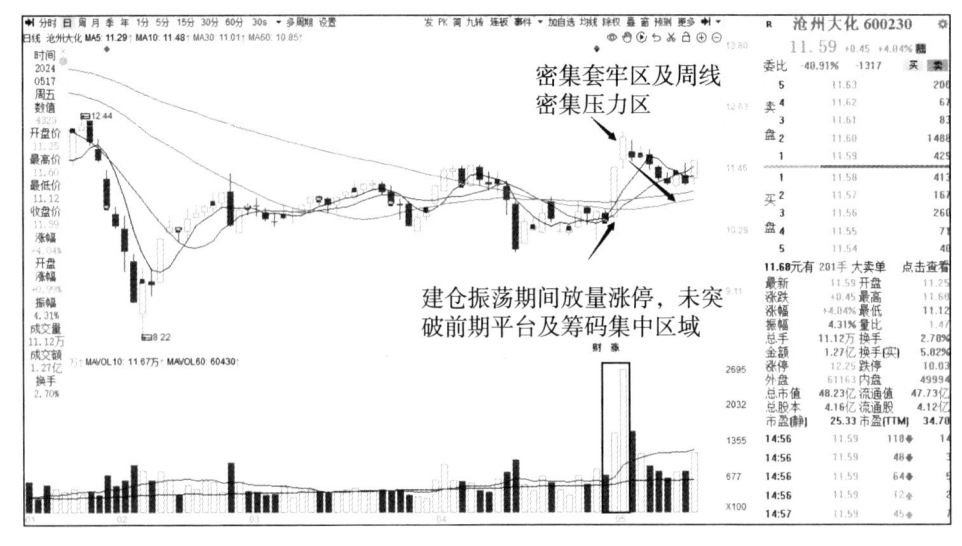

图 5-4

从沧州大化这只股票的涨停来看，虽然遇到了重大的抛盘压力，但后期走势还是值得关注。首先股价尚处于长期空头的底部区域，风险可控。其次股价经历了较长周期的底部蓄势已经企稳，其间多次放量上涨，包括涨停板，说明庄家具备拉高实力以及操盘决心。拉升过程中巨大的抛盘压力，没有刺激股价大跌，后期也仅仅是几个交易日的缩量微跌，说明庄家的护盘能力还是很强的，当然巨大的成交也有可能是庄家日内对倒所致，但我没有观察日内情况，所以不做定论。总而言之，这家企业此时是有庄家操盘的，这就够了。高位散户的浮筹逐渐减弱，庄家的筹码集中度日渐高涨，假以时日，时机成熟，蓄势充分后，下一次涨停若更加强势，或许会成为一匹黑马，毕竟对于一个只有不到 50 亿元市值的小微盘股来说，庄家绝对控盘还是非常容易的。

3. 下跌趋势底部的放量跌停

前面的案例中，在下跌趋势底部出现过放巨量或天量的跌停板，但数个交易日后股价便筑底企稳，这就是庄家在打压式建仓。庄家通过前期连续少量的吸筹以及转融通获得的筹码，在某交易日的某个时段集中抛售打压股价。股价在单边下跌过程中，绝大多数的筹码在散户手中，有些是在高位被套，有些是在低位抄底失败。有些散户被套后一直寻找着止损的机会，有些散户认为股价已经很低，而且下跌力度持续减弱，下跌空间很有限，不忍低价割肉。

如果捂股的散户太多，机构控盘的筹码从何而来？所以机构必定要刺激被套的散户，让他们尽早斩仓离场。抬高股价肯定不行，有些散户看到股价涨了更有持仓的底气了，即便是散户斩仓了，庄家也要花高价接盘，成本太高，所以机构会用打压式建仓把散户吓跑。庄家在集中筹码打压股价时，未知的风险带来的恐惧会让许多散户斩仓离场。

投资者在发现某些个股下跌，低位出现放量跌停，不要过于兴奋，觉得庄家开始建仓了，股价要见底了，就急忙进场抄底。庄家进行强势打压式建仓后，散户的恐慌情绪还会持续一段时间，具体持续多久，要看股价是否到达庄家建仓的计划位置以及散户抛盘意愿。我们可以根据后续股价的下跌是否已经到了无量阴跌的状态，以及是否出现庄家放量吸筹的信号来判断庄家的建仓时间。另外，当股价低位出现放量跌停，我们要观察近期上市企业是否公告了某些利空消息，如果消息确实是大利空，可能会存在持仓机构恐慌抛盘的情况，一般这种情况都会开盘快速跌停或一字板跌停。如果利空影响不大，盘中的跌停也比较吃力，则借助利空洗盘的可能性比较大。

4. 顶部的放量跌停

股价在主升行情高位出现放巨量或天量的跌停板，可以直接认定为庄家的出货信号，在此之前也一定会有其他的出货信号出现。这种打压式出货的方式主要应用在小微盘股的操盘中，而且一般使用这种出货方式的个股，一定是黑马股，主升力度极强，市场形象极佳，追涨的散户情绪十分高涨。在主升前，股价多为一字板或开盘后快速封板，庄家可以很清晰地从封板量中判断出散户的追涨情绪。随着股价的持续拉高，各种铺天盖地的看涨言论，也必将刺激许多激进投资者的追高热情。

正因为不缺接盘侠，所以一旦股价到达庄家预期价位，就会大量派发。温和一点的出货是拉高后进一步刺激散户的追高情绪，然后集中派发，甚至先涨停再出货，直到封死跌停，天地板就是这么产生的。可以想一下，前期股价如此强势，吸引了众多看涨散户，一旦停止涨停，做多人气必然强势，而庄家大量派发，那么当日的成交量必然是巨量，甚至是天量。

皇庭国际（000056）的市值是二三十亿元，正是游资喜欢操作的品种，

2023年11月7日开始主升,连续七个涨停板不是一字涨停就是开盘快速涨停,标准的游资强势主升方式。11月15日,股价再度以一字涨停板的形式开盘,且几乎无成交量。但是当天的强势涨停板,不代表明天亦是如此,尤其是已经连续涨停处于高位的涨停板。11月16日,皇庭国际的控盘主力并没有保持连板,也没有拉高出货,而是开盘后便走出一波放量快速杀跌行情,直接到达跌停板。或许是庄家觉得开盘跌停的气氛过于恐慌,于是集中买入,打开跌停,抛售虽然逐渐收敛,但变成了持续出货,直到临近收盘才再度封死跌停。而这一交易日成交创下天量,随后的几个交易日也都处于放量状态,庄家不会在高位连续大量买入,那必然是出货量了,如图5-5所示。

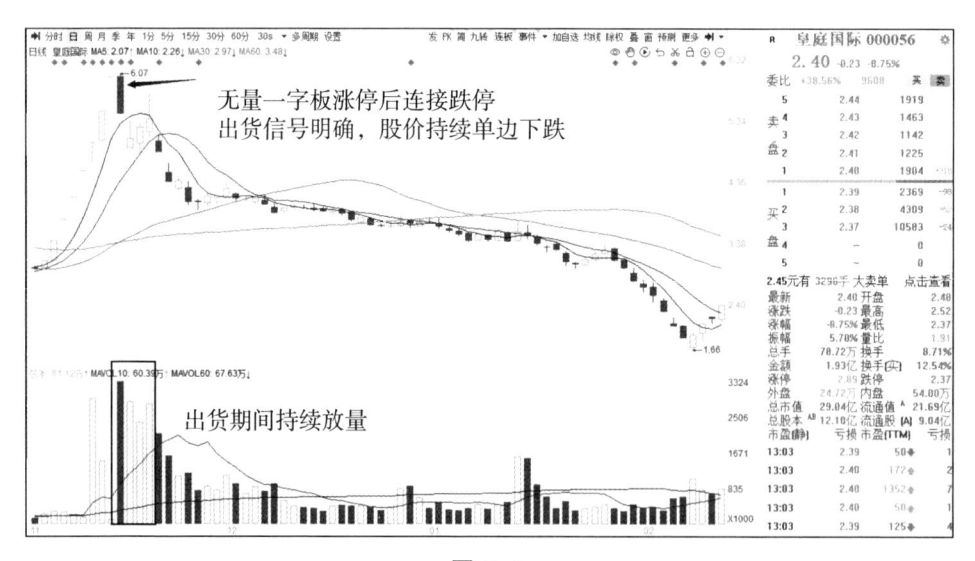

图 5-5

高位连续放量出货,说明庄家前期把个股的看涨气氛营造得很好,以至于出货信号如此明显,依旧有许多场外散户接盘。前面讲过,弱势庄家出货不顺利,会出现二次甚至三次拉高出货,但像皇庭国际这种连续高位出货比较顺利的情况,未来股价要面临的就是单边持续下跌行情。自庄家高位出货首日起,皇庭国际的股价持续下跌60个交易日,最大跌幅超过70%。可想而知,如果投资者以短线投机为目的去追涨停板,一旦被套,会给自己造成多大的损失。

第三节　涨跌停的背离关系

股价的大幅涨跌，会引发部分技术指标严重背离，从而影响股价涨跌的持续性以及反抽力度，比如随机指标的超买与超卖、均线与布林线的技术背离等。本节主要以均线为例进行介绍，其他指标投资者在应用时可以举一反三。

若股价温和上涨，一般会沿 5 日均线向上运行，均线与 K 线之间保持着合理的距离。倘若股价连续 4 个交易日横盘或小幅涨跌，而第 5 个交易日突然暴涨或暴跌，收出超长的阳线或阴线，虽然也能增加 5 日均线向上或向下的角度，但阳线或阴线的收盘价与 5 日均线的距离会明显加大，这就是价格与均线之间的背离。一旦背离过大，股价随时可能快速反抽，背离越严重，反抽力度越大。

这只是单纯从技术角度出发，实际上庄家在控盘时并不会在意背离是否严重，只会采取持续性打压或拉高操作，所以投资者切不可过于信任乃至沉迷于各种技术指标。对于中大盘股，操纵性没有那么强，背离会起到一定的作用，可以将其作为一种辅助参考。比如皇庭国际的案例，当股价连续涨停后，虽然 5 日均线向上的角度已经很大了，但 K 线依旧在其上方，而且股价距离 5 日均线很远，这种就是典型的价格与均线之间的背离。

至于价格高过 5 日均线多远算是严重背离，这一点没有像随机指标那样数值超过 75 就是背离的定论，需要根据交易经验进行判断。不过通常可以将 8% 作为背离分界线，也就是当前股价与 5 日均线超过 8% 的距离，就算是背离。一旦背离，修复方式有两种：一种是价格回归均线的方式，股价反方向运行靠近均线；另一种是价格牵引均线，价格小幅度波动等待均线向价格靠近。

在低位横盘吸筹阶段，股价突然大涨，导致背离，庄家通常会采用价格回归均线的方式，也就是说，试盘后开始洗盘。在主升阶段或打压式出货阶段，背离会持续扩大，要很久才能得到修复。市值较大的企业，在上涨或下跌趋势中，若股价涨跌幅度较大或出现涨跌停板，导致严重背离，通常会在 3 到 5 个交易日内修复。修复过程中只要没有出现成交放量的情况，修复结束后依旧会延续之前的趋势继续运行，类似于洗盘时的表现。

  2024 年 5 月 20 日，南京化纤（600889）在封死涨停板的情况下，1 分钟的时间直线打到跌停板。5 月 21 日，中通客车（000957）午后 5 分钟拉升到涨停板。这些都不是散户可以做到的，也不是用什么指标或者方法能预测到的，都是控盘主力到了某些价格和时段突然进行的操盘行为。投资者还认为指标、技术可以有效预测股价吗？答案是否定的。我们应该研究庄家的控盘行为以及操盘思路。

  作为普通投资者，不要一味追求高风险、高收益，而是应该多去寻找那些适合我们且看得懂的个股。当一只股票的走势，我们能够通过学习判断出庄家的行为，就可以持续跟进，做好投资计划。如果一只股票看起来比较强势或非常廉价，但我们看不懂庄家的意图，就应该尽早放弃。

第六章

量价交易配套工具

量价关系分析属于技术分析范畴，如果将量价关系分析用于判断机构的操盘行为，那就不是单纯的技术分析，而是对机构面的分析。为了更好地应用量价关系对机构面进行精确判断，需要结合其他配套工具。

第一节 筹码分布

在吸筹阶段，庄家筹码是否充分，何时会展开主升行情，主升阶段股价是否依旧具有上涨动力，以及庄家是否有出货行为，这些问题不仅可以从量价关系上寻找答案，同时也可以根据筹码分布的状态进行判断，用两种方法进行验证，会得到更加准确的分析结论。

关于筹码分布的内容有很多，但真正有效的应用并不复杂。本节从庄家的各个操盘阶段对筹码分布状况进行说明，同时用量价关系来验证。

一、建仓阶段的筹码分布

通过前面的内容我们已经知道，机构的建仓期就是利用各种方式将散户手中的筹码以低价吸纳，从而增加自己的筹码集中度。在建仓期，庄家的筹码不会集中在某一个价位上，而是分布在一定的价格区间之内。随着筹码的逐渐集中，会在庄家重点吸筹的价格区间形成一个密集的筹码峰。

股价下跌趋势中，每日交易量不大，任何价位都有分散的成交，而且价格越低，抄底的散户就越多，所以筹码会分布在股价从高到低的所有位置。股价低位出现很多筹码峰，价格跨度很大，一般表示没有机构建仓；股价在区间不大的范围内大量集中筹码，形成明显的筹码峰，一般表示有机构在建仓，如图 6-1 所示。

筹码的集中有时候也会存在虚假信号，比如筹码的集中并不是机构吸筹行为，而是散户低价换手行为。如何判断筹码的集中是机构建仓还是散户换手？其实很简单，这时候要用量价关系去验证。若筹码堆积期间股价的振幅狭

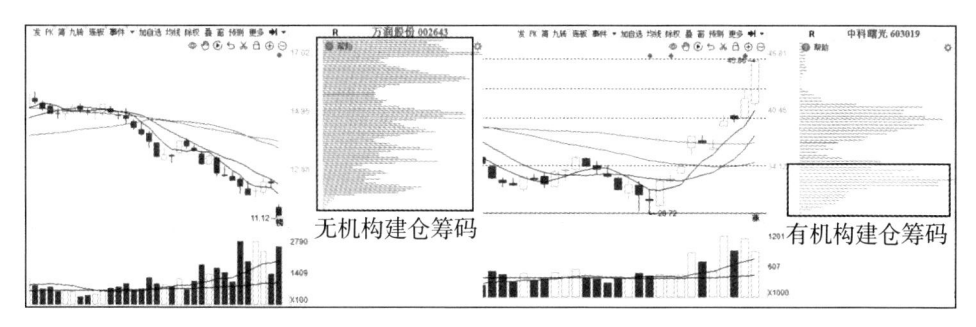

图 6-1

窄，且没有出现放量上涨等机构增持行为，可认定是散户行为，不可以参与抄底。若筹码堆积期间，股价企稳且波动活跃，出现多次放量上涨、缩量下跌的量价关系，则机构吸筹的可能性会更大一些，参与底部的低吸交易胜算会更大。

慕思股份（001323）2024 年春节过后连涨数日，之后开始了较长周期的振荡行情，其间压力与支撑基本平衡，逐渐在筹码分布上形成了比较集中的筹码峰。从量价关系来看，在整个振荡期间，上涨时成交更大，下跌时多为缩量，由此我认为该股目前正处于机构吸筹阶段。而且该股市值较低，当前小微盘股活跃，存在被游资炒作的可能性，至少未来会有一波试盘行情，于是我在 4 月 3 日购买了少量仓位。左侧交易总是寂寞的，经过近一个月的时间，4 月 29 日股价放量上涨，突破了前期振荡区间的上轨压力，走出了一波力度较弱的持续性上涨行情，如图 6-2 所示。

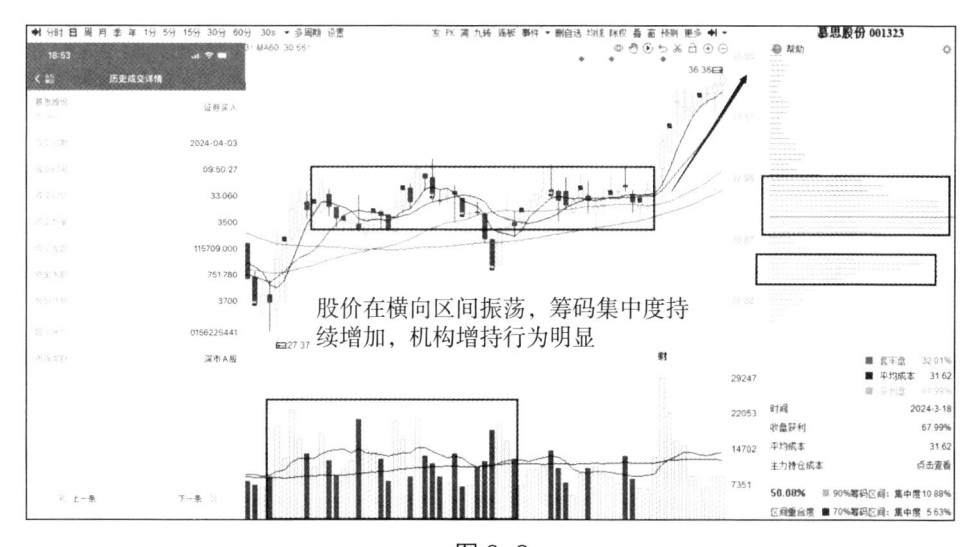

图 6-2

通过慕思股份上涨前的筹码分布可以看到，筹码峰不止一个，在我的建仓价格下方还有一个相对集中的筹码峰。很多时候机构建仓过程中，集中的筹码峰不止一个，也就是说，庄家不会在一个价格区间建仓。当机构开始大量且集中建仓，或整个股票市场相对强势时，股价必然会有一定程度的上涨，所以机构不得不在一个更高的价格区间进行吸筹。比如2024年春节过后，市场出现诸多强劲利好，股票市场走出了一波连续上涨行情，大多数个股还没有经过充分的机构建仓就开始上涨了。机构只有等到利好消化之后，在一个相对高一些的位置反复吸筹，这样就会出现两个筹码峰。

另一种情况是，股市环境不是很强势，但也并非熊市。庄家在进行低位吸筹时，累积了一定的筹码，但为了降低操盘成本进行洗盘，将股价打压至更低的位置继续吸筹。这样在筹码分布上也会形成两个筹码峰。但是这种洗盘建仓的行为，会导致上方的筹码峰累积较多套牢盘，在未来主升时会形成抛盘压力，阻碍价格上涨。

对于低位筹码密集区，投资者需要考虑两个风险点：一是筹码峰由非机构建仓形成；二是低位形成筹码峰后再次下跌形成新的筹码峰。只要投资者结合量价关系规避掉这两个风险，就可以提高抄底的成功率。投资者不要看到筹码集中就马上认为有机构参与，要多关注量能变化。如岭南股份（002717）持续单边下跌后开始企稳，在2024年4月至5月期间持续窄幅横盘，并形成密集的成交区域，筹码日渐集中，量价方面相对平稳，偶有放量上涨，但力度不大。某个交易日股价突然放量下跌，几乎所有持仓投资者全部被套。这是为什么呢？一般出现股价低位还突然放量下跌的情况，要么是庄家打压建仓，要么是突发利空。岭南股份属于后者，因为企业经营问题导致企业债无法偿还，不仅信誉评级下降，而且还面临被风险警示的可能性。

二、洗盘阶段的筹码分布

庄家在建仓阶段经常会因为某些原因需要洗盘。在洗盘之前机构已经收集了较多筹码，在筹码分布中也形成了密集的筹码峰。机构在洗盘之后还会继续购买更加低廉的筹码，筹码分布中，在之前筹码峰的下方会形成一个新的筹码峰。在大多数机构建仓阶段，只会分两个价格区间进行建仓，所以洗盘后的吸筹阶段是投资者最佳的建仓机会。

在慕思股份的筹码分布中，已经展示了建仓期双峰的筹码分布特点，此处不再举例。投资者要注意以下两点。

（1）筹码向下形成筹码峰，有可能是控盘主力想终止控盘行为，与其他机构协定后对敲转让，但这种情况比较罕见，一般会出现持续的异常放量以及盘口的巨量交易。

（2）即使股价低位形成筹码主峰，也要确认是下跌中枢还是底部，有些情况是庄家出货后还有筹码没有卖掉，暂时托盘刺激股价企稳，吸引场外抄底资金，然后进行换手出货。如果是这种情况，投资者要关注股价盘整后下跌的量价变化，是否放量下跌后持续缩量以及有无明显的放量上涨等机构增持行为。另外被爆炒过的小微盘股，除有特别重大利好或题材，否则前一个庄家出货后1到2年内不会有其他机构染指。

在机构建仓期，一定要控制好仓位水平，不要直接把子弹打满。它不像主升期，一旦展开，价格会快速脱离成本区，持仓压力比较小，而且周期更短一些，建仓的周期存在很大的不确定性，建仓的成本范围也存在极大的不确定性，我们只能在一个看似相对合理且筹码集中的区域适当跟随，向下时继续增持，摊低成本，破位时暂时离场，主升时顺势增持。

三、试盘阶段的筹码分布

试盘阶段是机构在前期累积了一定的筹码，在筹码分布中形成了一个集中的筹码峰后的一次尝试性拉高行为，但并不是最终的主升行情。如何利用量价关系判断试盘行情，我们在前面内容中已经有相应介绍，但在筹码分布中也会有所体现，会有一定的滞后性，可做配套使用。

在机构试盘过程中，股价必然会有一定程度的上涨，因此会有很多投资者进行跟风式交易，筹码会持续堆积，与下方机构建仓时的筹码峰形成双峰形态。既然是试盘，股价的上涨幅度以及持续性自然不会太强，终将进入调整阶段。在调整过程中，机构会将低价筹码波段性卖出，从而降低整体的操盘成本，短线投机者也会逢高离场，这就会导致两个筹码峰发生变化，上方的筹码峰会变得更加密集，而下方的机构底仓筹码峰会稍微减弱，但仍会保留较多筹码。如果下方筹码峰大幅减弱或直接消失不见，则是出货行为，未来股价不仅不会展开主升行情，甚至存在大幅杀跌的可能。

明星电力（600101）在 2024 年 3 月的盘整行情中形成了一个低价区域的筹码峰。盘整结束后股价小幅上涨，筹码向上堆积，短暂上涨过后股价展开缩量小幅调整，形成了第二个价位稍高的筹码峰。此前较低价位的筹码峰虽有减弱，但依旧比较集中，说明庄家并没有大量减持低价仓位，如图 6-3 所示。

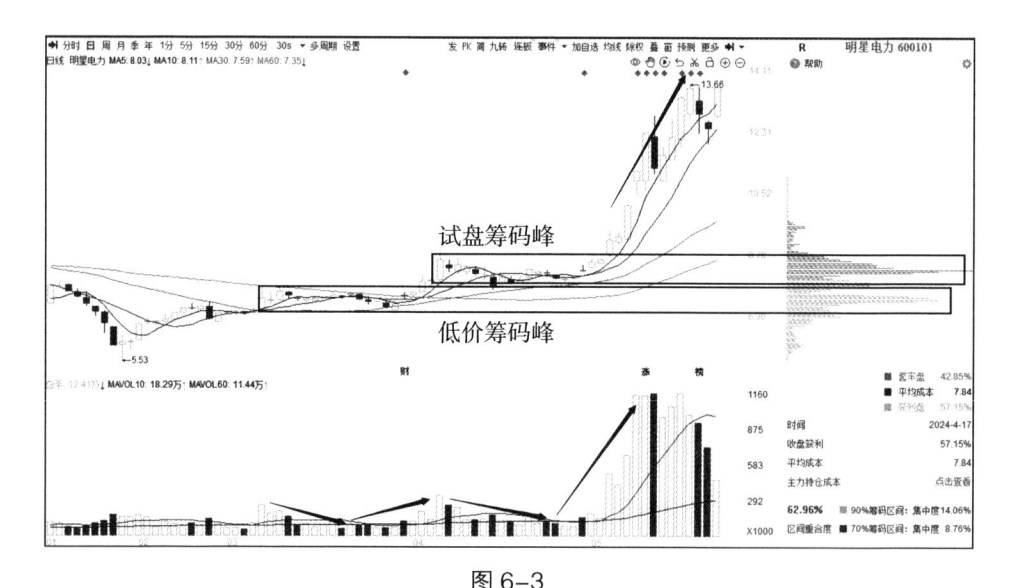

图 6-3

如果第二个筹码峰形成时，下方筹码峰没有明显减弱，说明机构正在继续向上吃筹码，此时的控盘度进一步增强，距离未来的主升也就更近了一些。如果低价筹码的筹码峰有明显减弱，说明此时机构控盘度不高，还有继续打压股价低吸的需求，一段时间内不会出现主升行情，机构还需继续运作，增强控盘力度。

投资者判断控盘机构的主升启动点，尤其是小微盘股，最主要的就是判断其控盘度是否充分。从量价关系判断，只能大概看出是否有机构建仓，但蓄势如何，很难判断，不过筹码集中度可以给我们一个大概的答案。如果此时个股 70% 到 80% 的筹码集中在当前价位附近及下方区域，且此前机构有明显的增持行为，则可以认定此时多数筹码尽归机构手中，未来主升行情大有可为。

需要强调一下，不是所有个股在主升前都会出现两个筹码峰，许多小微盘股是在小区间盘整蓄势，累积一个大的筹码峰后便展开主升行情。

四、主升阶段的筹码分布

小微盘股与中、高市值股，因为参与机构的类型不同，所以操盘手法以及最终表现出的筹码分布情况都有明显差别。小微盘股主升更好分辨，但参与性较差，风险更高。而市值较高的股票主升周期较长，筹码分布清晰度不够高，但参与性较高，风险较低。中、高市值股的主升方式主要有波段式与慢牛持续性主升，筹码的变化也有所不同。

广深铁路（601333）的主升就属于典型的波段式，庄家在底部充分吸筹打好地基，形成数个筹码峰后开始向上拉升。每一轮上涨过后的滞涨调整阶段，都会形成一个集中的筹码区域，主升阶段股价出现几波上涨，筹码分布中就会出现几个筹码峰，如图6-4所示。

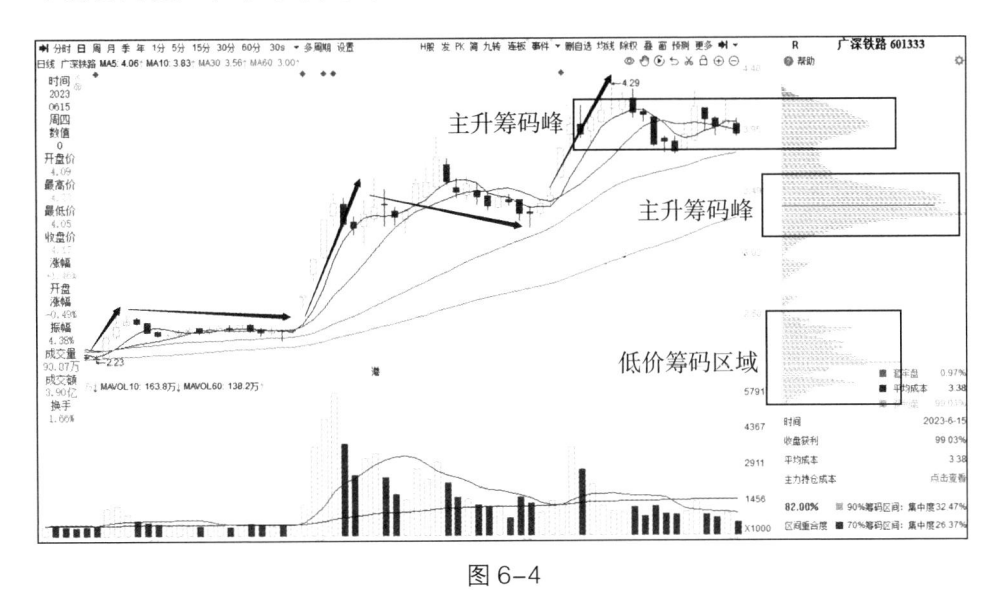

图6-4

每个筹码峰的集中度都是逐渐向上移动的，也就是主升阶段新的筹码峰形成并变长时，下方的筹码峰会变短。这是因为随着股价的上涨，庄家也在不断变现低价筹码，直到最后一波上涨形成最大型的筹码峰后，庄家完成出货。

中船系以其杰出的经营业绩成为我 2024 年的重点投资对象，2024 年开年中船系集体走强，与此同时中国重工（601989）也展开了慢牛式主升行情，如图 6-5 所示。

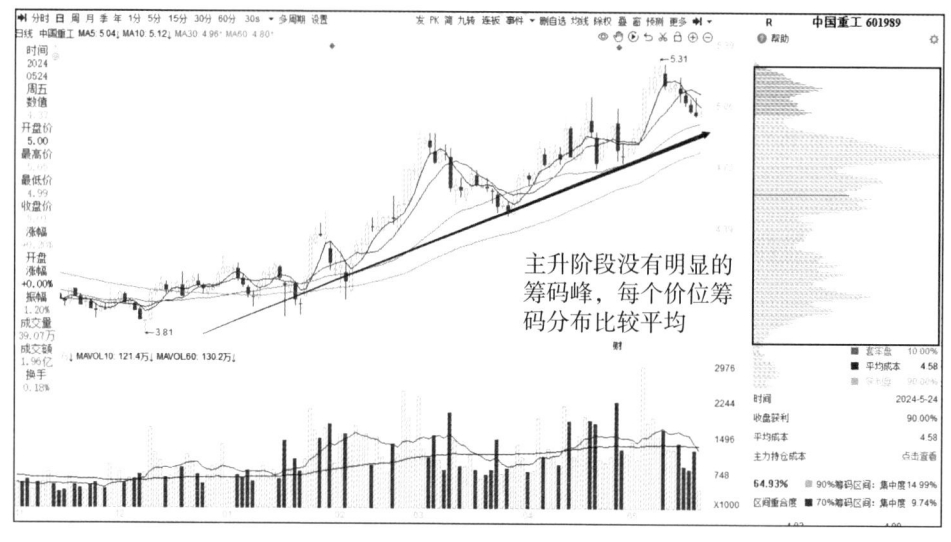

图 6-5

一般大蓝筹股都是采用这种持续上推、振荡走高的慢牛式主升，通常不会在某个价位形成巨大的筹码峰。在主升过程中，因为上涨爆发性不强，但持续周期较长，所以每个价位都会有许多看涨资金买入，整体筹码分散在股价各个位置，不会形成明显的筹码集中区。

在主升阶段，机构的低价筹码会随着不断获利了结而向上移动，低价筹码的数量以及集中度会逐渐减弱，这是辨别机构出货的重要信号之一。有时股价经历一波上涨后开始调整，很多投资者发现筹码在高价处集中，便担心是主力出货行为而卖出离场，股价随后却出现了一波更强劲的上涨行情。所以筹码分布很多时候也具有极大的误导性。

辨别高位筹码集中是否为庄家出货有两种方法。

（1）股价高位形成筹码主峰，但低位筹码主峰没有大幅减弱甚至消失，说明庄家依旧有较多低价筹码，所以洗盘概率较大，股价调整充分后有很大可能继续主升行情。如果股价在高位区域，下方的庄家低价筹码有明显松动，甚至几乎全部移动到高位，这便是出货行为，要予以规避。

（2）利用前面讲到的主升阶段洗盘时的量价关系进行辨别。股价高位无巨量或天量，调整时阴跌大幅缩量且未跌破关键支撑，暂定为上涨中枢。若放量冲高回落甚至收阴，则暂定为出货行情。与筹码分布二者相互验证，可得到更精确的判断。

ST永悦（603879）属于十几亿元市值的小微盘股，如图6-6所示。由于庄家控盘度高，股价爆发性强，其主升行情非常干脆，越涨抛盘量越少，直至无量涨停，所以强势主升阶段不会形成新的密集筹码峰，即便有交易，筹码也是跳跃性的，不会大量集中。这种情况会一直持续到庄家开始出货，才会有密集的筹码峰出现。

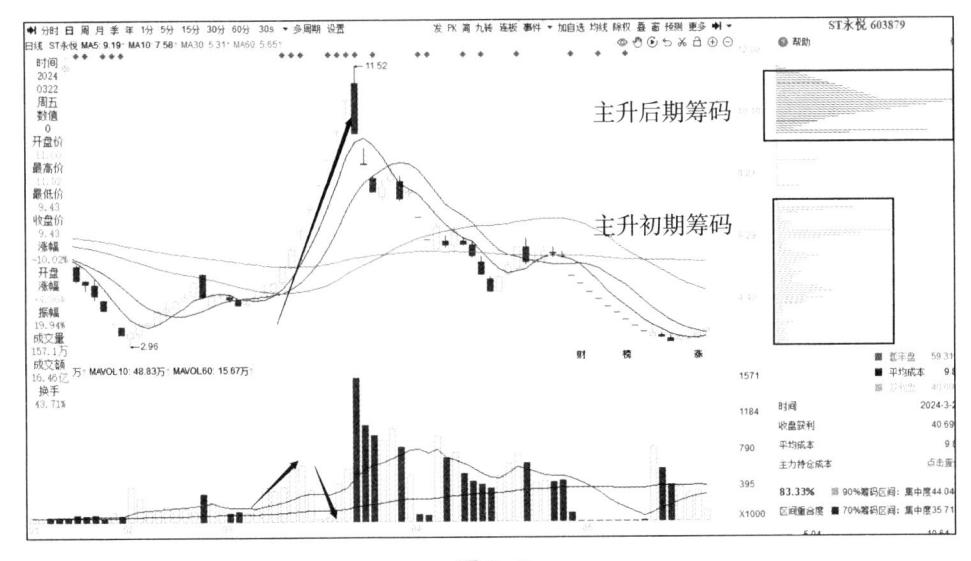

图6-6

五、出货阶段的筹码分布

准确判断庄家出货，对于投资者来说，永远是最关键的分析部分。庄家在底部运作期间不紧不慢，股市不是大牛市行情，不急于展开主升，所以运作周期往往很长，但出货阶段庄家绝对不敢拖延，都会速战速决，以免夜长梦多。出货周期多一天，不确定性就大一些，就会有更多散户醒悟过来开始斩仓，所以出货阶段庄家的操作是最果断的，也是最好分辨的。

当股价即将涨至庄家制订的目标位置时，出货工作便已经展开，建仓和出货都是提前进行的。出货时，当前价位会有大量成交，在筹码分布中就会形成筹码峰，出货量越大，筹码峰就越密集。当庄家出货完毕时，投资者会发现，此前股价低位形成的筹码峰已经消失不见，几乎所有筹码都集中在了当前价格区域。随着机构出货力度的加大，散户的恐慌抛盘也越来越多，股价必然持续下跌，但也有"艺高人胆大"的散户进行抄底，所以高位筹码峰会有小幅减弱，并开始向下发散。

下面来看我爱我家（000560）从主升到出货的筹码变化。随着主升力度的减弱以及涨停的结束，股价高位筹码迅速堆积，形成一个密集的筹码峰，反观低价区域的筹码峰变得很小。股价在高位大量成交形成筹码峰，可想而知控盘机构不会在高位大量买入，那结论就必然是庄家出货形成的，如图6-7所示。

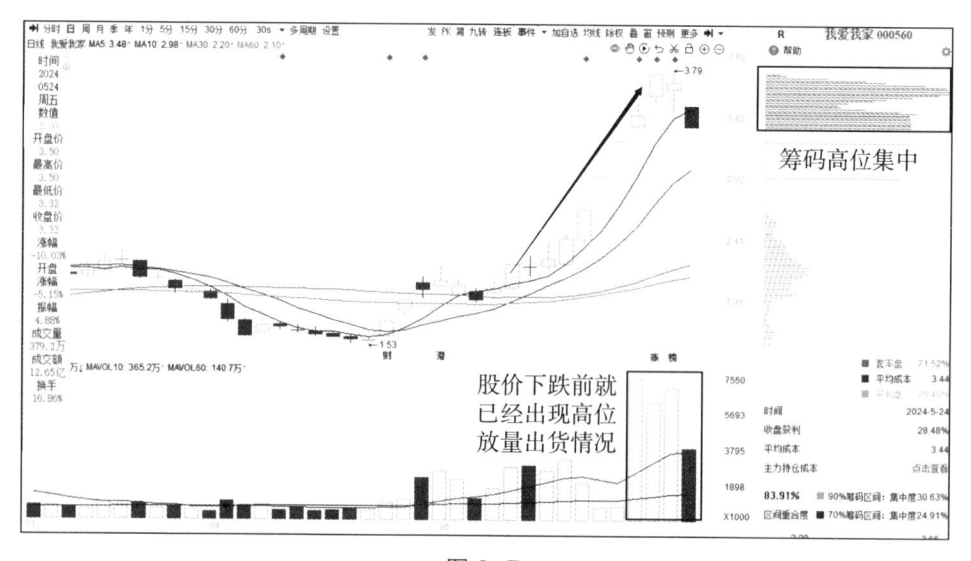

图6-7

从量价关系来看，我爱我家的股价在5月24日低开低走，封死跌停，但是在前三个交易日就已经出现了高位放天量上涨的庄家拉高出货信号了。再结合此时筹码分布的情况，基本可以确定股价到达了顶部。我经常说，买入可以滞后，但卖出一定要提前。很多时候一旦明确了股价顶部，可能股价已经出现了较大幅度的下跌。

虽然我爱我家的筹码大部分已经移动至股价的高价区域，但低价处依旧有一个小的筹码峰，这其中包括散户和机构的持仓。只要机构低价还有持仓，就必然会有获利了结的需求，如果未来股价继续杀跌，但是下方筹码依旧未动，则说明机构筹码出货困难，后期存在二次拉高出货的可能，但不能去赌这个可能性。机构若采用打压式出货，底部筹码继续松动，则拉高出货概率降低。

六、筹码峰形成抛盘压力

一只股票在某价格区间进行了较长周期的盘整或试盘，交易活跃，累积了大量筹码，但因为庄家的洗盘或市场下跌等原因，导致股价出现了下跌，脱离了密集筹码区，之前所有在这个价格区间买入的筹码全部被套牢。之前在上方形成的密集筹码区会对未来的股价造成非常强的压力，若未来股价反弹涨至这个密集筹码区，必然会有一定的解套筹码斩仓离场。此时若庄家想要展开主升，就需要将抛盘全部吃掉再拉升。若运作仍未成熟，则会继续减持，降低成本，并引导散户卖出。

2024年开年，亚通精工（603190）便随着整个股市的回暖走出了一波持续上涨行情，力度不俗，大幅跑赢指数。当股价从最低点18元涨至34元时，多头动能戛然而止，随之而来的是两个交易日的巨量杀跌。原因很简单，34元的位置是亚通精工2023年10月到12月振荡期间的密集压力区，如图6-8所示。

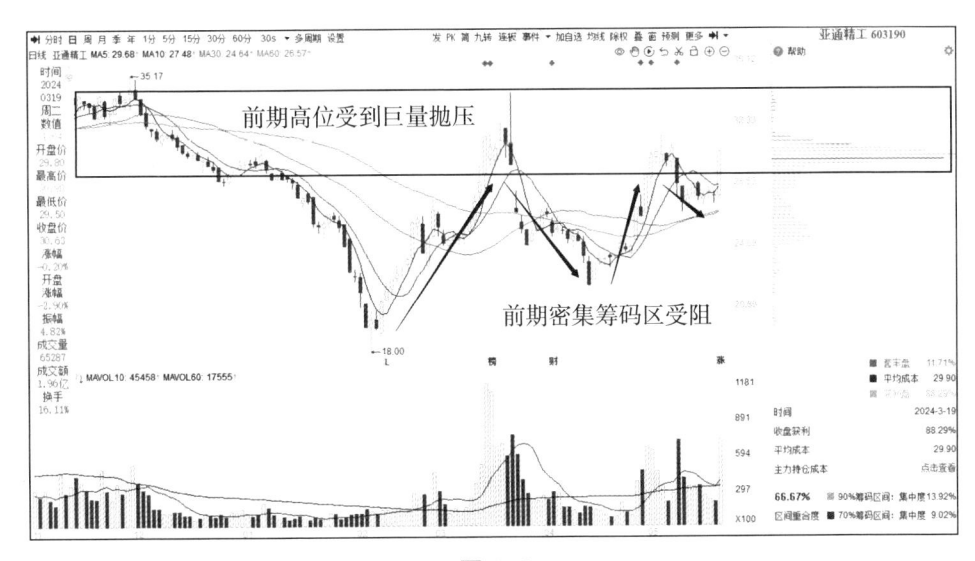

图 6-8

庄家认为此时收益已经达到目标，不想高价去接前期散户的套牢盘，所以同解套散户一道开始出货。在本次上涨高位 30 元到 31 元之间，筹码形成了新的集中区域，为未来股价的上涨埋下了隐患。

4 月下旬，在大盘新一轮上涨的刺激下，亚通精工重整旗鼓再度上涨。不过这一次上涨的力度较上一轮有了明显减弱，当股价再度回到 30 元这个筹码密集区时，不出意外又遭到了严重的抛盘压力，依旧未能突破，股价再度回撤。之后，亚通精工仍然徘徊在这个筹码密集区的下方。

作为普通投资者，在股价尚处于振荡或机构建仓期时，要注意的点非常多。在我们准备买入一只股票时，若股价上方不远处有一个前期留下的筹码密集区，会极大地压制我们短期的获利空间，增加投资风险，所以在进场时需要考虑股价短期以及中长期的获利空间是否充足。

在持仓待涨阶段，股价涨至上方的筹码密集区时，如果机构没有一鼓作气把所有抛盘吃掉，而是借机洗盘，我们应该怎么做？暂时卖出是主动行为，等待股价回调后可以逢低再进场，股价有效突破再顺势跟进。如果继续持仓眼看股价回落，那就是被动行为，不仅要坐过山车，还要祈祷机构洗盘不要太狠。

筹码分布是量价关系的辅助分析工具，我们需要掌握在机构操盘的各个阶段筹码的形态表现。量价关系可以单独应用，制订交易计划，但无法仅靠筹码分布来决定买入或卖出，所以在对个股进行分析时，通过量价关系选择符合买入条件的个股，可以再用筹码分布去验证买入交易是否正确。

第二节　点位指标

当我们利用量价关系和筹码分布基本确定了机构的运作阶段，并确认可以进场参与交易时，或已经进场但因股价的波动需要获利了结乃至止损离场时，需要找到一个合理的价位去执行我们的策略，这时点位指标就发挥了作用。

第六章 量价交易配套工具

一、点位指标概述

技术指标主要分为动能指标、趋势指标、点位指标。点位指标即利用具备分析点位能力的指标，找出股价波动时可能会出现的顶部或底部，以及滞涨或止跌的具体位置。点位指标主要包括移动平均线、布林线、黄金分割线。几乎所有的技术指标均属于滞后型指标，即价格先波动，指标才会进行相应的移动，这其中的含义相信有一些投资经验的投资者都深有感触。

点位指标为什么可以对价格的具体位置进行判断？这主要得益于指标应用的广泛性，从而对大众的心理层面造成影响。比如，均线是几乎所有投资者在进行股票分析时都会用到的技术指标，当均线系统形成整体向上的多头排列时，股价却出现了短期的调整，股价回调至30日生命线的时候，大众普遍认为股价在此处会获得支撑，抛盘减弱，买盘增加，那么这条均线就起到了支撑企稳的作用。

指标本身对价格没有任何影响，但是用的人多了，而且用法统一，就会引发群体效应。这点有利有弊，机构投资者手握大量资金，通过集中交易可以影响股价的波动，自然也就可以影响各种指标的变化，我的老师就说过，投资者每天看的技术指标其实就是在看庄家每天的画图成果。

通过指标的滞后性特点，庄家可以引导散户交易，比如当股价跌至大众所认为的关键支撑时，庄家集中卖出，导致股价破位引发恐慌，就达到了洗盘的效果。这也是我为什么不希望投资者过度依赖技术指标的主要原因，大多数机构都非常善于利用对指标的操控来影响投资者的决策，从而达到控盘的目的。

均线与布林线的应用比较简单，不需要自己手动画出，炒股软件会根据相应数值自动绘制。均线处于上涨趋势时，下方的均线可以成为价格的支撑；均线处于下跌趋势时，上方的均线可以对价格产生压力。参数越大的均线对价格的影响越大，K线周期越大的均线对价格的影响越强。

布林线对价格的点位作用相对小一些，上涨通道时，中轨与下轨会对价格起到支撑；下跌通道时，中轨与上轨会对股价造成压力。布林线最佳的应用场景其实是股价在固定区间内振荡时，整个布林线通道横向运行，往往对价格的支撑和压制效果更好。

布林线与均线的应用并不是本节的主要内容，在量价交易过程中我们主要应用的点位指标是黄金分割线。黄金分割线其实也是一种滞后型指标，它需要股价先经历一波较大幅度的上涨或者下跌后，才能根据波段的最高以及最低价格绘制出完整的分割线，形成关键的参考价格。黄金分割线虽然是滞后型指标，但因为控盘机构不可能先对股价进行一波拉升或打压，来操控黄金分割线，所以黄金分割线的形成更加真实一些。

我将这几项技术指标应用在A股市场中，经过对指数和个股点位进行多次对比，得出了黄金分割线比均线和布林线等点位指标更加有效的结论。

二、黄金分割线的应用

黄金分割线的使用难点在于如何选择划线的波段，选择不同，划线区间就不同，显示出的最终结果也不同，这就像是波浪理论中千人千浪的差异性一样。如果股价单边上涨，刷新历史高点，或者单边下跌，创下历史新低，就没有办法利用黄金分割线找到支撑位与压力位，事实上任何点位指标都很难在创新高或创新低时有效地定位。

黄金分割线的优势是，一旦确定波动区间，其每一个数值所代表的关键价位，不会因为价格的波动发生变化，因为它是固定的，只要价格没有突破最后一个黄金分割线的支撑或压力，就会一直保持有效。

黄金分割线的画法其实很简单，如图6-9所示，首先找到一个完整的上涨或者下跌波段，上涨波段以最低位置的K线的最低点为起点，向上连接波段最高价K线的最高点，如果股价还在继续刷新高点，则不能应用黄金分割线。下跌波段中，找到起跌点位置最高的K线的最高价，作为黄金分割线的画线起点，以下跌趋势见底的K线最低价格作为画线终点，若股价尚未见底，还在刷新最低价格，则无法应用黄金分割线。

在炒股软件中，黄金分割线绘制完毕，相应数值所对应的具体位置便会自动计算并显示出来。绘制黄金分割线时所选取的波段区间越大，黄金数列之间的区间就越大，支撑及压力的效果越强。黄金数列从理论上来说每一个数值都会对股价起到作用，但其中0.382、0.5和0.618的效果最佳。

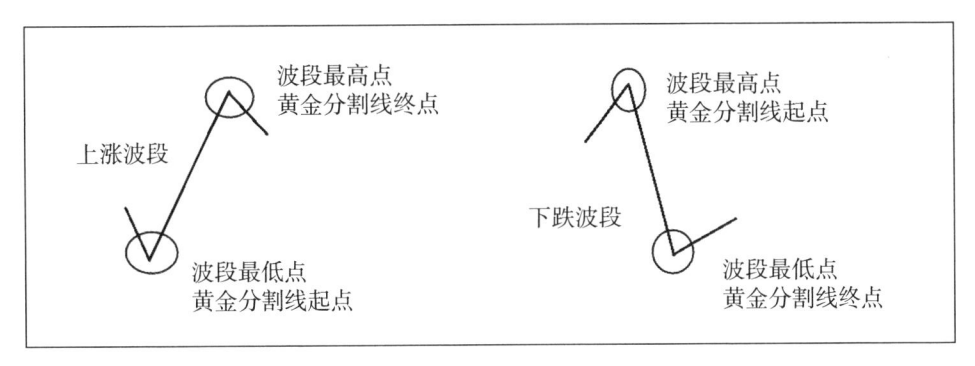

图 6-9

2020 年 4 月，上证指数开启了一轮上涨，直到 2021 年 2 月涨至 3731 点后终结涨势，开始多翻空行情，2021 年 12 月正式转为下跌趋势，这一轮漫长的熊市直到 2024 年 2 月 5 日，股指跌至 2635 点才得以企稳反弹。这样一波完整的下跌趋势暂时形成，最高位置和最低位置暂时确立，可以选择 2021 年 2 月的 3731 点作为黄金分割线的起点，以 2024 年 2 月的 2635 点作为终点，由上至下绘制黄金分割线。由此我们可以得到 5 个黄金数列：0.809、0.618、0.5、0.382、0.191，对应的压力位置分别是 2580 点、3059 点、3188 点、3318 点和 3520 点，如图 6-10 所示。

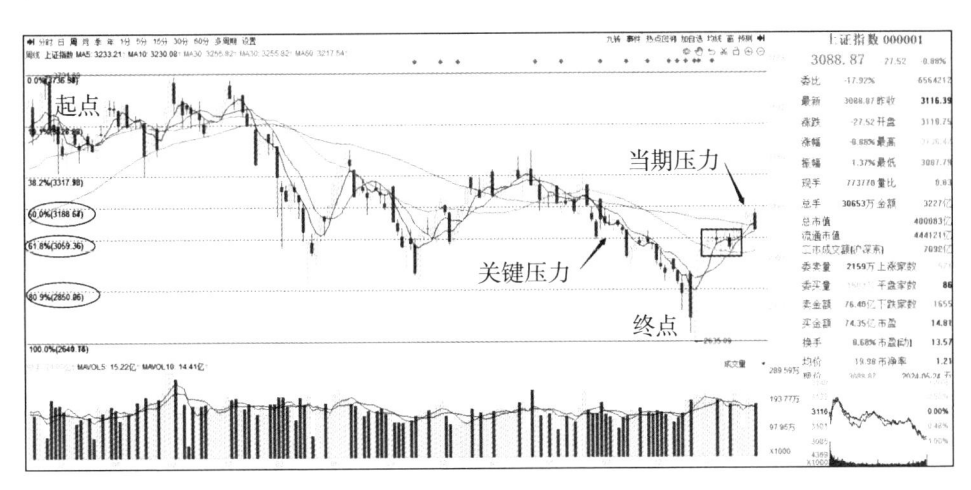

图 6-10

指数见底后首周便强势突破了 0.809 的分割线压力，下一个压力自然是 0.618 的黄金数列，对应的具体点位是 3059 点。当时我也发表了个人对于指数运行趋势的观点，并多次在读者群中强调，3060 点将是上证指数接下来的最强压力位，需要在此附近进行获利了结和避险操作。

2024 年 3 月 6 日，上证指数首次触及 3060 点的黄金分割线压力，此分割线对指数形成了有效的压制，随后的 6 周时间都未能将其突破，其间指数一度回调至 3000 点整数大关。但由于开年后 A 股市场利好以及许多行业扶持政策不断，市场交易人气一直保持着较高的状态，并没有因为技术指标的压制而减弱，也没有出现打击市场信心的利空，最终在 4 月 26 日形成了有效突破。既然指数对当前的分割线形成了突破，那么下一个上涨目标就是 0.5 的压力位置，所对应的指数是 3190 点。2024 年 5 月 20 日，上证指数创下 2024 年春节以来的最高点 3174.27 点，距离 3190 压力位仅有不到 15 个点，连续两个弱势整理后大跌两日，指数又回到了 3100 点下方。

点位指标存在的最大问题，就是不能精确到每一个波段的绝对高位或低位，实际位置总会与指标所指示的位置有所偏差。指数是如此，股价亦是如此。目前为止，没有任何人和任何分析方法能够精准判断价格波动的具体位置，即便是绝对控盘的主力，也会对市场交易人气进行误判，导致价格波动出现偏差，不得已在集合竞价或盘中利用资金优势进行修正。所以我们在进行点位分析时，一来不能执着于技术分析所显示的价位，在使用上要灵活；二来要提前制订点位失效后的交易策略，因为点位分析中，任何支撑或压力都存在有效性，同样任何支撑或压力都是用来突破的，指数也好，股价也好，不可能永远在固定的区间内波动。

为了分析黄金分割线的有效性，我们需要进行验证。选择一个上涨或下跌幅度较大的波段，找到各个黄金数列所对应的位置。比如画出股价下跌趋势的分割线后，股价如果出现了反弹，在某一条分割线位置受阻回落，便初步证明这条分割线是有效的，股价突破后继续反弹至下一个分割线压力位时，再度受阻回落，可以进一步确认分割线的有效性，剩下的分割线压力位则基本确定为有效。

三、点位指标的共振

点位指标共振是指不同的点位指标显示出同一个关键位置。这种共振的点位往往会对股价造成很大的影响。很多点位指标都可以相互共振，在实际应用中，我建议使用黄金分割线与均线进行共振分析。

中国高科（600730）在2023年5月展开了一轮快速主升行情，最终在8.48元的位置开始转为空头。2024年2月7日，中国高科刷新了近5年来的最低点3.67元，之后开始企稳反弹。在周K线中，将8.48元的高位作为起点，3.67元的低位作为终点，绘制黄金分割线，得出未来股价反弹时所面临的技术压力位，如图6-11所示。

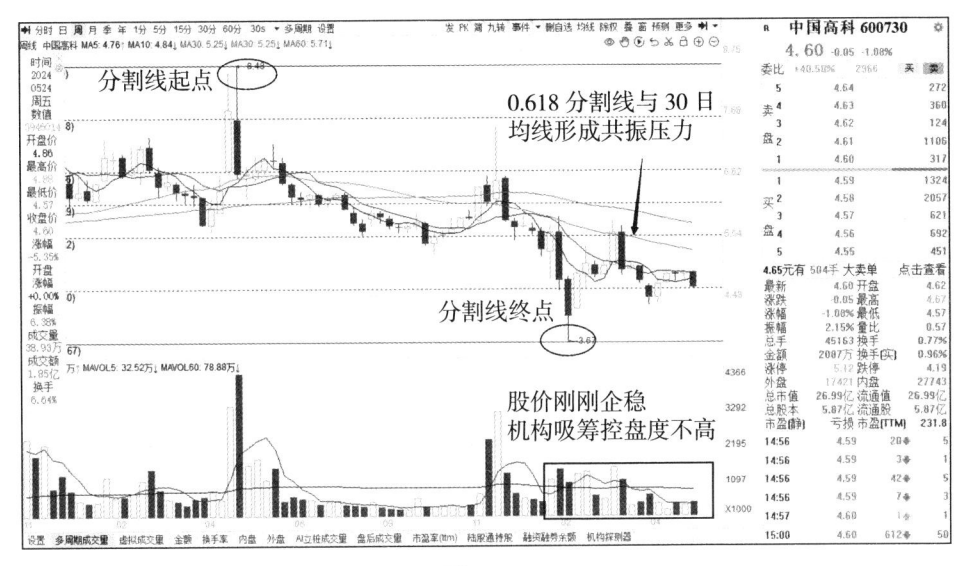

图6-11

因为A股市场的快速上涨，中国高科股价反弹首周，有效突破了0.809的分割线。接下来股价上涨所面临的技术压力位是0.618分割线所对应的5.50元。3月22日，中国高科放量上涨，盘中最高价5.75元暂时突破了分割线，但收盘前股价振荡回落，最终收盘在5.55元，刚好在压力位附近。

这一次股价并未对分割线形成有效突破，一方面此时A股市场的上涨力度开始减弱，另一方面股价不仅遇到了0.618分割线的压力，从图6-11中可以看到，此处也是30日均线的压力位。两种点位指标重合在了5.50元处，自然会对价格构成更强的压力。使用这两种技术指标的散户都会抛售，庄家也不愿意吃掉散户抛盘展开主升，所以在3月23日，庄家与散户共同抛盘，当日股价放量下跌收阴且连续数日。之后股价又跌回0.809分割线的位置，一旦股价向下突破，在无支撑线的状态下，可能还会继续下跌。

从中国高科的案例中可知，股价在下跌趋势的反弹中遇到了分割线与均线的共振压力，从而突破失败。同样的道理，股价在下跌过程中遇到分割线与均线的共振支撑，也会让股价在此处反弹的可能性大幅增加。点位指标的共振有强弱之分，比如波动较小的价格区间绘制的黄金分割线与日线级别的5日、10日均线的共振，影响力度就会弱一些，而根据股价大波段绘制的黄金分割线，尤其是0.382、0.618这种比较强势的黄金数列与周线级别的30周、60周均线所形成的共振，影响力度就会强一些。

四、制订点位交易策略

虽然我们可以利用点位指标的正确运用找到合理的交易价格，但其中有一个关键问题，就是机构投资者也会利用指标误导散户，比如跌破支撑制造恐慌情绪、突破压力诱导散户买入等。那么我们如何规避机构在操盘过程中对交易点位的误导呢？只有一个办法，就是制订谨慎有效的交易策略。

（1）很重要的一点，不论我们如何看好一只股票，都不能在压力位置买入，去博弈对压力的突破。若有效突破，可能会买在相对低位，一旦突破失败，就会买在阶段性最高位，如果庄家借此洗盘，则损失惨重。

（2）价格的波动不会刚好在指标位置上，可以在点位上下2%的范围内进场、离场。尤其在买入时，如果偏离值过大，买入位置远高于支撑价位，则不好设置止损位。

（3）买入时，要确保当前价格距离上方强点压力位较远，有充分的获利空间。卖出时，如果股价即将到达下方关键支撑点位，可以暂时持股，等待支撑的有效性，如果反弹，可以降低投资损失。

（4）股价不论是在上涨还是下跌，都会遇到许多支撑与压力，究竟选择哪一个价位进行交易，会让我们非常犹豫。建仓时，若股价下方连续两个支撑价位距离相近，且空间不超过8%，则分批建仓。若两个支撑价位空间超过8%，则在第一个支撑价位少量买入，止损设置在5%的幅度。卖出时，若股价上方存在两个以上的关键压力位，当股价到达首个压力位时，可根据情况选择全部卖出，或留有少量仓位博弈下一个压力位，获得更多收益，但如果第一个压力位都无法突破，应全部卖出。

（5）点位的有效性应结合市场环境与机构操盘阶段的量价特征综合评估。股市向好时，散户看涨情绪高，抛盘压力小，机构操盘更加积极，对压力位突破的概率高。市场萎靡甚至熊市行情，机构也不敢贸然操作，少数逆势拉高的个股不代表我们可以靠运气买到。

机构的建仓工作刚刚开始，筹码不多，控盘度不高，此时股价上涨遇到点位压力的话，突破的概率较低，即便暂时突破也可能是虚假突破，日内或短期内股价大概率还是会回到压力位下方，所以不能突破后顺势买入。随着机构持续增持，其间出现多次放量上涨的机构主动建仓行为，当底部筹码持续堆积形成较大的筹码峰时，突破压力位的概率增加，突破后可根据市场环境及股价获利空间等因素适当顺势买入。

在机构出货阶段，强劲的点位支撑或许可以暂时支撑价格止跌或有所反弹，但终会跌破。所以一旦明确庄家出货，股价下跌，遇到强支撑时，短线投机者可以尝试轻仓博弈，但要严格设置止损，一旦股价反弹，不论是短线获利还是前期被套的投资者，都应该及时离场，这可能是唯一的离场机会。

中、大市值个股，主升行情持续较久，参与性较高。若启动前或启动初期我们没有参与，主升期间出现机构洗盘或阶段性调整，只要没有明确的机构出货行为，可以于关键支撑点位逢低买入。

（6）点位指标所指示的价位不一定都是准确的，前面讲到过，支撑压力可能都有效，但也是用来突破的。千万不要执着某一个价位一定有支撑或压力，一旦突破，马上做出相应措施。

在买入一只股票前，一定要提前制订好买入价、补仓价、止损价、第一减持价以及轻仓价，到了哪个价格就坚决执行制订好的交易策略，不要轻易修改。

第三节　其他配套工具

本节主要介绍还有哪些可以使用的分析工具，可以帮助我们对量价分析结果进行验证，提高分析的精确度，以及如何扩大自己的收益。

一、个股数据参考

在看盘软件的 F10 中，可以看到比较详细的个股资料，其中财务方面的消息自然是最为重要的。我经常说，企业稳健的成长性是股价的基石，即便暂时发生亏损被套，只要市场向好，给企业一个展示价值的机会，就存在创历史新高的可能。

不同行业的股票，投资者关注的重点不同，对于传统行业来说，投资者更注重企业收益的稳定性，对于科技类行业来说，投资者更注重对未来题材的炒作以及企业革命性产品的研发。不过，许多题材的炒作都是突如其来的，一般都是机构编的故事，并没有实际的炒作价值。比如 2024 年春节过后对科技股的炒作热潮，半个月的时间，对科技股的炒作热就已经退潮了，前期所有强势股全部遭到机构出货，跌幅遥遥领先，无数个人投资者被套在高位。

对于科技类企业或概念的炒作，至今都是来去匆匆，个人投资者作为市场弱势的一方，如果股价涨幅过大，还是宁缺毋滥的好。对于小微盘股的炒作，尽量用量价机构面的分析提前布局，避免追高。在财务方面，小企业通常业绩不稳定，而且大多数游资在炒作前不会对企业进行调研，完全靠资金生拉硬拽，所以投资者不需要太注重其基本面的经营状况，只要注意企业是否存在退市风险即可。关于不同交易市场的退市规则，大家可以在网络上查询。未来几年投资者在交易小微盘股时，退市风险要格外关注，在 A 股市场退市制度不断完善，监管力度持续加码的情况下，未来被风险警示以及退市的企业会大幅增加。2023 年 A 股退市企业数量创历史新高，共有 46 家，2024 年不到半年的时间被锁定退市的企业数量就超过了 20 家，仅 5 月 6 日一天被风险警示的企业就达到了 50 家。未来 A 股市场优胜劣汰的速度会大幅增加，规避退市风险以及风险警示，投资者要重点关注。许多企业在被风险警示或退市前，会被游资炒作一波，出货后不久风险就会爆发。对于这种风险炒作类个股，投资者还是隔岸观火为好。

股东数量和股东结构值得我们关注，投资者都明白股东数量越少，人均持股数量越多，代表庄家筹码集中度越高，股价被炒作上涨的概率越大，反之亦然。这项数据可以作为参考，适用于各种类型的企业。但所有数据类指标都有一个共同的问题，那就是滞后性，所以这些数据类指标作为参考即可。

专业的事还是交给专业的机构去做，从量价关系中发现机构的增减持情况，可以侧面判断出机构对于企业的发展态度。

股东与人均持股数量方面，当期出现增长或上一个报告期出现增长，不代表下一个报告期同样会增长。我们至少要关注最近一个年度报告期内的增减状态，比如通过量价关系判断最近半年时间，个股出现机构建仓行为，而半年期内整体股东数量减少，人均持股数量增长，就可以认定该股的确存在机构增持行为，值得进一步关注。

中、大市值个股在股东结构方面，还是关注前十大股东类型以及持仓变化。公募基金持仓较多，且同一基金管理人的多种公募产品都持仓的股票，其爆发性和稳定性可能更强，这说明基金管理人对企业进行了充分的调研，对后期成长以及题材的炒作信心更强。而社保、养老基金持仓较多的企业，安全性以及获取红利能力更强，更适合投资者进行较长期的价值投资。对于小微盘股来说，持仓股东主要以企业持股为主，散乱筹码分布在个人手中，所以参考性会较低一些。

对于个股资料中的企业基本面数据，投资者适当参考即可，主要原因还是太滞后。比如企业的年报发布时间是在一个会计年度之后的 4 个月内发布，这 4 个月内变数太大，如果机构与企业达成某种默契，刻意拖延年报的发布时间，机构在此期间兴风作浪，对于短期、中短期的投资者来说是非常不公平的。即便是周期最短的季度报表，也只需要在 30 日内发布即可，这其中有太多的可操作空间。

二、信用交易工具

在 A 股市场，不论是个人还是机构，都可以使用各种信用工具来提高自己的交易杠杆，增加资金优势，提高对个股的掌控力度以及获利空间，而融资融券成为当前 A 股市场主要的信用交易工具。

一直以来，很多个人投资者都认为两融工具是机构专用的，实际上个人投资者也可以使用，随着 A 股市场个人投资者的平均素质及能力的提高，两融工具也逐渐被个人使用，只是所占比例还较少。

大多数个人投资者不敢使用两融工具的主要原因有两点：一是开通两融

账户的要求较高，比如近 20 个交易日日均证券类资产不低于 50 万元，对于许多个人投资者来说，有些苛刻，虽然 A 股市场自然人群体依旧是最为庞大的，但中小散户数量占绝大多数；二是近几年 A 股市场较为低迷，上涨持续性和上涨力度较弱，让许多投资者对交易提不起兴趣，即使达到条件也不敢加杠杆进行投资。

我个人还是鼓励投资者使用两融工具的，但这需要在一定的前提下。如果今后能在投资过程中，有效地对机构的操盘行为做出判断，年化收益趋于稳定，则可以尝试，如果无法保证盈利的稳定性，为交易加杠杆，就会扩大亏损。另外，加杠杆会让人变得更加激进，心态容易失控，如果要使用两融工具，要确保自己有一个稳定的交易情绪，一旦觉得心态受到了影响，不仅要停止加杠杆，还要暂停任何交易。

在融资交易的使用上，机构运作的阶段是次要的，市场环境才最为重要。即便机构有增持、有建仓，但市场环境不佳，主升意愿就不会很强，甚至会顺势打压洗盘，投资者加杠杆的话，只会扩大损失。所以要融资的话，主要条件有二：一是股价处于牛市或稳定持续上涨阶段；二是机构的运作处于主升初期，建仓期不确定性较大，主升中后期风险高，只有主升初期才可以使用。加杠杆就是加风险，一定要在最安全的时候使用。即使有条件去开通两融账户，也不能随意地去使用。

融券是个人投资者唯一能用到的沽空工具。利用融券沽空有两个主要策略：一是发现股价主升接近尾声，股价高位涨停开板或结束连续涨停，成交量放大，出现机构出货行为时，开始融券沽空并逐渐加码；二是专门寻找已经有明确出货信号，而且已经开始下跌的暴涨小微盘股，等待二次拉高，逼近前期高位，或出现放量冲高回落等出货信号时，开始融券卖出。两种策略都是比较稳健的沽空方式，投资者可以先熟悉其交易模式，再进行实盘交易，这种方式比常规看涨买入要稳定一些，但前提是个股还有融券余额。